Willi Wottreng

Die Millionärin und der Maler

Willi Wottreng

Die Millionärin und der Maler

Die Tragödie
Lydia Welti-Escher und Karl Stauffer-Bern

orell füssli Verlag AG

Die Erstellung des Manuskriptes wurde durch einen Werkbeitrag der Stiftung Pro Helvetia ermöglicht, wofür an dieser Stelle herzlich gedankt sei.

Bildquellennachweis Umschlag:
Vorn: Welti-Familienarchiv im Schweizerischen Bundesarchiv, Bern: Lydia Welti-Escher, photographiert von Unbekannt als Salondame. Hinten: © 2004 Kunsthaus Zürich; Lydia Welti-Escher, gemalt 1886 als Weiße Dame von Karl Stauffer-Bern; Leihgabe der Gottfried-Keller-Stiftung, Zürich. Autorenporträt: Vivianne Berg, Zürich.

Bildquellennachweis Buch:
Aargauer Kunsthaus Aarau: Bildtteil Abb. 21 (Inv.-Nr. 698/Legat Dr. Welti-Kammerer), 22 (Inv.-Nr. 699/Legat Dr. Welti-Kammerer), Textteil Seite 6 (Emil Welti, Karoline Welti).
Altermatt, Urs (Hrsg.): Die Schweizer Bundesräte. Zürich/München 1991 (o. Quellenangabe): Textteil Seite 8 (Simeon Bavier).
Ausstellungskatalog der SKA: «Alfred Escher». Zürich 1994: Textteil Seite 6 (Alfred Escher, Radierung von E. Jeanmaire).
Baugeschichtliches Archiv der Stadt Zürich: Bildteil Abb. 1, 6.
Birnie Danzker, Jo-Anne/Falk, Tilman (Hrsg.): Max Klinger. Zeichnungen – Zustandsdrucke – Zyklen. München/New York 1996: Textteil Seite 7 (Max Klinger).
Bourquin, Werner/Bourquin, Marcus: Biel. Stadtgeschichtliches Lexikon, von der Römerzeit (Petinesca) bis Ende der 1930er Jahre. Biel 1999: Textteil Seite 6 (Eduard Stauffer).
Burgerbibliothek Bern: Bildteil: Abb. 20.
Graphische Sammlung der ETH Zürich: Bildteil Abb. 7, 9, 11, 12, 13, 14, 15, 19, Textteil Seite 7 (Louise Stauffer), 96 (im Original in Aquatinta, 1883; aus der Folge: «Dramen [5. Ausgabe]»).
Klinger, Max: Bestandskatalog der Bildwerke, Gemälde und Zeichnungen im Museum der bildenden Künste Leipzig, Leipzig 1995: Textteil Seite 8 (Cornelia Wagner; ob es sich bei diesem Bild von Max Klinger wirklich um Cornelia Wagner handelt, wird von Experten teilweise bestritten).
Krüger, Anne-Catherine, Hamburg (Privatbesitz): Textteil Seite 7 (Louise Breslau).
Kunstmuseum Basel, Martin Bühler: Bildteil Abb. 23, Textteil Seite 14 (im Original in Aquatinta, 1883; aus der Folge: «Eine Liebe Opus X»).
Kuschnia, Michael: 100 Jahre Deutsches Theater Berlin 1883–1983. Berlin 1983: Textteil Seite 8 (Otto Brahm).
Menz , Cäsar: Karl Stauffer-Bern und die Photographie. Bern 1978: Textteil Seite 7 (Karl Stauffer), Textteil Seite 8 (Gustav Freytag, Gottfried Keller).
Prospekt Champel-les-Bains, Genève, ca. 1890/1900: Bildteil Abb. 26.
Sattler, Bernhard (Hg.): Adolf von Hildebrand und seine Welt. Briefe und Erinnerungen. München 1962: Textteil Seite 8 (Emmy Vogt; Gemälde von Karl Stauffer).
Schweizerische Landesbibliothek, Bern: Bildteil Abb. 10.
Schweizerische Literaturarchiv, Bern: Bildteil Abb. 18.
Weisz, Leo: Studien zur Handels- und Industriegeschichte der Schweiz Zürich 1938: Textteil Seite 6 (Heinrich Escher).
Welti-Familienarchiv im Schweizerischen Bundesarchiv, Bern: Bildteil Abb. 16, 25, Textteil Seite 6 (Friedrich Emil Welti).
Widmann, Josef Viktor: Feuilletons. Bern/Stuttgart 1964: Textteil Seite 8 (J. V. Widmann).
Wolf, Georg Jacob: Karl Stauffer-Bern. München 1909: Bildteil Abb. 24, Textteil Seite 6 (Lydia Escher) .
Zentralbibliothek Zürich: Bildteil Abb. 2, 3, 4, 5, 17, Textteil Seite 12/13.

© 2005 Orell Füssli Verlag AG, Zürich
www.ofv.ch
Alle Rechte vorbehalten

Umschlaggestaltung: Nadja Zela, Orell Füssli Verlag AG
Druck: fgb • freiburger graphische betriebe, Freiburg i. Brsg.
Printed in Germany

ISBN 3-280-06049-4

Bibliografische Information der Deutschen Bibliothek
Die Deutsche Bibliothek verzeichnet diese Publikation in der Deutschen Nationalbibliografie; detaillierte bibliografische Daten sind im Internet über http://dnb.ddb.de abrufbar.

Inhalt

Die Hauptpersonen des Dramas   6

Pressepolemik I   9

TEIL I: BELVOIR   14

Pressepolemik II   91

TEIL II: ROM   96

Pressepolemik III   181

Anhang   185

Chronologie   185

Anmerkungen   197

Zu den Quellen   221

Die Hauptpersonen des Dramas

Die Eschers:

Lydia Welti-Escher, die «Baronin» auf Belvoir, Zürcher Patrizierin und Tochter von Alfred Escher, verheiratet mit Friedrich Emil Welti; gründet die «Gottfried-Keller-Stiftung».

Alfred Escher, «Bundesbaron» und «Eisenbahnkönig», Lydia Eschers Vater, ein bedeutender Zürcher Politiker, genannt «Prinzeps» – soviel wie Fürst oder Diktator – Initiant der Gotthardbahn.

Heinrich Escher-Zollikofer, der «Millionär», Lydia Eschers Großvater väterlicherseits; hat in Übersee ein Millionenvermögen erworben.

Die Weltis:

Friedrich Emil Welti, Versicherungsjurist, der Welti-Junior, Lydias Ehemann; Mitglied der Zürcher Hochfinanz.

Emil Welti, Vater von Friedrich Emil; einflussreicher schweizerischer Bundesrat, genannt «Bismarck der Schweiz».

Karoline Welti, kränkliche Gattin des Bundesrates, Mutter von Friedrich Emil.

Die Stauffers:

Karl Stauffer, genannt Stauffer-Bern, Maler, Radierer, Bildhauer und Dichter mit Ateliers zuerst in Berlin, dann in Rom.

Luise Stauffer, geborene Schärer, Karls Mutter und seine erste Förderin, wohnhaft in Neuenegg, später in Biel und Bern.

Eduard Stauffer, Karls jüngerer Bruder, Rechtsanwalt oder Fürsprecher in Biel.

Künstlerinnen und Künstler:

Louise (auch: Luise) Breslau, Jugend- und Brieffreundin von Lydia Escher, angesehene Zürcher Malerin in Paris.

Adolf von Hildebrand, Bildhauer in Florenz und Kunsttheoretiker, für Stauffer ein Helfer in der Not.

Max Klinger, herausragender Künstler der Belle Epoque, ein langjähriger Freund von Karl Stauffer, lebt zuerst in Berlin, dann in Rom; später Mitglied der Münchner «Secession».

Cornelia Wagner, Malerin und Bildhauerin, Schülerin in Stauffers Damenmalschule in Berlin, wird in des Malers italienische Wirren verwickelt.

Schriftsteller und Literaturkritiker:

Otto Brahm, Berliner Theaterpionier; Literaturkritiker und Theatergründer in Berlin, Entdecker von Ibsen und Hauptmann; verfasst eine Biografie über Karl Stauffer.

Gustav Freytag, deutscher «Nationalschriftsteller», Dichter des deutschen Bürgertums; Autor von «Die Ahnen» und «Soll und Haben».

Gottfried Keller, schweizerischer «Nationalschriftsteller», Dichter des «Grünen Heinrich», der «Leute von Seldwyla» und von «Martin Salander»; Vertrauter von Lydia Escher.

Joseph Viktor Widmann, Berner Literaturkritiker, Redaktor beim «Bund»; gilt als große Feder der Schweizer Literaturkritik.

Weitere Beteiligte:

Simeon (oder Simon) Bavier, alt Bundesrat, Freund von Bundesrat Welti; schweizerischer diplomatischer Vertreter in Rom.

Emmy Vogt-Hildebrand, Stauffer-Vertraute in Bern, Schwester des Bildhauers Hildebrand; kümmert sich um Karl Stauffer nach dessen Rückkehr aus Italien.

Pressepolemik I

Am Silvestertag des Jahres 1891 läutete der Gerichtsvollzieher an der Tür eines Herrn Otto Brahm in Berlin. Im Namen der obersten Behörde der Schweizerischen Eidgenossenschaft überreichte er ein Begehren. Es betraf ein Bündel von Briefen, die sich unrechtmäßig in Brahms Besitz befänden und die in Wirklichkeit von Erbrechts wegen der Eidgenossenschaft gehörten. Brahm solle es unterlassen, künftig aus diesen Schriften zu zitieren. «Und es wurde mir empfohlen, falls ich die Rechte des Bundes nicht anerkennte, die Briefe bis auf weiteres an einem dritten Ort zu deponieren», erzählte Brahm später, «ein Wink mit dem Zaunpfahl, welcher mit einer schleunigen Confiscation zu drohen schien, wenn ich nicht tat, wie geschrieben.»[1]

Ein zwischenstaatlicher Konflikt bahnte sich an; durch die diplomatischen Kanäle informierte Bern auch das deutsche Auswärtige Amt.

Otto Brahm war kein Niemand. Geboren 1856 als Otto Abrahamsohn, hatte er sich wegen der herrschenden antisemitischen Strömungen die Verkürzung des Familiennamens bewilligen lassen. Nun Otto Brahm geheißen, schuf er sich einen Ruf und solide Feinde als Theaterkritiker und Publizist. Er hatte noch mit dem Schriftsteller Theodor Fontane bei der «Vossischen Zeitung» zusammengearbeitet und veröffentlichte neben vielen anderen Schriften einen Essay über den schweizerischen Nationalschriftsteller Gottfried Keller.

Seine große Entdeckung war Henrik Ibsen – ein Skandalautor, der die herrschende Moral angriff. In einem Reimbrief hatte Ibsen gedichtet:

Es sagte Einer laut und fuhr empor,
Als ob im Halbschlaf ihn ein Traum beschleiche:
Das Schiff führt mit als Ladung eine Leiche.[2]

Ibsen beschrieb damit die Situation der faulenden Gesellschaften Europas.

Wegen seines Engagements für den Norweger wurde Brahm in der Presse «Fjordritter» genannt.

Brahm und Gleichgesinnte taten einen Theaterverein auf: die «Freie Bühne». Zur Eröffnung brachte man am 29. September 1889 im Berliner Lessingtheater Ibsens «Gespenster» zur Aufführung. Auch wenn die wilden Theatermacher damit in Deutschland schon nicht mehr die Allerersten waren, wirkte das Stück aufwühlend.

«Wahrheit, Wahrheit auf jedem Lebenspfade», forderte Brahm im Editorial zum Erscheinen der gleichnamigen Zeitschrift «Freie Bühne» und richtete sich gegen «die Lüge in jeglicher Gestalt»[3], einige Monate, bevor er in den Besitz der inkriminierten Briefe aus der Schweiz gelangte. Madame Welti-Escher hatte ihn offenbar Mitte 1891 besucht, «mit Stauffers Briefen in der Hand», die sie ihm zuerst zeigte und später zuschickte.[4]

Geschrieben worden waren die Briefe von Karl Stauffer, einem jungen Schweizer Maler, dem Brahm in der Berliner Künstlerszene hin und wieder begegnet war. Adressiert an eine Lydia Welti-Escher in Zürich. Eine delikate Beziehungsgeschichte, wie Brahm wusste, gehörte doch die verheiratete Welti-Escher zur feinsten Gesellschaft in der Schweiz, während Stauffer ein Emporkömmling war. Die Geschichte hatte als Tragödie geendet: Frau Welti-Escher war in Rom ins Irrenhaus gekommen und ihr Geliebter Stauffer ins Gefängnis. Vor kurzem war Stauffer unter ominösen Umständen gestorben.

Das hatte Lydia Welti-Escher bewegt, Brahm zu kontaktieren, den bekannten deutschen Publizisten aus Stauffers Bekanntenkreis. Brahm möge eine Abschrift der Briefe anfertigen, sie aber vorläufig nicht publizieren. Dies aus Rücksicht auf ihren Gatten.

Brahm sah in den ihm anvertrauten Papieren das Ringen Stauffers um Kunst und Vollendung dokumentiert und schlug eine selektive Veröffentlichung vor: Kein Mensch solle «die Adressatin auch nur ahnen». Man könnte, regte er an, die Briefe in Gruppen teilen und in der Einleitung behaupten, dass sie an diesen und jenen alten Freund gerichtet gewesen seien. «Es ließe sich ein frommer Betrug wohl ausführen.»[5]

Zur Veröffentlichung in dieser Form gab Frau Welti-Escher ihre Zustimmung, wobei sie offenbar an einen Abdruck in Brahms Kulturzeitschrift «Freie Bühne» dachte. Am 6. Juli 1891 sagte sie Ja. Ein halbes Jahr später folgte ein weiteres tragisches Ereignis. Frau Welti-Escher verstarb überraschend – im selben Jahr wie der Maler Stauffer.

Der Theatermann Brahm muss den Stoff geradezu gerochen haben: Ein heimliches Liebespaar, zwei unheimliche Tode. Tiefe Kerker, hohe Politik, Schönheit und Kunst. Und Geld, viel Geld.

Nun, da auch Frau Welti-Escher tot war, entschloss sich Brahm sofort zur Publikation. Eine Woche später, am 17. und 18. Dezember 1891, erschien sein zweiteiliger Artikel. Nicht in der «Freien Bühne», wie Lydia Welti-Escher gemeint hatte[6], sondern in der «Frankfurter Zeitung». Nicht unter Anonymisierung der Adressatin, sondern unter Nennung ihres vollen Namens.

Dass dies so geschah, hatten offenbar die Freunde und Angehörigen von Karl Stauffer gewollt. Sie ermächtigten Brahm, die Briefe «nach Gutfinden» zur Publikation zu benutzen, wie aus einer indirekten Quelle überliefert ist.[7] Mit der Veröffentlichung wollten sie auf eine Ungerechtigkeit aufmerksam machen, hielten sie doch für Stauffers Schicksal letztlich die schweizerischen Behörden verantwortlich, die den Künstler in den Kerker gesetzt und schließlich in Verzweiflung und Tod getrieben hätten.

Brahm hatte also Auszüge aus den Briefen an die Öffentlichkeit gebracht. Nun hagelte es Kritik aus der Schweiz.

Die Publikation der Stauffer-Briefe in der deutschen Presse hatte einen rechtdenkenden Schweizer veranlasst, den Bundesrat um Intervention in Berlin zu bitten: Jakob Baechtold, Professor für Literaturgeschichte an der Universität Zürich und Verwalter des literarischen Nachlasses von Gottfried Keller. Er hatte verlangt, der Bundesrat möge aktiv werden, um «sich in den Besitz dieser Schriftstücke zu setzen, auf dass weiterer Unfug gewehrt ist». Er seinerseits fühle sich verpflichtet, «diese Briefe einem unrechtmäßigen Besitzer, der daraus in erbarmungslos jüdischer Weise Kapital schlägt, entreißen zu helfen».[8] So kam es zur Intervention des bundesrätlichen Rechtsvertreters gegen Brahm in Berlin. An jenem Silvestertag des Jahres 1891.

Brahm aber wird nach seiner Artikelserie das erste Buch über die Tragödie Stauffer-Escher schreiben.[9]

Gez. von J. WEBER

BELVOIR

Art. Institut Orell Füssli, Zürich.

PARK.

Teil 1: Belvoir

Max Klinger: «Eine Liebe»

Eine angenehme Begegnung

Da steht er nun, in den vornehmen Räumen der Villa am Zürichsee. Ihm gegenüber die Hausherrin. «Erfreut, Sie kennen zu lernen», werden beide gesagt haben. Der Ehemann wird die beiden einander vorgestellt haben. Zeugnisse der Beteiligten über diese erste Begegnung zwischen dem Maler Karl-Stauffer und der Zürcher Patrizierin Lydia Welti-Escher gibt es nicht.

Mag sein, dass Stauffer am Bahnhof Enge in jenen Tagen Ende August oder Anfang September 1885 ganz zufällig seinen einstigen Schulkameraden Friedrich Emil Welti-Escher getroffen hat, der ihn gleich zu sich nach Hause einlud, wie in einem Roman über Stauffer kolportiert wird.[1] Ich halte es für wahrscheinlicher, dass es kein Zufall gewesen ist. Dass Karl Stauffer sich vorgenommen hat, den Welti zufällig zu treffen. Oder sich gleich in dessen Villa wagte. Stauffer pflegte seine Kontakte präzis zu planen. Sicher ist, dass er kurz zuvor aus Berlin einem Bekannten in der Schweiz geschrieben hat: «Wie stelle ich es wohl am besten an, wenn ich den Gottfried Keller malen will, soll ich hinschreiben oder mich persönlich bei ihm erst vorstellen …?»[2] Da mag er den Tipp bekommen haben, dass doch der berühmte Schweizer Schriftsteller Keller ein Hausfreund des Ehepaars Welti-Escher …

Jedenfalls steht er da wie ein Emmenthaler Schwinger. Er kann eine Hantel von 150 Pfund in die Höhe stemmen und auf den Händen rückwärts gehen.

Er hat zwar ein wenig Fett angesetzt. Immer noch aber bietet er «ein Musterbild von Gesundheit und Kraft», wie der deutsche Schriftsteller Gustav Freytag schreibt, «etwa zehnzöllig nach altem Preußenmaß, breitschultrig, mit behenden Gliedern». Über dem Körper sitzt «ein runder Blondkopf mit rosigen Wangen und zwei scharfen klugen Augen».[3] Stauffer selber meint weniger literarisch, es sei ein «Vollmondkopf».[4]

«Ein gescheuter Gesell», hat Freytag gefunden – mit dem die Unterhaltung nur so «flatterte».[5] Das wird auch das Ehepaar Welti-Escher schnell erfahren.

Vor allem aber: ein angesehener Künstler. «Es gibt in Deutschland gegenwärtig nur sehr wenige, gewiss kein halbes Dutzend, die das können, was unser junger Landsmann kann», hat die «Neue Zürcher Zeitung» gerühmt, und wenn er – Stauffer – sich seinem vielverheißenden Anfang entsprechend weiterentwickle, «so wird er bald keinen mehr neben sich sehen».[6]

Man nennt ihn in einem Atemzug mit Max Klinger, der mit Stauffer befreundet ist und schon zu Lebzeiten überschwänglich gefeiert wird: «Sie kennen doch Sachen von ihm», schreibt Stauffer einmal, «der genialste, eigenartigste unter allen jungen deutschen Malern». Klinger ist Maler, Radierer, Bildhauer und wird sich als Anhänger der aufrührerischen Bewegung «Münchner Secession» sowie als Vizepräsident des Deutschen Künstlerbundes hervortun. Was Stauffer besonders beeindruckt, ist seine «grandiose Phantasie».[7]

Charmant und nach eigenen Worten eitel ist Stauffer. Das steht einem bedeutenden Künstler wohl an. Kurz: Es ist eine angenehme Begegnung.

Auch die Herrin des Hauses präsentiert.

«Hohen Wuchses, mit stolzen Gliedern wie der Vater, schritt Lydia dahin», beschreibt Otto Brahm etwas pathetisch die Dame, der Stauffer begegnet; sie sei «eines der ‹großen Menschenbilder› unter den Frauen, wie sie Gottfried Keller uns geschildert».[8] Sie dominiert auf «Belvoir», wie der Park und die Villa heißen. Postadresse: Seestrasse 125, Enge bei Zürich.

Belvoir ist der szenische Hauptort der Geschichte. Bevor alles zerfällt.

«Du kennst diese schönste Villa Zürichs», schreibt Stauffer einem Freund. Lydia Welti-Escher wird ihm das Gelände gezeigt haben: «Darauf stehen das Wohnhaus, mit 20 herrschaftl. Zimmern, 2 großen Sälen.» Ferner ein Ökonomiegebäude, vier Gewächshäuser, die Stallung mit Wohnungen für Gärtner und Kutscher, das Badhaus am See.[9]

Ein prachtvoller Sitz auf einem künstlichen Hügel. Angelegt von Lydias Großvater Heinrich Escher, einem weltgereisten Kaufmann. Das ist zumindest während der guten Jahreszeit «ein lieber, poetischer Aufenthalt», findet die Hausherrin.[10] Manchen Zürchern erscheint Belvoir allerdings eher als Burg des Besitzbürgertums, «wo nur Zutritt hatte, wer etwas war oder etwas werden wollte».[11] Sie munkeln über unredlich erworbene Millionen. Und dass durch die Eschers in einem üblen Konkurs halb Zürich ums Vermögen gebracht worden sei.

Die Villa ist eingerichtet im Empirestil und ausgestattet mit Teppichen, wallenden Vorhängen, Lüstern und selbstverständlich: Gemälden. Heute findet sich darin das Restaurant «Belvoirpark». Ein Besuch kann empfohlen werden.

Vielleicht ist die Herrin zu Belvoir «Baronin» genannt worden, belegt ist das nicht. Jedenfalls galt Lydias Vater als «Bundesbaron», als einer der Fürsten, die Macht ausübten in der helvetischen Republik. Der Dichter Gottfried Keller, häufiger Gast im Haus, hatte in einem Zeitungsartikel einmal eine «Bundesbaronin» erfunden. Er hatte ausgemalt, wie sich die Konservativen im Land die Schweiz als «Ruhe- und Ehrensitz des Papstes» wünschten und dass sich in diesem ekklesiastischen Altersheim Äbte und geistliche Herren aller Nationen tummeln würden. Er fantasierte: «… und wo die Mutter eines Kardinals und eine Bundesbaronin zusammentreffen, da muss die Letztere aufstehen und einen Knix machen.»[12]

Das hatte er geschrieben, nachdem 1858 auf Belvoir eine Tochter geboren worden war: Lydia. Hat man bei diesem freudigen Anlass im engeren Kreis über eine künftige «Bundesbaronin» gescherzt?

Mag in der Schweiz der Adel als regierender Stand abgeschafft sein, Lydia, geborene Escher, residiert auf Belvoir wie eine Fürstin.

Der Herr von Zürich

Nicht bloß nobel war er: «Der anerkannte Chef des so genannten Bundes- und Eisenbahnbaronentums» sei er gewesen, hält Ernst Gagliardi fest, der zu Beginn des 20. Jahrhunderts eine monumentale Biografie über Lydias Vater geschrieben hat.[13] In Bronze gegossen steht der 1819 geborene Alfred Escher vor dem Zürcher Hauptbahnhof. Drei Meter hoch, auf einem Podest aus rotem Granit. Ein Titan.

Dargestellt worden ist er als Redner, der eben einen Gedanken entwickelt. Das Wasser, das sich ins Becken unter ihm ergießt, symbolisiert die Flüsse, die am Gotthard entspringen, an jenem Gebirge, das Escher bezwang. Ein Knabe reicht dem Erbauer des Gotthardtunnels von hinten einen Kranz. Zu Eschers Füßen steht eine Aktentasche: Denn Alfred Escher steht auch für das Zürich der Geschäfte, der Banken, der Akten und Aktien. «Das schweizerische Bürgertum» habe in ihm «seinen vornehmsten Führer» gefunden, summiert Gagliardi.[14]

Der Politiker und Financier Alfred Escher half mit, die Schweiz zum taktangebenden kapitalistischen Land auf dem Kontinent zu machen. Keine Nation der Erde erreichte nach der Mitte des 19. Jahrhunderts, gemessen an der Bevölkerung, ein gleich großes Handelsvolumen. Nur England übertraf die Schweiz in der Entwicklung der Industrien. Als Präsident des schweizerischen Nationalrates hatte Escher 1849 verkündet: «Von allen Seiten nähern sich die Schienenwege immer mehr der Schweiz. Bereits wird die Frage, wie sie miteinander in Verbindung gebracht werden sollen, eifrig verhandelt.» Der Ratsherr mahnte: «Es tauchen Pläne auf, gemäß denen sie um die Schweiz herumgeführt werden sollen. Der Schweiz droht somit die neue Gefahr, gänzlich umgangen zu werden und in Folge dessen in der Zukunft das traurige Bild einer europäischen Einsiedelei darbieten zu müssen.»[15]

Ein schweizerisches Eisenbahnnetz solle geschaffen werden, das war seine Vision. Ein Tunnel durch die Alpen solle zum Kernstück dieses Netzes werden. Escher plädierte für den Durchstich des Gotthards in der Zentralschweiz. Eine starke Minderheit von Kantonen war für ein Loch im Osten des Landes.

Der Gotthard machte das Rennen.

Als ein Staatsvertrag zwischen der Schweiz und Italien geschlossen werden konnte, wurde Escher zum Direktionspräsidenten der Gesellschaft gewählt, die sich für den Bau des großen Werkes bildete. Zur Finanzierung des Verkehrsprojektes schuf er sein eigenes Bankinstitut, die Schweizerische Kreditanstalt, deren Geschäfte er bis zu seinem Tod leitete – heute nennt sich das Unternehmen Credit Suisse. Und Escher war entscheidend beteiligt an der Gründung der Eidgenössischen Technischen Hochschule, denn Eisenbahnen brauchten Ingenieure und Techniker.

Bis zu seinem Tod gehörte Alfred Escher dem Nationalrat an, seit dieser erstmals zusammengetreten war im Jahr 1848, dem Gründungsjahr der heutigen Schweiz. Ein Wortführer war er, ein Entscheidungsträger. Nur Bundesrat – Mitglied der Landesregierung – wollte er nie werden, «weil er selber Bundesräte ‹macht›», wie der marxistische Historiker Konrad Farner behauptet hat.[16]

Sinnbildlich für Eschers Macht stehen die Verträge, die er mit sich selbst abschloss. Am 17. Dezember 1852 stellte ein Gründungskomitee für eine «Zürich–Bodensee-Bahn» ein Gesuch «An den hohen Regierungsrat des Standes Zürich zu Handen des hohen großen Rathes dieses Kantons» für die Erstellung einer Eisenbahnlinie, die vorerst von der Stadt Zürich an die Nordgrenze des Kantons führen sollte. An der Spitze der langen Reihe von Unterschriften findet sich der kräftige Schriftzug von: Dr. Alfred Escher.[17] Vier Tage später schon, am 21. Dezember, erteilt der Kantonsrat die Konzession für diese Strecke; es unterschreibt dessen Präsident: Dr. Alfred Escher.[18] Im Jahre 1853 werden die Statuten der Bahnbetriebsgesellschaft verabschiedet – sie nennt sich nun Nordostbahn; als Präsident amtet: Dr. Alfred Escher. Mit Schreiben vom 17. Oktober 1853 genehmigen die Behörden dieselben Statuten; es signiert als Präsident des Zürcher Regierungsrates: Dr. Alfred Escher.[19]

Die demokratischen Grundsätze, die am Anfang von Alfred Eschers Laufbahn gestanden hatten, verloren sich mit den Jahren in der Praxis der Realpolitik. In Zürich begann man ihn «Prinzeps» zu schimpfen, Diktator nach römischer Manier. Der Fürst Escher entschied die politischen Geschäfte zum Voraus in seiner «Akademischen Mittwochgesellschaft». Ein Journalist, der einmal seine Nase in eine Zusammenkunft dieses Klubs stecken durfte – politisch ein wütender Gegner Eschers – beschrieb, wie jener da residierte: «Was geht bei der Polizei?» – Ein Polizeioberer berichtete aus seinem Reich. – «Was geht im Kirchenwesen?» – Ein Seminardirektor referierte. – «Und was macht unser liebes Bezirksgericht?» So ging es fort. «Herr Escher erteilte seine Direktionen.»[20]

Das war das Escher'sche «System», das bei den Gegnern zwangsläufig in Verruf geriet. «Die wichtigsten Entscheidungen wurden trotz der republikanischen Formen meist im engsten Kreis und außerhalb der Regierung oder des Großen Rates getroffen», urteilt ein heutiger Historiker.[21]

Die geächteten Escher

Escher war rastlos, rastlos bis zur Erschöpfung. «Der Sohn eines Millionärs» unterziehe sich «den strengsten Arbeiten vom Morgen bis zum Abend», übernehme «schwere, weitläufige Ämter», und das in jugendlichem Alter, wo andere vor allem «das Leben genießen», notierte der junge Gottfried Keller.[22]

Was Escher in ständiger Unruhe hielt, war vermutlich kein «Machttrieb», wenn es eine solche psychische Kraft denn geben sollte. Als Angehöriger eines der ältesten Adelsgeschlechter Zürichs hätte er auf Geldverdienst und Machtausübung verzichten können, und doch wäre ihm Geld und Einfluss sicher gewesen. Ihn trieb anderes: In der Familiengeschichte gab es einen dunklen Fleck.

Als «Escherin du verre» bezeichnete sich Lydia einmal ironisch, als eine aus dem Geschlecht der Escher vom Glas.[23] Auch auf ihrem Briefpapier führte sie in jungen Jahren das Familienwappen: ein vasenförmiges silbernes Trinkgefäß, darüber einen sechszackigen goldenen Stern, das Ganze auf blauem Grund; später sollte sie dies durch einen Papagei ersetzen, der femininer und exotischer wirkte.

1885 feierten die Angehörigen der Sippe das 500-Jahr-Jubiläum der Einbürgerung der ersten Escher in Zürich. Mit einem großen «Bott», einem Gastmahl, mit schönen Reden. Da mochte mehr als einer hingewiesen haben auf die großartigen Vorfahren. Nicht weniger als 5 Bürgermeister, 45 Mitglieder des Kleinen und 82 des Großen Rates, 2 Stadtschreiber, 34 Obervögte und 29 Landvögte soll die Patrizierfamilie der Stadt beschert haben.[24]

Und einen Bankskandal, wie er sich in diesem Ausmaß noch nie ereignet hatte. Alfred Eschers Großvater Johann Caspar Escher war «ein großer, allerdings unvorsichtiger Marchand-Banquier», urteilt der Wirtschaftshistoriker Hans Conrad Peyer in den Sechzigerjahren des letzten Jahrhunderts. Fehlspekulationen in Frankreich brachten das Handels- und Bankhaus Escher 1788 in Konkurs. 236 Gläubigerguthaben gingen verloren. Manchmal zählten diese nur wenige Hundert Gulden, in einigen Fällen aber Zehntausende. Ein Landvogt wurde geschädigt, angesehene Familien, städtische Ämter. So etwas würde die ehrbare protestantische Gesellschaft Zürichs nicht vergessen.[25]

Man erwartete, dass die Söhne und Enkel des Fehlbaren, wieder zu Vermögen gekommen, etwas zur Deckung der offenen Rechnungen ihrer Väter unternehmen würden. Das unterblieb. So lag ein Schatten über dem Belvoir, der noch die Nachkommen der Nachkommen verdüsterte. Gar von «Ächtung» sprechen Historiker: Wegen des Konkurses seines Großvaters habe Alfred Escher trotz glänzendem Namen und blinkendem Reichtum «zu einer angefochtenen, am Rand der herrschenden Kreise Zürichs befindlichen Familie» gehört.[26]

Sein rastloser Einsatz war offensichtlich auch ein Kampf um Wiederanerkennung. Escher wollte respektiert werden, indem er unvergessliche Dienste für die Res Publica erbrachte.

Seine erste große Tat, da amtete Escher als Erziehungsdirektor, war die Ausrichtung eines Stipendiums für einen Dichter, der sein Talent durch seinen Lebenswandel zu verfuhrwerken drohte: für den jungen Gottfried Keller. Das Stipendium wurde später mehrmals erneuert. «Wir glauben im Regierungsrate», schrieb Escher namens der kunstsinnigen Behörde, «Sie sollten mit Ihren Dichtungen etwas zuversichtlicher und mutiger ans Tageslicht treten.»[27] Der hohe Herr griff auch in die eigene Tasche, um die Schulden des Künstlers tilgen zu helfen, und der Geförderte sollte die in ihn gesetzten Erwartungen schließlich übertreffen. «Heute ist entschieden, dass er zu den allerersten deutschen Dichtern gehört», urteilte der Literatur- und Theaterkritiker Otto Brahm in einem Essay.[28]

Während Keller anerkannter Schriftsteller wurde, stieg Escher zum Allermächtigsten im Land auf – und blieb letztlich machtlos. Gegen sein «System», die «Cliquenherrschaft», die «Herrschaft der Bundes- und Eisenbahnbarone», die «Geldaristokratie» erhob sich ein Sturm, der nicht nur den Wortführern der Bewegung als «Revolution» erschien. Vor allem in der Stadt Winterthur, die traditionell mit Zürich rivalisierte, sammelten sich die politischen Kräfte, die Demokraten genannt wurden. Zu ihnen gesellten sich die ersten Sozialisten. Gemeinsam brachten sie im Jahr 1869 Eschers Vorherrschaft zu Fall und instaurierten eine neue, direktdemokratische Verfassung, die dem Stimmvolk das Recht auf Initiative und Referendum und auf Wahl seiner Regierung zusprach.

Zu allem geriet der Bau der Gotthardbahn in Krise. Eschers Gotthardbahngesellschaft musste beim Bund um einen Nachtragskredit von mehr als 100 Millionen Franken nachsuchen, da die gesprochenen 187 Millionen schon verbaut waren. Mochten die Gründe für die Kostensteigerung auch darin gelegen haben, dass Ingenieure die technischen Schwierigkeiten des Gotthardgranits unterschätzt hatten: Verantwortlich machte alle Welt den Prinzeps. Zumal auch seine zweite Bahngesellschaft, die Nordostbahn, im Dreck steckte. Die «Eisenbahnkrise» bewies – so sahen es manche – die Unfähigkeit der Regenten.

Mit der Krise der Gotthardbahn hatte sich 1876 von Amtes wegen Bundespräsident Emil Welti zu befassen. Und in Zürich verlangte 1877 der Sozialist Karl Bürkli eine Untersuchung der Nordostbahn-Schwierigkeiten; der Vorstoß sollte Escher verwunden. Bürkli war sein Intimfeind. Schon bei dessen Wahl in den Kantonsrat dachte Escher daran, seine Ämter niederzulegen, hatte dieser Sozialist doch 1851 nichts Geringeres propagiert als eine «rothe oder Volksrepublik» in der Schweiz.[29] Die «Züricher Freitagszeitung» hatte Bürkli und seinesgleichen mit den «Hunnen» gleichgesetzt.[30]

In Wirklichkeit war Bürkli einer der originellsten Köpfe in der politischen Landschaft. Der Historiker Erich Gruner, Verfasser eines Standardwerkes über die Arbeiterbewegung im 19. Jahrhundert, bescheinigt ihm, «der erste autochthone Schweizer Sozialist» gewesen zu sein.[31] Selbst die Gleichheit der Menschen – diese Grundidee des Sozialismus – war für Bürkli ein Gräuel. Er ging davon aus, dass Menschen nie gleich sein könnten, und suchte die Harmonie der Ungleichen.

Dass Bürkli aus besten Zürcher Patrizierkreisen stammte, dürfte seinen Widersacher Escher mehr als alles geärgert haben: Er war Sohn des Seidenherren Johann Georg Bürkli und der Wilhelmine, einer geborenen Füssli. Allerdings waren die Bürklis erst 105 Jahre nach den Eschers in Zürich eingebürgert worden. Alfred Eschers Vater habe einst erfolglos um die Mutter dieses Revoluzzers geworben, weiß die mündliche Überlieferung.[32] Die Geschichte macht manchmal kleine Scherze.

Im Juli 1878 trat Alfred Escher zurück, der Druck der demokratischen Bewegung tat ihre Wirkung. Das war ein Triumph für Bürkli, der hiermit von der Bühne dieser Geschichte abtritt, da er wegen des Neins seiner Mutter nicht Enkel von Alfred Eschers Vater geworden ist.

21

Escher wurde selbst im Privaten von seiner Eisenbahn überrollt. Als am linken Zürichseeufer eine Bahnlinie gebaut werden sollte, drohte sie, das Gelände des Belvoirparks zu durchschneiden und die Villa vom See zu trennen. Gradlinig, wie Escher war, gab er im Rat seine Zustimmung zur Streckenführung. Er hielt sie zwar für verfehlt, weil aber sein eigener Boden geschädigt wurde, betrieb er keine Opposition. Einziger Trost: Seine Bank, die Kreditanstalt, kaufte rechtzeitig Liegenschaften entlang dem Trassee zu mäßigen Preisen auf und verkaufte sie dann – der Bahngesellschaft.

Ein begnadeter Porträtist

Kehren wir zum Besucher zurück, der unerwartet auf Belvoir aufgetaucht ist. So wie es Alfred Escher geliebt hat, seine Gäste durch den Park zu führen, tut es offenbar Tochter Lydia mit ihrem Gast, dem Maler. Sie zeigt ihm die blumengeschmückte Villa, die Obstspaliere, den Teich mit dem Bambus am Ufer und den Seerosen im Wasser und den Stolz des Gärtners: die Belvoirfichte. Gezogen aus dem Samen einer amerikanischen Riesenfichte. Gesetzt vom Vater aus Anlass der Geburt seiner Tochter Lydia im Jahr 1858.

Wer ist dieser Besucher?

Maler Karl Stauffer wird erzählt haben von seinem Atelier in Berlin und seiner Arbeit als Gesellschaftsporträtist. Und wie er Glück gehabt habe, als er zum ersten Mal beim Direktor der Berliner Kunstakademie, Anton von Werner, angeklopft hat. «Was wünschen Sie?», hat der gefragt. – «Ihr Schüler zu werden!», hat Stauffer geantwortet. – «Das kann jeder sagen», wieder der andere: «Können Sie malen?» – «Nein, wenn ich malen könnte, wollte ich doch nicht Ihr Schüler werden.» So erzählte einst Stauffer dem NZZ-Redaktor Albert Fleiner von dieser Begegnung, wie er es jetzt wohl auch Lydia erzählt.[33] Und die wird, wie beabsichtigt, auflachen.

Der Akademiedirektor nahm, nachdem er einige Arbeitsproben gesehen hatte, den jungen Mann als Privatschüler in seinem Meisteratelier an; er besaß nur zwei solch privilegierte Plätze. Stauffer hatte eine entscheidende Sprosse auf der Erfolgsleiter erklommen, denn von Werner war ein einflussreicher Mann mit besten Beziehungen zum Hof, er hatte sich einen Namen gemacht als Maler von Kriegspanoramen: «Der deutsche Generalstab», «Einbringen zweier feindlicher Geschütze», «Beisetzung von deutschen Soldaten auf dem Friedhof von Versailles».

Und da Stauffer kaum über Geld verfügte – die Ankündigung, dass sein Stipendium auslaufen werde, ließ ihn dringend Verdienstmöglichkeiten suchen –, schanzte ihm von Werner Aufträge zu, die er nicht selber erledigen mochte. Fürs Erste durfte Stauffer einen Fächer malen, als Hochzeitsgeschenk einer Privatfirma an Prinzessin Augusta Viktoria. Nebenbei komponierte er ein Besteck für eine Fabrikantenfamilie, samt Fischtranchiermesser. Und den Grafikschmuck für die auf einem Tableau versammelten Porträtfotos von 104 Moskauer Feuerwehrleuten, ein Auftrag einer Feuerversicherungsgesellschaft.

Bescheidene Anfänge, aber immerhin. Lieber fertigte Stauffer allerdings Porträts an. Obwohl das manchmal «zum Aus-der-Haut-Fahren» sei: «Ist jemand alt, so soll man ihn jung machen, ist jemand hässlich, muss man ihm schmeicheln ...»[34]

Er galt manchen als Dekorationsmaler. Das allerdings lag auch daran, dass er seine Ausbildung nicht abgeschlossen hatte. Stauffers Stipendium war eben zu dem Zeitpunkt nicht erneuert worden, als er in die Kompositionsklasse hatte eintreten wollen. Nun suchte er in Berlin ein Auskommen als Künstler. Doch mit seinem Handicap, die Gesamtkomposition, sollte er in der ganzen künstlerischen Laufbahn zu ringen haben. Auch die Farbe war nicht sein Metier. Seine Stärke blieb die Zeichnung.

Auf dem freien Markt der freien Künste verkaufte sich der Porträtist immer besser. Wie ein Zirkusakrobat inszenierte er seine Malkünste bei einem Empfang im Haus der Familie Mosse, die als Annoncen- und Zeitungsagentur in der Pressewelt Einfluss besaß (und auch in Zürich eine Filiale dirigierte). In einer halben Stunde warf er die Gesichter von acht anwesenden Persönlichkeiten hin. Wohl zum Klimpern eines Pianofortes. Und gewiss zur allgemeinen Begeisterung.

Doch er wollte den Ruf des Dekorationsmalers loswerden, wollte ein ernsthafter Künstler sein.

Dafür plagte er sich ab, er kam unendlich langsam vorwärts mit seinen Künsten. Dreimal fing er einen Kopf an und kratzte ihn wieder herunter und begann von neuem. Nichts sei fertig «als ein Auge, das aber, wie ich glaube, nicht übel ist», meldete der Künstler nach Hause.[35]

Gegen hundert Sitzungen brauchte er für das Porträt des kaiserlichen Leibarztes Dr. Lauer. Wer will schon so lange sitzen? Stauffer nahm endlich den Photoapparat zu Hilfe, dem er ansonsten skeptisch gegenüberstand, «denn ich male tausendmal leichter ein Porträt frisch nach Natur als mit Hilfe eines Photoapparates».[36] Mit diesem Apparat zu arbeiten, war allerdings nichts Ungehöriges: Für den Akademiedirektor von Werner etwa war das ein unerlässliches Hilfsmittel bei der

Komposition seiner historischen Schinken. Und der Maler Franz von Lenbach ließ von Generalfeldmarschall Moltke durch einen professionellen Fotografen mehr als hundert Aufnahmen machen.

Die Goldmedaille

Dort, wo Stauffer in Berlin sein Atelier hatte, arbeitete im selben Haus Max Klein, ein tüchtiger Bildhauer. Eben war er mit einer kolossalen Gruppe beschäftigt: Ein mit einem Löwen ringender Mensch, beide am Ende der Kräfte.

Da Modelle viel Geld kosteten, saß oder stand man sich gegenseitig. Stauffer machte sich Mitte 1881 an ein Porträt seines Bildhauerfreundes Klein, das er an der internationalen Kunstausstellung einreichen wollte. Die Berliner Ausstellung, die vom Senat der Akademie jährlich veranstaltet wurde, öffnete ihre Pforten am 1. September. Dieses Bild machte Stauffer fast über Nacht zum berühmten Mann.

Als die Ausstellung aufging, war Stauffer selber begeistert. Sein Bild hing im Hauptsaal, in der Mitte der untersten Reihe zwischen einem Werk des Akademielehrers Anton von Werner und dem Gemälde eines anderen damals bekannten Malers, Karl Gussow. Einer der besten Plätze.

Das Porträt Kleins war ein so genanntes Kniestück, das den Mann als angeschnittene Figur zeigte. Der Kopf und die Hand seien «eminent gezeichnet und charakterisiert», sollte sich ein Betrachter erinnern,[37] der bei späterer Gelegenheit hinzufügte: «In diesem Gesicht muss es soeben leise gezuckt haben, und im nächsten Moment, scheint es, wird eine neue Verschiebung der Falten eintreten.»[38]

Manche lobten die freie Behandlung, die treffende Charakterisierung des Porträtierten. Selbst in der «London Times» fand Stauffer Erwähnung. Und die Jury sprach dem hoffnungsvollen Maler die «Kleine Goldene Medaille» zu. Es war die höchste Auszeichnung, die ein Neuling in Deutschland erwerben konnte, von der Großen Goldenen abgesehen, die indes nur erhielt, wer schon die Kleine gewonnen hatte.

Stauffer wurde «von den einen heiß befehdet als gewalttätiger Revolutionär, von den anderen erhoben als der Prophet eines neuen Kunstzeitalters», berichtet der Kunsthistoriker Georg Jacob Wolf.[39]

«Alle Welt kümmert sich um mich, ich bin ein so genanntes Wunderkind ...», jubelte der Vierundzwanzigjährige.[40] Selbstbewusst erklärte er: «Ich hätte mir die Medaille auch gegeben.» Denn es sei mit einer Ausnahme nichts zu sehen gewesen, «was mit derselben Solidität wäre studiert gewesen wie mein Klein».[41]

Er freute sich für seine Eltern, denen er auf dem Geldbeutel gelegen hatte. Nun war er ein gefeierter Künstler, wurde eingeladen und «poussiert».[42] «Alles wollte sich damals vom neuen Porträtmaler in Öl verewigen lassen», schrieb die NZZ im Rückblick, «und wenn er sechs Hände gehabt hätte, so würde er kaum im Stande gewesen sein, alle Aufträge zu erfüllen.»[43]

Umgehend bezog der Berner in Berlin ein neues Atelier, an der Potsdamer Straße gelegen und «groß wie eine Reitschule».[44] Seine Bilder, die bislang höchstens 200 Mark erzielt hatten, stiegen auf dem Markt um das Zehnfache.

Nun gehörte er dazu. Genüsslich schilderte Stauffer einen Taufanlass bei von Werners: «Da gab's gebackene Austern mit Sauerkohl, kurz, ganz unglaubliche Sachen; Schnepfendreck, ich glaube, es waren 7 oder 8 verschiedene Geflügel.» Man schwang das «Tanzgebein». Nach dem Essen wurden Zigarren herumgereicht, «und die männliche Bevölkerung dampfte». Nur das Taufkind sah er nicht.[45] Stauffers Eltern waren verärgert über diesen Bericht, und Stauffer meinte: «Ganz Unrecht haben sie nicht.»[46] Der Rummel ging weiter.

An den Enkel des Dichters Friedrich Schiller, einen netten talentierten Maler, geriet er an irgendeiner Party.

Er berichtete, dass sich die Frauen nun gerne neben ihn setzten: «Mädchen die da lieben und das Küssen üben, sind ja stets in schwerer Menge da …»[47] Bald konnte er eine standesgemäße Heirat ins Auge fassen. «Das Objekt meiner Gedanken ist die Nichte von Herrn Professor Menzel» – die Nichte des Malerfürsten, der die «Geschichte Friedrichs des Großen» (von Franz Kugler) illustriert hatte. «Sie ist nicht schön, im Gegenteil, ein wenig hässlich und mager. Aber das ist nur eine Nebensache, wenn man eine Gefährtin fürs Leben sucht», meinte Stauffer. «Schließlich wird sie einmal eine der reichsten Erbinnen der Gesellschaft.» Was er nämlich brauche, sei «eine gute Haushälterin», eine, «die weiß, dass der Mann der Herr im Haus ist». Und: «Vor allem soll sie mich bewundern.» Das sage er «ohne ein Wort der Liebe meinerseits». Melodramatisch fügte er hinzu: «Was man so Liebe nennt, habe ich nie empfunden …»[48]

Hofmaler des Kaisers!

Das alles sei erst der Anfang, mochte sich Stauffer ausgemalt haben. Sein Ziel schien klar, nichts weniger als kaiserlicher Hofmaler wollte er werden. Das sprach er zwar nirgends so direkt aus, doch deutete er es an (und so interpretiert es auch die Kunsthistorikerin Sara Stocker in ihrer Lizenziatsarbeit über Karl Stauffer-Bern).[49] Sein künstlerisches Projekt, das diesen Schritt befördern sollte, bestand darin, alle Schönen und Reichen abzumalen, deren er habhaft werden konnte.

Er kaufte sich präsentable Kleidung, «und gestern habe ich die erste Visite im Zylinder und Frack gemacht». Ein wenig wunderte sich der einstige Berner Landbub schon, dass man sich «zum Affen machen» müsse, um der Form zu genügen.[50] Ein alter Freund beklagte sich, dass der Maler, die Virginia im Mund bei einem Kutscher stehend, ihn wohl gesehen, aber nicht mehr gegrüßt habe. Auch Tanzstunden musste Stauffer nehmen, denn die Walzerdrehungen und den Contre-Tanz beherrschte er nicht. «Ja Doktor, ich bin ein feiner Habicht», sagte er zu einem Schweizer Besucher.[51]

Der Habicht nutzte die Beziehungen, über die er schon verfügte, nach Kräften aus. «Ich porträtiere gegenwärtig einen jungen Bruder von dem Annoncejuden Rudolf Mosse, der überall die Annoncen hat», berichtete er im Jargon, der die antisemitische Grundstimmung der Zeit widerspiegelt. Es war ihm angenehm zu wissen, dass die Leute «sehr reich» sind.[52]

Hatte er am Jahresanfang das Mosse-Projekt angekündigt, konnte er am Jahresende 1881 vermelden: «Max Mosse ist fertig. Es war doch eine gute Spekulation, dass ich ihn gemalt, denn da hängen noch ein halbes Dutzend Porträts gewiss dran.»[53] Er malte noch den Inhaber der Firma, Rudolf Mosse, das Porträt ist verschollen und nur als Foto überliefert.[54]

In «Neu-Jerusalem», wie er Berlin einmal nannte, wollte der tüchtige Schweizer sein Glück machen.[55] Und er wusste auch wie: «Man muss die Würst nach der Speckseite werfen.»[56]

Den Schweizer Gesandten in Berlin, Minister Arnold Roth, hatte er kennen gelernt. Er pflegte die Beziehung zu ihm in der Hoffnung, der Herr werde helfen, dass Bundesbern seinem Stauffer wieder mit einem «flotten Stipendium» unter die Arme greife.[57] Um den Diplomaten zu zeichnen, reiste Stauffer gleich zu ihm heim nach Teufen in Appenzell-Außerrhoden.

Den Theaterdirektor Adolph L'Arronge malte er ab. Das war der Mann, der es abgelehnt hatte, Ibsens Gespenster auf die Bühne des Deutschen Theaters zu bringen. Stauffer mochte ihn nicht; wollte jener doch nicht recht sitzen, sodass der Maler Photos von ihm machen musste. Zudem kenne jener nicht einmal Gottfried Keller und ebensowenig Conrad Ferdinand Meyer.[58]

Das Porträt von Exzellenz von Lauer – Geheimrat, Generalarzt der Armee, kaiserlicher Leibarzt und so weiter – wurde endlich fertig und im Arbeitszimmer des Kaisers aufgestellt. Stauffer raunte seiner Schwester zu: «Es ist sehr leicht möglich, dass durch dieses Bild, wenn es an allerhöchster Stelle gefällt, meine Karriere einen rapiden Schritt macht.»[59]

Dass dies geschehe, scheint ein tiefes Anliegen gewesen zu sein. Marxistisch gesprochen, wollte Stauffer ausbrechen aus seiner kleinbürgerlichen Klasse. Nach oben, nicht hinab ins Proletariat. Und damit auch die gesellschaftlichen Aspirationen der Eltern einlösen.

Im Herbst 1882 weilte Stauffer in Schlesien auf dem Gut von Ferdinand Graf Harrach. Dessen Frau, Helene, aufgewachsen auf Schloss Oberhofen am Thunersee, galt als schönste Frau am Berliner Hof und als Freundin der Kaiserin. Damit kam des Künstlers Ziel in greifbare Nähe: Maler des Hochadels zu werden, Hofmaler des Kaisers. Schon war die Rede von einer kaiserlichen Nichte, die porträtiert werden wollte; «aber die Sache ist noch sehr im Blauen».[60]

Unter all den Schicken und Schönen blieb er der «Schweizer», jedenfalls in den Augen der anderen. «Ein Schweizer Kind» wurde er geheißen,[61] «ein unverwüstlicher Schweizer Naturbursch» sei er.[62] Stauffer pflegte dieses Image, ließ sich gerne «Schweizerkarl» nennen[63] und schwärmte angesichts der Berliner Modepuppen von den «Berner-Meitschi» zu Hause, jenen «in den kleidsamen Hemdsärmeln und weißen Brüstli».[64]

Den Plan, die unattraktive Nichte des Malerfürsten Menzel zu heiraten, gab er auf. Das Angebot auf dem Beziehungsmarkt war zu verlockend. Er hatte «das Porträt der schönsten Berlinerin angefangen», wie er berichtete, was im Klartext heißt: Stauffer war Feuer und Flamme. «Sie ist wirklich eminent schön», erzählte er, «prächtige Figur und absolut klassisches Gesicht.»[65] Zu beklagen war nur, dass sie nach drei Sitzungen nichts mehr von ihm wissen wollte, diese Teufelin: Noch als Karl Stauffer Lydia Welti-Escher kennen lernen wird, wird er von seiner «Beauté du diable» träumen, die ihn verschmäht hatte.

Seine erotischen Sprünge gefährdeten Karls Gesundheit. «Mein Befinden ist normal», meldete er seinem Freund Max Mosse einmal. Und das war erfreulich, denn es bedeutete: «möglicherweise nicht syphillitisch».[66]

Empfänge beim Hausengel

Der Kettenhund auf Belvoir wird sich bereits an ihn gewöhnt haben. Der Kutscher, der die Beschläge der Karosse putzt, hat den neuen Gast wohl schon kennen gelernt. Stauffers Aufenthalt auf Belvoir zieht sich in die Länge. Er hat vermutlich nicht gleich in diesem Palais logieren wollen. Dass alles anders gekommen ist, als er eigentlich geplant hat, mag Stauffer freuen. Die fürstliche Herrin dahier kann ihm nützlich sein.

Eine stolze Dame ist das, die es liebt, die Zügel selbst in die Hand zu nehmen und mit der Kutsche über die Landstraße zu preschen.

Sie führt, so jung sie ist, den Haushalt. Als heranwachsendes Mädchen schon ist sie in diese Aufgabe hineingewachsen. Den Schlüsselbund zu verwalten, heißt, einen Betrieb managen: mit der Köchin das Menü besprechen, die Vorräte in den Kammern frisch halten, Anweisungen für den Einkauf geben, mit dem Gärtner die Arbeit festlegen, den Kutscher disponieren. Das sind die täglichen Aufgaben. Hinzu kommen in regelmäßigem Turnus die Wascharbeiten oder das Einkochen von Gemüse und Obst.

Treu erfüllt Lydia die häuslichen Pflichten, die ihr die Rolle als bürgerliche Frau auferlegt. Über diese Rolle hat 1884 die «Schweizerische Frauen-Zeitung» geschrieben: Die Frau sei die «Priesterin am Altar der Häuslichkeit», sei «Hafen der Ruhe» und dabei: «von nie versiegender Liebe».[67]

Stauffer bezeichnet Belvoir anerkennend als «Paradiesgärtlein».[68]

Die Priesterin im Belvoir-Tempel zelebriert, was ihr auferlegt ist. Dazu gehören die Einladungen und Diners. Das war schon so, als der Vater auf der Höhe seiner Macht und seines Ansehens stand. Und eine andere Hausherrin gab es nicht, war doch Lydias Mutter jung verstorben.

In Belvoir finden sich die maßgebenden Männer Zürichs, der Eidgenossenschaft, ja Europas ein: die Söhne Bismarcks, dekorierte Generäle, erfolgreiche und erfolglose Politiker. Bei trüberer Stimmung ist es nur ein kleiner Kreis Vertrauter aus der Zürcher Lokalszene, der herbefohlen wird. Einigen Stammgästen werden wir noch begegnen: Georg Stoll etwa, der im Dienste der Nordostbahn gestanden hat, Direktor der Schweizerischen Kreditanstalt wurde und stets ein enger Vertrauter von Alfred Escher bleiben wird.

Zu den Stammgästen gehört der Schriftsteller Gottfried Keller. «Ich stehe gut mit ihm, wir sind recht fidel zusammen», schreibt Lydia, als sie erst 18-jährig ist.[69]

Keller, einst ein Revoluzzer, hat sich mit dem «System» angefreundet und fühlt sich ganz wohl am Hof des Prinzeps. Er erhält Einladungskärtchen mit der Handschrift der Belvoir-Herrin, in denen er etwa gebeten wird, «de bien vouloir accepter jeudi soir (6 heures) à Belvoir la fortune du pot …» Man werde sich «im kleinsten Freundeskreis und im kleinsten Zimmer» des Anwesens versammeln: «Erscheinen Sie also bitte ohne den vielbewunderten Festfrack und die berühmte Weste, aber ausgestattet mit einer tüchtigen Portion guten Humors.»[70]

Keller antwortet ironisch, dass er der Aufforderung seines «Livreedieners» – des uniformierten Briefträgers – gerne nachkomme und sich dem «Hausengel» diplomatisch-würdig fügen werde.[71]

Um das Haus aufzuheitern, das Keller offenbar gelegentlich düster scheint, bringt er eines Abends einen Mann mit einer Handharmonika mit, einen Knüsli von Fällanden, «seines Zeichens sonst ein Chübelimacher».[72] Doch wie der Schriftsteller bemerkt, dass das Arbeitszimmer Eschers noch beleuchtet ist, sinkt ihm das Herz in die Hose, der Musikant wird schleunigst fortgeschickt. Auch etwas Frostiges liegt auf Belvoir.

Lieber ein Bub

Da, auf Belvoir, ist Lydia aufgewachsen. Zur Welt gekommen unter dem Namen Auguste Eugo Klementine Lydia Esther Escher am 10. Juli 1858.

Als sie auch noch ein Schwesterchen erhielt – Hedwig – schrieb Vater Escher einem Freund: «Du hättest Dir wohl auch, wie dies bei mir letzthin der Fall war, eher einen Knaben gewünscht.» Angesichts der «vielen ungeratenen Jungen», denen man auf der Straße begegne, habe er sich allerdings gesagt, so Escher, «es sei mir durch die Geburt eines Mädchens statt eines Knaben viel Kummer und Herzeleid erspart».[73]

Es war nicht nur die übliche Geringschätzung gegenüber weiblichen Wesen, die den Prinzeps sich einen Knaben wünschen ließ. Ohne Stammhalter würde sein Kampf für die Rehabilitierung der Escher vom Glas in der Zürcher Gesellschaft sinnlos sein. Er würde seine Bemühungen nicht über Generationen absichern können.

Die Mutter war Mitte zwanzig, als sie starb, noch bevor Lydia den sechsten Geburtstag feiern konnte. «Überzart» sei sie gewesen, schrieb der Escher-Biograf Gagliardi.[74] Eine Erkältung hatte sie umgeweht. Alfred Escher ließ weniger dominanten Pflänzchen kaum die Möglichkeit, sich zu entfalten; er sah sich denn am frühen Tod seiner Frau mitschuldig: «Ich habe mich dem Staate fast ganz hingegeben und meiner Familie fast entzogen», schrieb er an einen Freund. «Es fällt mir dies um so schwerer aufs Herz, wenn ich an teure Verstorbene denke, welche darunter zu leiden hatten.»[75]

Da auch Schwesterchen Hedwig wenige Monate nach der Geburt starb, wuchs Lydia allein mit ihrem Vater auf.

Ein Foto zeigt das Mädchen zusammen mit dem «Papa» (siehe Abb. 4). Die Journalistin Ursula Isler, die Ende des 20. Jahrhunderts Lydia Escher wieder neue Aufmerksamkeit geschenkt hat, schreibt dazu: «Der Photograph war erstklassig. Er komponierte die zwei stehenden Figuren zu einem rechtwinkligen steilen Dreieck, den Mann in fürstlicher Haltung, die Tochter unmerklich ihm zugeneigt, wie magnetisch angezogen.» Isler vermutet, dass der große Escher seiner Tochter eben gesagt habe: «Wie schade, dass du kein Mann bist.»[76]

Der Vater nahm seine Tochter mit auf Reisen und ins Büro. Sie erlebte – anders als andere Mädchen – als Kind die männliche Welt der Geschäftsleute. «Es war schon früh eine ungewöhnliche Biografie», meint Joseph Jung, ein Kenner der Escher'schen Familie und Archivar der von Alfred Escher begründeten Credit Suisse Group.[77]

Doch es gab eine zweite Welt im Leben der heranwachsenden Lydia.

Eine etwas dickliche Dame führt ein Mädchen im Park vor der Veranda spazieren: so ein Foto im Baugeschichtlichen Archiv der Stadt Zürich (siehe Abb. 1). Das Bild ist in der Dokumentenschachtel – offensichtlich auf Grund von Überlegungen zur Baugeschichte der Belvoir-Villa – zeitlich vor 1890 eingeordnet. Selbsterklärend, dass es nach der Erfindung und Verbreitung der Fotografie entstanden sein muss. (Die Herstellung einer Vielzahl von Positiven ab Negativ war erstmals 1839 gelungen.) Im halben Jahrhundert zwischen 1839 und 1890 wuchs nur einmal ein Mädchen auf Belvoir auf: Lydia. Nimmt man an, dass das Auftauchen eines Fotografen in der privaten Sphäre damals noch ein Ereignis war, kann man vermuten, dass da nicht irgendein Nachbarskind der Linse vorgeführt worden ist, sondern das eigene: die Tochter des Hauses. Wir haben offenbar eines der ersten Fotos von Lydia Escher vor uns. Die Dame, die das Mädchen begleitete, kann eine Gouvernante sein, mit größerer Wahrscheinlichkeit ist es Clementine von Stockar-Escher, die Tante, die sich Lydias erzieherisch annahm.

Clementine von Stockar-Escher gab Lydia kulturelle Impulse. Sie selber war

Malerin, sie aquarellierte, bannte gerne Blumen auf die Leinwand und Gesichter und kleine romantische Szenen, Genreszenen. Sie mag Lydia die Blumen im Garten gezeigt und ihr zum ersten Mal eröffnet haben, dass es in der Welt schöne Dinge gibt neben den nützlichen.

Fräulein Wie-schade-dass-du-kein-Mann-bist dürfte oft bei ihrer Tante verkehrt haben, in jenen Mietshäusern, die Lydias Großvater – der Kaufmann Heinrich Escher-Zollikofer – am Zeltweg hinter dem heutigen Schauspielhaus erbaut hatte. In den Escher-Häusern wohnte von 1853 bis 1857 der Komponist Richard Wagner und von 1886 bis zu ihrem Tod 1901 die Jugendschriftstellerin Johanna Spyri.

Als Lydia dort verkehrte, entwickelte sich rund um den Pfauen, wie der Platz vor dem Schauspielhaus heute genannt wird, eine Frauen- und Jungmädchenszene, die Freude hatte an Farbe und Form, Pinsel und Palette. Am Zeltweg Nr. 11 ihre Tante. Einige Gehminuten weiter oben, an der Plattenstraße 4, die Witwe Breslau mit ihren Kindern, von denen eines Louise hieß und erfüllt war von der Idee, Malerin zu werden. In einer Parallelstraße zum Zeltweg, der Hochgasse 16 (die zur Promenadengasse geworden ist), unterrichtete der Zeichnungslehrer und Kunstmaler Eduard Pfyffer Mädchen, die Lydia ebenfalls gekannt haben muss: neben Louise Breslau etwa Maria Fierz – die Liegenschaften der Familie Fierz befanden sich an der nahen Zürichbergstraße 4, 6, 8 und 10.[78]

Herzlich befreundet ist Lydia auch mit der angesehenen Malerin Clara von Rappard, deren Vater in der Nähe des Belvoir gewohnt und später das Kurhaus Gießbach erbaut hatte; man sieht sich, wenn Rappards Zürich besuchen.

Malereibegeisterte Mädchen waren in einer Gesellschaft, die häusliche Pflichten über alles setzte, fast systemsprengend. Sollten Frauen im Ernst mit Pinseln fechten wollen, statt in den Töpfen zu rühren?

Mit Louise Breslau wurde Lydia fast unzertrennlich: Die Freundin sollte später in Paris als Malerin Karriere machen. Diese Louise verkehrte schon als kleines Mädchen im Belvoir, wo Lydias Mutter Tee servierte, weiß die NZZ. Später seien Lydia und Louise «Schulfreundinnen» gewesen.[79] Möglicherweise gingen sie, wie bei höheren Töchtern üblich, zum selben Privatlehrer in den Unterricht. «Meine einzige Freundin» – so bezeichnete die zwanzigjährige Lydia in einem Brief Louise.[80] Zärtlich gab sie ihr den Namen «Lulu».

Die Unnahbare

«Ich muss Dir noch erzählen, dass ich auf ein paar Bällen war. Ich sah hübsch aus, man schneidet mir sehr die Cour ...», schrieb Lydia an Louise. Lydia ärgerte sich darüber, dass ein «Bübchen» sie sechsmal hintereinander zum Tanzen aufgefordert hatte oder dass der «militärfromme» Herr F. wieder Bälle für sie arrangierte oder ein Bündner aus altem Geschlecht – ein von Sprecher, ein von Albertini? – sie ständig zum Walzer bat: «Die Courmacherei wird mir unangenehm, ich muss vor Zurückhaltung fast grob werden, damit es nicht zu einem entscheidenden Schritte kommt.»[81] Wenn sie an einem Balle teilnahm, war das der kleinstädtischen Gesellschaft stets ein Gerücht wert. Die Herren nahmen ihr Verhalten übel: Sie sei «verwöhnt» und zeige «einen Hang zum Moquanten und Bizarren»; so schilderte Gagliardi die Prinzessin auf Belvoir.[82] Als einer exaltierten jungen Dame sollte man sich noch Ende des 20. Jahrhunderts dieser Lydia bei Nachkommen der Familie Welti erinnern.[83] Auch der Berliner Publizist Otto Brahm attestierte ihr Züge eines «Fin-de-Siècle-Temperamentes»,[84] sie sei eine «nervös-moderne Erscheinung». Ein «Kind dieses Jahrhundertendes, Kind des Luxus und verfeinerter Kultur».[85]

So mochte sie wirken. Die Escher-Tochter besaß Roben, die gar in Modezeitungen besprochen wurden. Besonders stolz war sie auf ihr Kleid aus «immergrünem Atlas und Tüll mit Schilf, Seerosenknospen und Perlen».[86]

Lydia fühlte sich verfolgt: «Im Theater, im Konzert haben sie überall neben uns Platz genommen», erzählte sie ihrer Lulu von einem neuen Verehrer – oder war es derselbe? «Ich bin dabei von englischer Reserve.»[87]

Gerne blieb sie zu Hause, veranstaltete musikalische Abende mit einem Herrn Freund – er hieß so –, der Komponist war, aus Budapest stammte und am Zürcher Konservatorium Pianounterricht erteilte. Er wurde mit den Jahren ein echter Hausfreund. Als die Gerüchteküche wieder einmal dampfte, musste sie unbedingt Gottfried Keller einladen, «ein frugales Abendbrot mit mir untröstlicher Nochwaise einnehmen zu wollen». Der Redaktor der «Freitagszeitung» – befreundet mit Vater Alfred Escher –, habe angekündigt, er könne «pikante Details über meine Verlobung mitteilen». Das müsse der stets an Geschichten interessierte Dichter sich anhören. Denn: «Von allem ist kein Wort wahr.»[88]

Als ob die Brieffreundin nicht schon längst ihre Gefühle gekannt hätte, erklärte ihr Lydia: «Ich bin keine Kokette, die spielt; wenn ich von etwas nichts wissen will, gebe ich es sofort zu verstehen.»[89]

Sie trug Gold an den Federn. «Ich hätte mich als Neujahrsplaisir gut verheiraten können.» Doch habe sie zu allen Vorstellungen das «blonde Köpfchen» geschüttelt. Und als man sie gefragt habe, warum, sei eine Szene das Ergebnis gewesen: «Am Golde hängt, nach Golde drängt doch alles.»[90]

Lydia, geborene Escher, war Anwärterin auf eines der großen Privatvermögen der Schweiz. Allein an Wertschriften sollte sie nominal 2,2 Millionen Franken erben.[91] Ich verzichte auf Hochrechnungen und Preisvergleiche, die nie den Umständen gerecht werden: Es war viel. Zu diesen Zins tragenden Papieren kamen die Villa Belvoir mit Einrichtung und Kunstwerken und gut 40 000 Quadratmeter Umschwung sowie ein weiteres, noch unerschlossenes Stück Bauland.

Da sie Alleinerbin war, ist es kaum falsch, von ihr als der reichsten Frau in der Schweiz zur Zeit des Fin de Siècle zu sprechen.[92]

Luftkuren und Heilbäder

Reich war sie und leidend. Als sie gegen die zwanzig ging, musste sie das öffentliche Kesseltreiben gegen ihren Vater erleben, den ein Pamphletist «Züri-Herrgott» betitelte.[93] Nichts weniger als ein «Schwarzkünstler», ein Doktor «der höhern Magie» sei dieser Alfredus Magnus Turicensis, hetzten die Gegner. Denn er wirke im Dunkeln.[94]

Presseangriffe waren damals härter als zu unseren Zeiten, so unwahrscheinlich das klingen mag. Gottfried Keller hat in der Geschichte «Das verlorene Lachen» abgerechnet mit der Schar der «Virtuosen im Hohn und der Entstellung», deren Spott «das persönliche Leben auf das Straßenpflaster hinausschleifte».[95]

Die Vorwürfe, er sei ein Diktator, setzten Escher zu, und Lydia litt mit, weil der Vater litt. Seit sie ihn mit Bewusstsein kannte, war er dem Zusammenbruch nahe, erlebte er Krisen, die wochenlange Bettruhe verlangten. «Der geringe Schlaf und die Maßlosigkeit der ganzen Leistung» hätten sich bei Alfred Escher immer deutlicher gerächt, schrieb sein Biograf Gagliardi. Die letzten Jahrzehnte habe er verbittert gewirkt.[96] Als der Kurs der Gotthardbahnaktien fiel, schickte man Escher dreimal seidene Schnüre ins Haus. Der feine Herr möge sich bitte erhängen.

War er daran, erneut Gutgläubige ins Verderben zu reißen? So, wie sein Großvater es getan hatte? Er, Alfred Escher, der ein Leben lang krampfte und kämpfte, um einen Fleck in der Geschichte der Familie zu tilgen?

«Papa hat sich förmlich aufgeopfert, er ist doch ein herrlicher Mensch», schrieb

Lydia ihrer Intimfreundin Louise Ende 1878.[97] Da war der Vater von der Leitung des Gotthardbahnunternehmens zurückgetreten. «Es ist in den letzten Wochen vieles über mich hereingebrochen ... bittere Erfahrungen ...»[98] Doch: «Ich darf nicht undankbar sein», durch ihren Papa habe sie «viel Schönes im Leben».[99] Die Escher-Tochter tröstete sich mit Worten, die an einen pietistischen Sinnspruch erinnern: «Unendlich viel Versöhnendes» habe ihre Lage und hebe sie «auf eine höhre Stufe». Als Tochter sei sie glücklich, dass sie Vaters «Sonnenschein» sein könne.[100]

Doch die Tochter erkrankte ebenfalls. Sie litt an diffusen Schmerzen. Von «Neuralgien» und «einem schweren Rückenmarksleiden» war die Rede – gemäß zeittypischen Diagnosen.[101] Vater und Tochter fuhren 1880 gemeinsam zur Kur nach Bad Ems, einem Ort, wo sich auch der deutsche Kaiser zu erholen pflegte. Indes gestaltete sich der Aufenthalt nicht so angenehm wie erhofft. Der Kaiser war am Tag vor ihrer Ankunft abgereist und mit ihm die feine Gesellschaft. «Zurück blieben eine Unmasse Juden und freche Leutnants, die Papa in Verzweiflung setzten ...»[102]

Kuraufenthalte wurden zu einem Teil ihres Daseins. Sie gehörten zum Jahresrhythmus einer nomadisierenden Oberschicht, die sich in Bad Ems und Nizza, am Gießbach und in Baden zu begegnen pflegte.

So war Lydia eingeschlossen in der Welt des Vaters und schloss den Vater in die ihre ein. Als Alfred Escher zarte Fäden zu «einer Dame in Baden-Baden» knüpfte, brachte ihn seine Tochter bald davon ab.[103] Sie habe sich bemüht, anziehender zu erscheinen als jene. Und Töchterchen Lydia spielte ihren Vorteil aus, dass die andere in den Briefen Orthografiefehler machte! Eingebunden ins Korsett der Kuren und Konventionen, rief die junge Dame aus: «Ach Freiheit, Freiheit, wie sehne ich mich danach ...» Und wieder tröstete sie sich, man sei «nicht auf der Welt, um es sich möglichst bequem auf derselben einzurichten! Man soll seinen Weg gehen, der einem als der wahre und gute erscheint ...»[104]

Der wahre, gute Weg der Pflicht. So klapperte die Zwanzigjährige, gehüllt in ein schwarzes Hauskleid, durchs Belvoir, mit einem Bund von vierzig Schlüsseln, die «einen höchst imposanten Lärm» machten. «Gravitätisch» fand sie sich selbst.[105] War ein Dîner angesagt, stürzte sie sich in «einen offiziellen Frack», um zu präsentieren.[106] Warteten ihrer keine derartigen Pflichten, genoss sie Stunden der Ausbildung in Gesang. Sie habe nämlich «eine biegsame hübsche Stimme».[107]

Zwischen Arbeit und Kultur blieb allerdings wenig Zeit fürs wirkliche Nichtstun. In diesen Viertelstunden pflegte sie ihr heimliches Laster: «Rauchen».[108] Vermutlich bediente sie sich aus der Zigarrenkiste des Vaters.

Liebe Lulu

Ach Lulu. Schade dass du weggezogen bist!

Seit Lydias geliebte Jugendfreundin in Paris war, mussten Briefe die Gespräche ersetzen.

Lulus Vorfahren waren aus Schlesien eingewanderte jüdische Handelsleute gewesen, die konvertiert waren wie viele, wohl um sich das berufliche Fortkommen zu ermöglichen. In München kam Louise zur Welt und wurde getauft auf den Namen Maria Luise Katharina Breslau; später nannte sie sich Louise. 1858 war ihr Vater als Professor für Geburtshilfe und Gynäkologie nach Zürich berufen worden – im Jahr, da Lydia zur Welt kam –, und hier engagierte er sich für die Errichtung einer Gebäranstalt und eines Kinderspitals.

Lydia, die Tochter aus protestantischem Haus, und die katholische Louise, die ihre Erstkommunion als mystisches Erlebnis erfuhr und zeitlebens an ihrem Glauben festhielt – das muss eine unkonventionelle Verbindung gewesen sein.

Eine Hamburger Kunsthistorikerin hat Breslaus Leben in einer tausendseitigen Dissertation beschrieben; ich verdanke der Autorin Anne-Catherine Krüger wertvolle Hinweise über Breslaus Leben.[109]

Von schwächlicher Gesundheit und an Asthmaanfällen leidend, verbrachte Louise als Mädchen Monate im Krankenzimmer, wo sie zeichnete, was immer sie um sich sah: Menschen, Blumen.

Mit 18 Jahren nahm sie Zeichenunterricht bei Eduard Pfyffer im Zeltwegquartier, der Szenerien- und Porträtmaler war. Da ihr dieser zu wenig Anregung und Entfaltungsmöglichkeiten bot und weil Ärzte ihr zu einem Klimawechsel geraten hatten, wagte Louise den Sprung nach Paris. Ein Wagnis wars, weil Geldsorgen die Familie drückten. Ihr Vater starb jung und hinterließ eine Mutter mit vier Kindern.

«Malweiber» wurden Frauen genannt, die sich der Kunst zuwandten.[110] Denn Malateliers galten als Stätten der Verderbnis. Malen, im tüchtigen Sinn betrieben, war Männersache. Wie jede Ruhm versprechende Tätigkeit.

Um richtig malen zu lernen, musste man ins Ausland. In der Schweiz gab es Zeichen- und Kunstschulen, die einen kunstgewerblichen Charakter hatten, in Genf, Basel, Zürich und Bern.

So ging auch Breslau. Doch die staatlichen Kunstakademien der umliegenden europäischen Länder waren Frauen verschlossen. Zum Glück hatte in Paris eben eine Privatinstitution die Türen geöffnet, die «Damen» aufnahm: die Académie Julian. Gegründet von einem wenig erfolgreichen, aber kommerziell denkenden Maler, der bald drei Ateliers für Männer und zwei für Frauen betreiben konnte und fast dreihundert Schülerinnen und Schüler unter seine Fittiche nahm. Sensationell: Da durften auch Frauen Aktmalen, wenigstens nach weiblichen Modellen.

Zu den Schülerinnen gehörte Ende der Siebzigerjahre Louise. Sie sollte bald als «Talentierteste» gelten.[111]

In Paris tauchte sie ein in ein ungebärdiges Frauenmilieu. Da war die Bashkirtseff. «Die Ankunft der großartigen Marie Bashkirtseff, der ein kleiner Neger und ein Hund folgten, war eine Sensation unter den wenig begüterten Arbeiterinnen des Ateliers Julian», erinnerte sich später eine Freundin der Breslau.[112]

Aufgedonnert und mit Décolleté kam die Russin in die Anatomiestunde. Gerne schüttete sie Opium in ihren Sirup. Die Tagebücher, die nach ihrem Tod im Alter von 24 Jahren publiziert wurden, provozierten einen Bashkirtseff-Kult in Frankreich, der bis heute anhält. Es gibt Internet-Sites, die von Bashkirtseff-Begeisterten betrieben werden.

Bashkirtseff hatte Begabung, nur war Breslau begabter. Das machte die Breslau zur Konkurrentin: «Die Breslau hat eine Wange so naturgemäß gemalt, dass ich als Weib und als rivalisierende Künstlerin Lust hätte, diese weibliche Wange zu küssen», kratzte Bashkirtseff in ihr Tagebuch.[113] Bald verfolgte sie die andere mit bitterer Wut.

Lydia Escher muss damals, auch wenn in den Briefen nichts mitgeteilt wird, vom Pariser Künstlerinnenmilieu Eindrücke empfangen haben: aus Erzählungen Louises beispielsweise, wenn sie ihre Schwester Henriette in Zürich besuchte und am Zeltweg wohnte. Oder auch, wenn Lydia selber in Paris zu Besuch war.

In diesem Milieu gab es Frauenfreundschaften, lesbische Neigungen, feministische Forderungen. Bashkirtseff war in allem die Radikalste. Wie die romantische Lydia rief auch jene nach «Freiheit», nur weitete sie den Begriff gesellschaftskritisch aus. «Ich beneide die Leute um ihre Freiheit, allein spazieren gehen zu dürfen», schrieb Bashkirtseff in ihr Tagebuch, sie, die stets von einer Gesellschafterin begleitet wurde. «Dann rase ich darüber, dass ich ein Weib bin!», rief sie aus. «Ich werde mir bürgerliche Kleidung und eine Perücke machen lassen, werde mir das Gesicht so verunstalten, dass ich frei sein kann wie ein Mann.»[114]

Bashkirtseff schloss sich der Gruppe «Droit des Femmes» an und veröffentlichte unter Pseudonym einen Artikel in der Zeitschrift «La Citoyenne», in dem sie die Zulassung der Frauen an die Ecole des Beaux-Arts forderte.[115]

Lydias Freundin Louise machte nicht mit bei solchen feministischen Umtrieben. Wenngleich sie in einem Haushalt von drei Frauen lebte, blieben Breslaus Welt die Bilder. Sie malte anfänglich Intérieurs, die einfache soziale Verhältnisse spiegelten, später vermehrt Porträts, in denen sie dem Licht Raum gab; in diesen ist ein Einfluss der erstarkenden impressionistischen Strömung spürbar. In Zürich rümpften manche Kritiker beim Anblick solcher modernen Sachen die Nase.

Ein «Porträt der Freundinnen», das Breslau am Pariser Salon 1881 zeigte, machte sie bekannt. Als das Gemälde zwei Jahre später an der Landesausstellung in Zürich ausgestellt wurde, zog die NZZ die höheren Register: «Vielleicht hat nie eine Dame besser gemalt als Fräulein Breslau.»[116]

Lydia verfolgte offenen Auges, was immer ihre Lulu beschäftigte: «Dein Talent, Dein Charakter fesseln mich», schrieb sie.[117] In ihrem Bekanntenkreis suchte sie Modelle für die Malerfreundin. Seit Louises Schwester Henriette einen Sohn von Lydias Tante Clementine geheiratet hatte (einen Stockar-Escher), gehörte Louise als angeheiratete Cousine gleichsam zur Familie. Ich vermute, dass Lydia bei den Begegnungen in Zürich oder Paris Breslau mit Geld unterstützt hat.

Die Académie des Beaux-Arts wird ihre Tore erst 1897 für Frauen öffnen.

Als erste ausländische Künstlerin wird Louise Breslau 1901 in Frankreich zum Ritter der Ehrenlegion ernannt werden. Nach ihr wird auch eine Rose benannt werden: Louise Breslau. Der Name der Rose sollte überleben, die Künstlerin fast in Vergessenheit geraten.

Liebes- und Leidensgeschichten

Nur keine konventionelle Zwangsheirat! In diesem Gedanken wurde die junge Escher durch Lulus Lebensführung bestärkt. Empört berichtete Lydia ihrer Freundin von einer solchen Veranstaltung in Zürich: «Langsam, im Festgewande schritt das ‹Opfer› zum Altar.» Diesmal wars ein Mann: «Man sagt allgemein, dass der Garçon modèle von seinen Eltern zu dieser Ehe gezwungen wurde.»[118]

Auch für sie wurden Projekte geschmiedet: «Der Auserwählte sagt A», – man weiß nicht, von wem die Rede ist –, «aber Lydia will vorderhand noch kein B sagen.»[119]

Als sie dies 1879 schrieb, kannte sie Friedrich Emil Welti schon, ihren späteren Ehemann. Sie begegnete ihm, als sie neunzehn war. Vermutlich war er ein wenig anders als die Herren, die sonst im Belvoir verkehrten: etwas weniger arrogant, etwas weniger protzig. Ein frühes Exemplar eines sensiblen Mannes. Gemäß der mündlichen Überlieferung in der Familie Welti «soll der Bundesratssohn und Ehegatte der Lydia ein sehr anständiger und feinfühliger Mensch gewesen sein».[120] Er besaß eine Neigung fürs Musische und konnte gut Geige spielen. Gewiss ein feiner Junge, sonst hätte das anspruchsvolle Fräulein Lydia ihn kaum gewollt. Auf den Reichtum der Bewerber brauchte sie nicht zu achten.

Friedrich Emils Eltern waren wohl wiederholt auf Belvoir zu Gast, mit Sohn Friedrich Emil und der Tochter Mathilda. Vater Welti war ein Mitstreiter Alfred Eschers in Politik und Eisenbahnwirren.

So nahm die Familie Welti regen Anteil, als Lydia an einem Rückenmarksleiden erkrankte. «Ich bitte Sie recht sehr, dass Sie fortfahren möchten, uns Bericht zu geben», wünschte die Frau des Bundesrats, Karoline Welti, in einem Schreiben an ein unbekanntes «wertes Fräulein», das offenbar Zutritt zu Lydia hatte.[121]

Denn seit einiger Zeit waren fast alle Fäden der Weltis ins Belvoir gerissen. «Wertes Fräulein», schrieb Frau Welti einige Wochen später: «Wir können Ihnen nicht genug danken. Ohne Sie wüssten wir von der Kranken gar nichts und wären in der größten Pein.»[122]

Eine Andeutung im selben Brief, wonach Lydia «doppelt» leide, macht nicht klarer, woher die Störung rührte: «Mein Mann täte alles für L», schrieb Frau Bundesrat, «obschon er nichts weiter sagt; aber ich weiss ganz gut, was er denkt.» Nur leider: «Er kann in seiner Stellung mit Herrn Escher nicht über die Sache reden …»[123]

Der alte Escher, Lydias Vater, war jedenfalls gegen die Verbindung Lydias mit dem Welti-Spross. Das erzählte er seinem Freund Otto Stoll. War es «Vorahnung des seinem Hause drohenden Unheils», fragte sich dieser?[124]

In einem Brief, der nun direkt an Lydia gerichtet war, erklärte die Bundesratsgattin: «Jetzt scheint es, dass Escher sonst noch verstimmt ist wegen dem Gotthard.» Auch ihr Ehemann leide ja deswegen.[125] Offenbar lag der Angelegenheit ein politischer Krach zu Grunde. Der Biograf Gagliardi formulierte an einer Stelle, und es erscheint wie eine Anmerkung zum Konflikt: «Sein ganzes Leben handelte Escher ja nach dem Grundsatz: ‹Wer nicht für mich ist, ist wider mich› – als Parteihaupt wie als Privatmann.»[126]

Die Gattin des Bundesrats Emil Welti und Mutter des hoffnungsvollen Sohnes Friedrich Emil ließ sich durch politische Widerwärtigkeiten nicht entmutigen. Sie machte Beziehungspolitik und arbeitete zäh an der zarten Liaison, die einmal zur gesetzlichen Verbindung zwischen den Eschers und den Weltis führen sollte. Wenn Herr Escher nicht «aufgeregt» wäre, hätte er «schon lange nachgegeben», spürte sie, «besonders jetzt, wenn er die Seelen- und Körperleiden seines Kindes sieht. Es ist zum Herzzerreißen.»[127] Eindringlich redete sie auf Lydia ein: «So müsset Ihr beide» – Lydia und Friedrich Emil – «auf Eure Liebe und Treue und Hoffnungen bauen, und so Gott will, werden sie nicht zu Schanden werden.»[128]

Weltis Junior hatte allerdings einen gesellschaftlichen Mangel. Er war ein Niemand. Noch besaß er keine berufliche Position.

Bloß eine Herkunft: Geboren war er in Zurzach im Kanton Aargau, wo viele Weltis herkamen, am 14. Juni 1857.[129] Seit seinem zehnten Lebensjahr lebte er in Bern, seit sein Vater in die Landesregierung gewählt worden war. Er wurde Emil gerufen; doch um ihn von seinem Vater zu unterscheiden, nenne ich ihn im Text Friedrich Emil.

Als Volontär trat er bei der Schweizerischen Kreditanstalt ein, die Alfred Escher gegründet hatte und präsidierte. Das Bankgeschäft entsprach dem Naturell des jungen Welti aber nicht, und er wich auf Jurisprudenz aus, zumal ihn dieses Studium ins Ausland führte, nach Straßburg, nach Heidelberg, nach Pisa. Eben arbeitete er an seiner Dissertation.

Ein Eintrag in einem Schulzeugnis kann als Erklärung für Weltis Abwendung von den Zahlen dienen. Bei sonst meist guten Schulnoten hatte Friedrich Emil in Mathematik nur ein «zl. gut» heimgetragen, ein «ziemlich gut».

In einem Zeugnis steht die Bemerkung: «Hat keine Geistesgegenwart u. weiß das Gelernte nicht anzuwenden.» Er scheint ein Träumer gewesen zu sein. Ein solcher müsste vielleicht im Zeichnen brilliert haben: Eben in diesem Fach allerdings findet sich das einzige «ungenügend». Ein konsequenter Träumer offenbar.[130]

Eschers Tod

Die Heiratspläne Lydias lagen auf Eis. Des Vaters körperliche Beschwerden nahmen zu. Seine Augen bereiteten ihm Mühe. Bald brauchte der von Nachtarbeit überanstrengte Mann ein ganzes Arsenal von Brillen. Asthma kam hinzu. Fieberanfälle.

Am 29. Juni 1882 schrieb Lydia einen ihrer Briefe an Gottfried Keller: «Hochgeehrter Dichter». Sie unterzeichnete mit «Frau Dr. Emil Welti». Dahinter stand ein Fragezeichen. Über der Unterschrift das Wort «Silence».[131] Nur eine Deutung ist möglich: Sie hatte sich heimlich verlobt.

Der Mann, den sie wählte, Friedrich Emil Welti, besaß mittlerweile eine Anstellung als Jurist bei der Unfallversicherungsgesellschaft in Winterthur. Da brütete er trotz seiner Abneigung wieder über Zahlen. Doch stand der Aufstieg zum Direktionssekretär bevor. Der junge Welti tat einen klugen Schachzug: Er lieh der Firma Geld, als sie in Schwierigkeiten war. Der Vater – Bundesrat Emil Welti – jubilierte: «Ich bin auch überzeugt, dass seine Hilfe nach außen von sehr gutem Einfluss sein wird», schrieb er an Lydia; «wahrscheinlich wird man Schritte tun, um ihn bleibend zu gewinnen.»[132] Jetzt, da der Sohn in gefestigter Stellung war, konnte einer Heirat vernünftigerweise nichts mehr im Wege stehen. Ein Jahr noch, und der junge Jurist sollte in den Verwaltungsrat der Gesellschaft berufen werden.

Kurz vor seinem Tod gab Alfred Escher nach. Er stimmte auch zu, dass der Schwiegersohn künftig im Belvoir Wohnsitz nehmen sollte. Im Oktober 1882 flatterte Freunden, Zugewandten und einstigen Konkurrenten des Glücklichen die Anzeige ins Haus: «Herr und Frau Bundesrat Welti beehren sich, Ihnen die Verlobung ihres Sohnes Emil mit Fräulein Lydie Escher ergebenst anzuzeigen.»[133]

Als Bundesrat Welti dem welken Escher seine persönliche Aufwartung machte, erkannte der ihn bereits nicht mehr. Am 6. Dezember 1882 war Escher tot, entschlafen in den Armen der Tochter, wie es hieß.

Keine Pause der Besinnung gönnte sich diese, nicht einmal das Trauerjahr beachtete sie, das die Konvention vorschrieb. Schon am 18. Dezember wurde die Eheverkündigung publiziert. Am 19. Dezember wurde Friedrich Emils neuer Wohnsitz im Belvoir bei der Niederlassungsbehörde eingetragen. Es folgten die Weihnachtstage, am 4. Januar die Heirat, man lebte nicht unverheiratet zusammen, im protestantischen Zürich schon gar nicht.

Unverständlich schnell ging alles für Außenstehende. Es ist offensichtlich: Lydia wollte nicht mehr «Tochter» sein. Als selbstständige Erwachsene aber wurde sie in der bürgerlichen Gesellschaft nur anerkannt, wenn sie verheiratet war. Der Escher-Biograf Gagliardi schrieb irritiert, sie habe sich «in den Kopf gesetzt, einen Gatten eigener Wahl zu beglücken».[134]

Er war nicht nur ein Mann eigener Wahl, er war auch – ebenfalls ungewöhnlich für die damalige Zeit – fast gleichaltrig, ein Jahr älter als sie, kein gesetzter Herr. Und zudem, fast zwangsläufig, weniger begütert.

All das gab Anlass für böse Gerüchte. Sie habe darauf spekuliert, in die Diplomatenstadt Bern zu gelangen, wo sie im Brennpunkt europäischer Beziehungen stehen werde, kolportiert ein Romancier.[135] Es sei ein Schacher gewesen, wie in gehobenen bürgerlichen Kreisen eben üblich, meinten Kritiker damals. Lydia habe als «Opferlamm» gedient, sei verheiratet worden als Gegenleistung dafür, dass Bundesrat Welti geholfen hatte, die Escher'sche Nordostbahn-Gesellschaft aus dem Dreck zu ziehen. Das glaubte einer von Eschers Gegenspielern, der Demokrat Johann Jakob Sulzer aus Winterthur.[136]

Mit der Heirat hatte Lydia ihren Willen durchgesetzt. Die Freiheit erlangte sie dennoch nicht. Auch das moderne Eherecht des Kantons Zürich aus dem Jahr 1883 bestimmte: «Der Ehemann ist von Rechts wegen der eheliche Vormund der Frau.» Vormund und «Haupt der Ehe».[137]

Nun war sie wieder unter den Fittichen. «Leb wohl, liebes Kind. Dein Vater», beendete Bundesrat Welti einen Brief an seine Schwiegertochter.[138] Diese kuschelte sich allerdings mit Freude an ihre neue Familie. «Babbo carissimo», geliebtester Papa, antwortete sie dem Bundesrat und unterschrieb mit «tua figliula Lidia»,[139] dein Töchterchen.[140]

Die Hochzeitsreise führte nach Rom. Die beiden Neuvermählten schienen glücklich. Der bundesrätliche Schwiegervater empfahl sie einem seiner Freunde, dem schweizerischen Gesandten Simeon Bavier – er wird noch seine Rolle zu spielen haben in dieser Beziehungsgeschichte, als sie sich zum Schlechten entwickelt. Damals verlief die Begegnung erfreulich. Der Kontakt zwischen den jungen Weltis und Baviers wird aufrecherhalten werden, man wird dem Gesandten Blumen schicken, als sich in seiner Familie ein Todesfall ereignet. Hin und wieder wird man eine Lieferung Wein aus Italien erhalten.

Wegen «Unwohlseins» beider musste die Hochzeitsreise vorzeitig abgebrochen werden.[141] Die Quellen verraten nicht, was vorgefallen ist.

Der schweizerische Bismarck

«Eben bin ich vor den Porträts von Bundesrat Welti und seiner Frau gestanden», schreibt ein Fotograf, dem ich von meinem Buchprojekt erzählt habe, auf einer Postkarte; «an der gleichen Stelle, wo Karl Stauffer-Bern beim Malen gestanden haben muss. Weltis Blick macht mich noch immer frieren.»[142]

Auf den beiden Gemälden sind die Köpfe jeweils kräftig aufgetragen, fast leuchtend die Gesichter, die sich klar abheben von den schwarz gemalten Körpern und dem braundunklen Hintergrund (siehe Abb. 21 und Abb. 22 des Bildteils). Der Herr Bundesrat erscheint als strenger energischer Mann, mit kontrollierendem

Blick, die Wange vor Anstrengung leicht gerötet. Die Bundesratsgattin etwas blasser, mit einem Anflug von Verhärmung. Die Bilder hängen im Kunsthaus Aargau.

Lydias Schwiegervater ragte aus dem Mittelmaß der Bundesräte heraus. Er gehörte zum exklusiven Klub der «Bundesbarone». Er sei ein «Geistesaristokrat» gewesen, kein «Mann des Volkes», meint eine Enzyklopädie der schweizerischen Bundesräte.[143] «Volkswünsche sind für mich nur so lange maßgebend, als sie mit meiner Überzeugung übereinstimmen», soll er laut einem Nachkommen gesagt haben.[144]

Andererseits war Welti kein Interessenvertreter des Privatkapitals. Historiker sehen in ihm vielmehr «den Typus des Liberalen», und diesen gleichsam «in paradigmatischer Reinheit».[145] Zeitgenössische Freunde wie Gegner stimmten darin überein, dass, wenn es einen «schweizerischen Bismarck» gäbe, dieser Titel Bundesrat Emil Welti zustünde.[146]

Dieser Bundesrat entstammte nicht alteingesessenem Adel wie die Eschers, allenfalls einem Beamtenadel. Seine Zurzacher Vorfahren waren Oberrichter und Unterstatthalter und waren Anhänger des bonapartistischen Regimes gewesen, das in der Schweiz Helvetik hieß. Damals saß Großvater Abraham in der provisorischen Regierung eines Kantons Baden, der sich ebenfalls als provisorisch erwies und nicht mehr besteht.

In der Tradition dieser Helvetik war Welti Anhänger einer starken Bundesgewalt. Er empfahl sich als Befürworter der Gotthardbahn, weshalb ihn die Kreise um Alfred Escher 1866 in den Bundesrat hievten. Welti sollte seine Förderer nicht enttäuschen. Im Bundesrat wird er sich als einflussreich erweisen, und er wird die Nachbarländer Italien und die deutschen Staaten dazu bringen, die Gotthardbahn – in Konkurrenz zur Ostalpenbahn – zu unterstützen, was ihr politisch zum Durchbruch verhalf.

Eine starke Achse war das: Hier Bundesrat Welti in Bern, dort Alfred Escher in Zürich. Gemeinsam walzte man Widerstände nieder. Bis es zu jener bedauerlichen Verstimmung kam. Niemand anders als Welti war es nämlich, der Alfred Escher 1878 zum Rücktritt aus dem Management gedrängt hatte, als die Gotthardbahn im Dreck steckte: «Ich muss es Ihnen ohne Umschweife sagen, so leid es mir auch tut», schrieb er an Escher, «dass eine Reihe der besten Freunde unserer Sache das Opfer Ihres Rücktritts für das Gelingen des Werkes erforderlich hält.»[147]

Es war ein Turmopfer, um die Partie zu gewinnen, nach einer Politlogik, die in manchen Milieus Geltung hat und die Escher teilte. Um Subventionen für die in Krise geratene Gotthardbahn zu erlangen, brauchte es eine Mehrheit im Parlament.

Doch eine politische Fraktion hatte ihre Zustimmung davon abhängig gemacht, dass Escher zuerst von der Bühne abtrete. Und so setzte Welti das eben durch. Escher verfasste sein Entlassungsschreiben.

Als die Arbeiter mit ihren Bohrgeräten am 29. Februar 1880 – es war ein Sonntag, um 11.15 Uhr – von beiden Seiten her im Gotthardstollen aufeinander trafen und der Durchschlag gefeiert werden konnte, war Escher nicht dabei. Keine Einladung war an ihn ergangen. Und als am 2. Mai desselben Jahres die offizielle Einweihung des Verkehrswerkes erfolgte, das die Schweiz verändern sollte, war er zwar eingeladen. Doch da erlaubte ihm seine Gesundheit nicht mehr, teilzunehmen.

Welti versuchte zu kitten, was in Scherben lag, schickte einige persönliche Zeilen an Escher: «Ich habe Ihnen vor Jahresfrist geraten, aus der Direktion zu treten, indem ich eine Freundespflicht zu erfüllen glaubte.»[148]

Escher antwortete mit Formulierungen, die frostig-ziseliert waren wie Schneeflocken: «Wenn wir, wie Sie sagen, und ich meinerseits gern bestätige, während zwölf langen Jahren einträchtig zusammenwirkten, um die Gotthardbahn zu Stande zu bringen, und wenn jetzt zum ersten Male in einer, übrigens nicht das große Werk selbst, sondern bloß meine Person betreffenden Frage unsere Anschauungen auseinandergehen, so ist hinwieder selbst in dieser Differenz neuerdings eine Übereinstimmung unserer Handlungsweise insofern zu konstatieren, als wir uns beidseitig unsere von einander abweichenden Standpunkte ohne Rückhalt und ohne Schminke dargelegt haben ...»[149]

Man hat wenigstens geredet miteinander.

Die Härte der politischen Auseinandersetzungen zehrte auch an Weltis Kräften. Er gesellte sich zu all den Kranken und Kränkelnden, die das Personal dieser Geschichte ausmachen. Er gab Lydia Mitteilung, dass er nach Königsfelden fahren werde, wo sein Hausarzt wirkte: der weiterum bekannte Badearzt und Leiter der dortigen «Irrenanstalt», Dr. Edmond Schaufelbühl.[150] Da mag er en passant Lydia besucht haben, die regelmäßig in einem Grandhotel zu Baden abstieg, um Wasserkuren zu absolvieren, meist unter Anleitung desselben ärztlichen Familienfreundes Schaufelbühl. Man brauchte nicht geisteskrank zu sein, um die Dienste eines «Irrenarztes» zu beanspruchen. Solche waren auch für die Nerven zuständig.

Überstürzte Abreise

Ins Leben des Ehepaars Welti-Escher, zu dem Lydia und Friedrich Emil seit drei Jahren zusammengeschweißt sind, bringt Stauffer neue Farben. Die Farben der Kunstwelt.

Der Respekt ist gegenseitig, eine gewisse Vertrautheit dennoch von vornherein gegeben. Denn Stauffer hat ja zu Bern mit Welti junior gemeinsam die Schulbank des Gymnasiums gedrückt. Seither haben beide ihre Position in der Gesellschaft gefunden.

Im selben Jahr, 1885, dem Jahr des Auftritts von Stauffer im Belvoir, wird der junge Dr. Friedrich Emil Welti-Escher in den Verwaltungsrat der Kreditanstalt gewählt. Praktisch gleichzeitig übernimmt er die Leitung der Schweizerischen Rückversicherungsgesellschaft in Winterthur. Jetzt zählt er, der dem Bankgeschäft einst ausgewichen ist, zur Hochfinanz. Er fällt Entscheidungen. Er hat Geld. Er besitzt eine umworbene Frau.

Stauffer ist in Berlin als Maler arriviert und spielt auf Belvoir mit dem Image des Künstlers. «Ich bin ein bisschen Nachtvogel», erklärt er Lydia einmal.[151] Dann wieder sagt er kokett, zwischen einem Künstler und einem Schuster bestehe kein Unterschied, außer dass «zur Fertigstellung eines guten Kunstwerkes mehr moralische Kraft und Konsequenz gehört als zum schönsten Stiefel».[152]

Lydia, umgeben von diesen zwei Arrivierten, fühlt sich wohl.

Mehrere Tage hat er auf Belvoir logiert. Plötzlich reist er ab.

Dabei war die Rede davon, die Hausherrin Lydia zu malen. Und es gab die Pläne, Gottfried Keller zu porträtieren und Conrad Ferdinand Meyer und das Bundesratspaar. Ist Stauffer nicht in die Schweiz gekommen, um seine Galerie berühmter Zeitgenossen zu vervollständigen?

Stauffer hat anderes zu tun: Er ist dringlich zurückgerufen nach Berlin. Eine Vorladung als Zeuge vor Gericht hat ihn erreicht. So gefeiert er ist, dies wird der Tiefpunkt seiner Karriere sein.

Er ist zwar nur als Zeuge zitiert, aber in delikater Angelegenheit.

Er muss auftreten im Sensationsprozess gegen den Maler Gustav Graef. Der Kunstprofessor ist vor Schwurgericht angeklagt wegen Unzucht mit Minderjährigen und Meineid. Er habe mit seinen Modellen unerlaubten Umgang gepflegt und dies vor Gericht unter Eid abgestritten. Ein Mädchen namens Bertha Rother, noch nicht vierzehn, als dies geschehen sein soll, spielt im Verfahren eine Hauptrolle. Sie ist allerdings in den polizeilichen Akten bereits erfasst wegen gewerblicher Unzucht. Kompliziert wird die Geschichte durch einen Versuch der angeblichen Opfer und ihrer Eltern, Graef zu erpressen.

Bertha Rother hat Stauffer als Modell gedient. Weil er ein paar der Mädchen kennt, wird er vorgeladen. In der Presse ist nicht thematisiert, was Stauffer zur Sache auszusagen hat, es scheint wenig zu sein, weiß er doch von einer der jungen Frauen nur, dass sie lügnerisch, gedankenlos und dumm sei. Aber dass er nach der Verhandlung mit der Bertha eine Plauschfahrt in der Kutsche unternimmt, wird ihm übel angerechnet. Eine «Dummheit» seis gewesen, gesteht Stauffer, wie ihm überhaupt «das bisschen Verstand», das er von Natur erhalten habe, in dieser Angelegenheit «beinahe in die Brüche» gegangen sei.[153]

Der Prozess gibt Einblick in die Szene der Künstler und ihrer Modelle. «Also ich bin hingegangen» – zum Historienmaler Graef – «und habe mich als Modell gemeldet», erzählt eine Zeugin. Vorsitzender: «Haben Sie sich dort nackt ausgezogen?» – Zeugin: «Ja. Professor Graef untersuchte mich und sagte: ‹Zu gebrauchen.›» Anschließend habe sie der Professor «überall hingeküsst». – Der Angeschuldigte bestreitet. Bestreitet diese Handlungen und das Verhältnis mit der Bertha Rother. Jedenfalls sei es kein «sinnliches» gewesen.[154] Und zudem: «Ich habe dieses Verhältnis nicht unterhalten aus Frivolität, sondern um höherer Zwecke willen.»[155] Gemeint ist die Kunst.

Graef wird nach neun Prozesstagen freigesprochen. Stauffer stöhnt, es seien «schwere Tage» gewesen, und er äußert Mitleid für Graef. Dennoch meint er: «Es liegt mir alles Persönliche fern, aber wenn ich Geschworener gewesen wäre, ich hätte ihn verurteilt trotz der glänzenden Verteidigung.»[156]

Seine eigene Stellung ist geschwächt. Die ganze Gesellschaft spricht davon: Der künftige Hofmaler in einem solchen Milieu! Stauffer weiß: «Es bedarf sehr guter Erfolge, um die Sache vergessen zu machen.»[157]

Briefverkehr

Durch Briefe bleibt man in Verbindung. «Wie oft denke ich nicht in meiner Werkstatt an Sie beide und Ihr verzaubertes Schloss», schwärmt Stauffer in seiner ersten Post an Madame Welti-Escher. Er vermisse lebhaft das stimmungsvolle Heim. Er bemüht einen Hölderlin-Vers, um der Wehmut Ausdruck zu geben. («Uns ist gegeben, an keiner Stätte zu ruhn.») Und er erklärt seine Zuneigung: «Denn wenn ich jemanden gefunden, dessen Wesen und Denken mich anmuten» – das geschehe nicht sehr oft, fügt er in Klammern hinzu –, «so suche ich ihn nach Kräften festzuhalten und werbe um seine Gunst», so liebenswürdig, wie es einem Berner eben möglich sei.[158]

Zuvor hat Frau Welti-Escher ihm einige Zeilen geschickt, doch diese sind nicht überliefert, Stauffer pflegte an ihn gerichtete Briefe fortzuwerfen. Historisch Forschende müssen sich auf die große Zahl Briefe aus Stauffers Hand stützen, die andere aufbewahrt haben und die heute mehrheitlich im Schweizerischen Literaturarchiv liegen. Und müssen dabei die Einseitigkeiten der Perspektive zu korrigieren suchen.

«Verehrteste Frau», schreibt Stauffer, oder: «Verehrteste Frau und Freundin.» Man verkehr per Sie und wird das über die kommenden Jahre beibehalten. «Verehrter Herr u. Freund», heißt es etwa bei der Belvoir-Herrin. Sie schließt mit: «Ihre freundschaftlich ergebene Lydia Welti-Escher.» Stauffer wiederum vergisst in der Schlussformel den Ehegatten nie: «Seien Sie mit Ihrem Gatten, meinem Freunde, herzlich und viele Male gegrüßt von Ihrem dankbaren ergebenen … Stauffer.»[159]

Der Maler schreibt in Schwarz, mit schwungvoller, fast grober Schrift. Wenn er in Fahrt ist, fallen Kleckse aufs Papier. Lydia braucht eine zarte lila Tinte und stellt die Buchstaben in paralleler Schräge nebeneinander, die kalligrafisch kontrolliert wirkt. So wie er schreibt, so ist Stauffers Sprache: «Halten Sie sich bitte nicht über meinen Stil auf», brummt er einmal, «ich schreibe halt, was mir in die Feder kommt, der Sinn bleibt ja derselbe.»[160] Es sind mit oder ohne Kommata aneinander gereihte Fetzen – die ich beim Zitieren durch härtere Satzzeichen unterbreche und in Rechtschreibung und Grammatik berichtige, weil sie sonst komisch wirken würden.

Lydia Welti-Escher verfasst sorgsam auseinander gespannte und korrekt abgeschlossene Perioden, die sich trotz ihrer Weite flüssig lesen und gelegentlich einen ironischen, gar spöttischen Anflug haben. Auch bei ihren Sprachgirlanden habe ich gelegentlich Satzzeichen bereinigt.

«Wohl oder übel müssen Sie heute alles Mögliche hören resp. lesen», warnt Stauffer seine Briefpartnerin: «Raisonnement über Malerei, Skulptur, Radierung, Kupferstich, landschaftliche Eindrücke, Kleidung der Menschen und so weiter, sogar vielleicht Politik.» Kunst ist das Thema, das er ständig umkreist, «weil ich nichts anderes schreiben kann als das, woran ich denke, und ich muss Sie schon bitten, damit vorlieb zu nehmen».[161] Ob er es schaffen werde, ein wirklicher, ein echter, wahrer, großer Künstler zu werden? Fast quälend stellt er sich solchen Zweifeln in den kommenden Monaten und Jahren. Man könnte von «Depressionen» sprechen, wäre mit echten Depressionen nicht eine Antriebslosigkeit verbunden, in die Stauffer selten verfällt. Immer wieder erhebt er sich, nimmt seinen Kampf auf, wechselt von Katzenjammer zu Löwengebrüll.

Welti-Escher meint häufig, sie habe seinem Wortschwall nichts entgegenzustellen: «Meine Ideen bewegen sich in einem weit prosaischeren Kreislauf, als mir lieb ist ...», schreibt sie entschuldigend.[162] Sie habe kaum Interessantes zu erzählen: «Sonst lässt sich über unser Philisterleben gar nichts sagen», bemerkt sie über sich und Friedrich Emil: «Wir tun beide schlecht u. recht unsere Pflicht, ohne dass ein Wort darüber zu verlieren wäre.»[163]

Gerne beschreibt Lydia Welti-Escher ihre Welt mit Wörtern, die mit einem P beginnen: «prosaisch», «philisterhaft» und «provinziell». Um all das zu bestehen, rekurriert sie auf die «Pflicht». Ein kleiner Sprach-Tick.

Unterm 12. Januar 1886 ist ein Brief verfasst, den Friedrich Emil schreibt, stellvertretend für Ehefrau Lydia, die sich um Stauffers Heil sorge, weil dieser lange nichts mehr von sich habe hören lassen, und die sich offenbar krank fühlt. «Gleichzeitig ersucht Dich meine Gattin um folgende Auskunft, die sich auf das Kleid bezieht, in welchem Du meine Frau nächstes Frühjahr malen sollest», schreibt Friedrich Emil.

«Damit mich später kein Vorwurf trifft, wenn Du ungeeignete Antwort gibst, lasse ich mir diesen schwierigen Passus diktieren.» Auf diese ungewöhnliche Weise gibt Lydia ihre Garderobenwahl bekannt: «Das Kleid besteht aus weißem Atlas, den Sie so gut malen, hat hinten artistische frohe Falten ...» Es folgen weitere Details und die Frage, ob das Kostüm «aus matter Seite mit Spitzen – matter Seide mit wenig Spitzen und einer applizierten Stickerei aus Seide und matten Perlen – oder aus gepresstem Samt – oder aus Spitzen allein» bestehen solle.[164] All dies Diktat der Belvoir-Herrin.

Stauffer antwortet der kränklichen Bekannten mit einem geschraubten Kompliment: «Sie haben, was ich in der kurzen Zeit Gelegenheit genug hatte zu bemerken, einen so feinen Geschmack in Toilettenangelegenheiten, dass ich glaube, mich vollständig darauf verlassen zu können, Frau Doktor.»[165]

Künstlerischer Furor

Der Maler ist von Arbeitswut gepackt. Von den Gesellschaftsanlässen, an denen er zu brillieren pflegte, hat er sich nach dem Graef-Prozess abrupt zurückgezogen, verkehrt nur noch mit wenigen Freunden, unter ihnen Max Klinger. Mehrfach schon hat er den Vorsatz gefasst, sich nicht von Gunst und Glitzer verführen zu lassen: Gesellschaftliche Anerkennung sei «wie im Berner Oberland die Milchverkäuferinnen auf der Wengernalp. Man trinkt rasch, es hat geschmeckt, dann wieder vorwärts.»[166]

Jetzt muss er der Familie heimzahlen, was sie in ihn investiert hat. Jetzt muss Geld herein, und dieses darf nicht verläppert werden. Denn vor kurzem ist auch sein Vater gestorben. Mutter und Geschwister sind auf seinen Zustupf angewiesen. Es gibt noch keine Alters- und Hinterlassenenversicherung, die eine Witwenrente ausrichten würde. Die Jahre der Bohème sind vorbei.

Karl Stauffer hat einige Ideen. Vor einigen Monaten hat er begonnen, angesichts der Unmöglichkeit für Frauen, in Preußen zu Kunstakademien zugelassen zu werden, eine «Damenmalschule» aufzubauen. Dies mit Erfolg. Die Zahl seiner Schülerinnen ist gewachsen. Er rühmt sich gar einmal, 150 Damen zu korrigieren.[167]

Als begabte Stauffer-Schülerin erweist sich Cornelia Wagner, die der Maler in Italien wiedersehen wird. Einen wirklich großen Namen machen wird sich aber eine Käthe Schmidt, die nach ihrer Heirat als Käthe Kollwitz zeichnet: Werke von erschreckendem Realismus wirft sie aufs Blatt, in denen ausgebeutete Menschen im Mittelpunkt stehen. Kollwitz meint im Rückblick auf die Berliner Zeit, Stauffer sei für ihre Entwicklung «sehr wertvoll» gewesen. «Ich wollte malen, aber er wies mich immer wieder auf die Zeichnung zurück.»[168] Dass die beiden sich gut verstanden haben, mag in Gemeinsamkeiten liegen: Beide sind Kinder eines Predigers. Beider Stärke liegt in der Zeichnung.

Trotzdem: Nach der Rückkehr aus der Schweiz nach Berlin schimpft Stauffer über die «Damen» und deren «Dilettantismus»: «Es gibt überhaupt keine Künstlerinnen in des Wortes ernstem Sinne und hat nie welche gegeben.» Er sieht «in der ganzen Kunstgesch. 3 od. 4 Ausnahmen». Unter ihnen sei Angelika Kauffmann, eine in Chur geborene Künstlerin (1741–1807).[169] Enigmatisch schreibt er nach Hause: «Ich werde voraussichtlich eine Reihe Aufträge in kurzer Zeit absolvieren können im Sommer.»[170] Er weiß, dass Lydia Welti-Escher ihm aus der Ferne winkt, er möge ins Belvoir zurückkehren.

Noch ist es nicht so weit. Zur Überbrückung kauft Stauffer eine Kupferdruckpresse. Damit lässt sich Kunst serienmäßig herstellen. Sein Berliner Freund Peter Halm – er wird als Professor an die Münchner Akademie berufen werden – hat ihn in die Technik des Radierens eingeführt. Stauffers erstes Werk mit der Radiernadel ist ein Porträt desselben. Von dieser Platte stellt er im Laufe der Zeit mehr als ein Dutzend Zustandsvarianten her. Dabei scheint er die Überzeugung zu gewinnen, dass die Radierung – richtig ausgeübt – mehr Lebensnähe einzufangen im Stande ist als jede Photographie.

Naturähnlichkeit ist in den frühen Achtzigerjahren sein zentrales Bestreben. «Ich gehe von dem Grundsatz aus, wenn das Publikum nicht paff ist von der Ähnlichkeit, so ist das Porträt nicht ganz gut», schreibt er an Halm.[171] In einem Brief an Lydia Welti-Escher doziert er, Dürer wiedergebend: «Denn wahrhaftig steckt die Kunst in der Natur, und wer sie heraus kann reißen, der hat sie.»[172]

Naturähnlichkeit, das heißt für ihn – mit Dürer – zeichnerische Präzision. Die Farbe scheint ihm zweitrangig zu sein. Obwohl er ahnt, dass er sich mit diesem Argument belügen könnte: Kolorit ist eben nicht seine Stärke. Eine fürchterliche Geschichte um ein Porträt wird ihm das vor Augen führen.

Das verpfuschte Bild

Stauffer erhält eine große Chance. Der preußische Staat beehrt ihn mit einem Auftrag. Er soll ein Werk herstellen für die Königliche Nationalgalerie, ein Porträt des Dichters Gustav Freytag. Die Nationalgalerie plant, die bedeutendsten Männer aus Wissenschaft, Politik und Kunst in einer Reihe zu versammeln. Der Kronprinz selber soll Stauffer empfohlen haben. Der Maler jubiliert: «Gelingt mir die Arbeit und gefällt sie, so wird mein Weizen hier gehörig blühen.»[173]

Die Geschichte sei an dieser Stelle erzählt, weil sie die künstlerische Logik von Stauffers Entwicklung und sein künstlerisches Ringen Zeit seines Berliner Aufenthaltes verdeutlicht.

Gustav Freytag – heute aus den meisten Büchergestellen verschwunden – ist damals nichts weniger als «der Dichter des deutschen Bürgertums», wie ihn Otto Brahm nennt.[174] Bekannt geworden mit dem Lustpiel «Die Journalisten», vor allem aber mit «Soll und Haben», einem groß angelegten Roman um einen tüchtigen Breslauer Handelsmann namens Anton Wohlfahrt und seinen – jüdischen – Konkurrenten Veitel Itzig. Gustav Freytag, der sich auch politisch betätigt und als Abgeordneter im norddeutschen Reichstag sitzt, singt darin das Lob auf die deutsche Tüchtigkeit.

In einem Romanzyklus mit dem Titel «Die Ahnen» wird er sich auch dem viel diskutierten Problem der Vererbung zuwenden, indem er die Schicksale einer deutschen Familie von der Zeit der Germanen bis ins Heute erzählt. Allerdings «mit deutscher Harmlosigkeit», kritisiert Brahm.[175] Und Stauffer, der sich mit Freytag prächtig verstehen wird, schreibt nach Hause: «Leset ihr lieber die Sachen von Keller als von Freytag, es ist gescheiter.»[176]

Der Kopf war schnell skizziert – erinnert sich Freytag später an die Sitzungen mit Karl Stauffer, der für das Porträt zu des Dichters Landhaus bei Gotha gereist ist und bei ihm im Hause wohnt. Dann beginnt die harte Arbeit. «Er sitzt brav, alle Tage drei Stunden morgens», erzählt Stauffer.[177] Man plaudert viel, «sonst nimmt sein Gesicht einen schlaffen Ausdruck an».[178] Der Dichter ist siebzig, aber noch rüstig.

Stauffer kämpft mit den Details und der Farbe. Es ist eine Zeit, da alle Welt von den Franzosen spricht, die Impressionisten genannt werden. Stauffer hat manche ihrer Werke bei einem Besuch in Paris studiert. Sieht er auch in den so genannten «Richtungen» – Realismus, Idealismus und Impressionismus und wie sie heißen – nur «Erfindungen der Dekadenz»,[179] wogegen es ihm um Naturnähe und Wahrheit gehe, anerkennt er doch schnell: «Der allgemeine richtige Tonwert, darin sind sie – die Impressionisten – uns um zehn Meilen voraus.»[180]

Die Lichtverhältnisse im alten Haus bei Gotha sind allerdings ärgerlich; das Zimmer ist zu niedrig, und der enge Raum erlaubt dem Maler nicht zurückzutreten. Freytag sitzt erhöht auf einem Podium, mit einer Wolldecke über den Knien. Stauffer nimmt den Photoapparat zu Hilfe und macht eine Reihe Aufnahmen.

«Das fröhliche Vertrauen, mit dem er in der ersten Zeit gearbeitet hatte, schwand ihm allmählich», bemerkt Freytag.[181] Schon 27 Sitzungen sind vergangen. Vor allem die Farbe macht Stauffer zu schaffen. «Ich getraue mir nicht, einen ordentlichen Pinsel voll Farbe hinzustreichen», schreibt er seinem Freund Halm, «aus Furcht, es könne der Ähnlichkeit schaden ...»[182] Stauffer versucht sich zu überlisten, zieht die Brille ab, um koloristischer zu sehen.

Freund Halm, der das Freytag-Bild in Arbeit sieht, findet es «sehr ähnlich, und auch in der Farbe viel individueller als die früheren Arbeiten».[183] Stauffer stöhnt: «Staatsaufträge sind eine sehr heikle Geschichte.»[184]

Überraschend erklärt er, dass er das Bild nicht an Ort und Stelle fertigstellen werde. Das Fehlende werde er im Atelier einarbeiten. «Am letzten Tage», erinnert sich Freytag, geschah es: «Am letzten Tage nahm er die Tafel noch einmal vor, nach kurzer Zeit hörte er auf, betrachtete das Bild einen Augenblick, tauchte den Pinsel in weiße Farbe und zog blitzschnell eine große vernichtende Locke über das ganze Bild.»[185]

Er wird noch einmal anfangen. Im Atelier in Berlin. Er wird das Bild schließlich abliefern. «Ich habe mich fürchterlich zusammengenommen und wohl keinen Kopf mit dieser Gründlichkeit durchgepflügt», wird er erklären.[186] Der Direktor der Nationalgalerie wird sich außerordentlich zufrieden zeigen (siehe Abb. 10).

Schwarz-Weiß-Kunst

Stauffer stürzt sich auf die Arbeit an der Druckplatte. Zuerst hat er mit dem Stichel umzugehen gelernt, dem klassischen Werkzeug der Kupferstecher, den schon ein Dürer benutzt hat. Damit wird Metall gleichsam aus der Platte herausgeschnitten. Dann mit der Radiernadel: Damit ritzt man die Zeichnung in die mit Wachs überzogene Fläche des Metalls. Mühe macht ihm das Ätzen der Platten, bei dem das Kupfer mit Säure angegriffen wird.

Stauffer übt und pröbelt und gewinnt schließlich in beiden Techniken eine solche Sicherheit, dass er mit der Nadel frei auf die Platte zeichnen kann. Er skizziert nicht mit einem Stift vor wie andere. Er wählt größere Formate. Und er entdeckt, dass Striche von verschiedener Feinheit, richtig gesetzt, die zartesten Abstufungen von Licht und Schatten ermöglichen.

Kupferstiche werden in jener Zeit auch für Bücher und Zeitungen verwendet, doch Stauffers Technik unterscheidet sich davon. Illustratoren für die Massenmedien legten – vor der Erfindung der Fotolitografie – mit dem Stichel meist Linie um Linie eng nebeneinander, in perfektionierter, aber auch schematischer Manier. Stauffer dagegen wagt es, angeregt durch französische Vorbilder, auch das Instrument des Stichels frei einzusetzen, um die Wirkung seiner Arbeiten zu steigern, angeregt durch Vorbilder. In einem Lehrbuch, das er selbst zu schreiben begonnen hat, hält er fest: «Die Nadel soll im Stande sein, leicht über den Firnis zu eilen und auf diese Weise der Hand erlauben, sich mit der zu einer freiheitlichen Arbeitsweise nötigen Leichtigkeit zu bewegen.»[187] Die durch kalte Technik geschaffenen Bilder beginnen zu leben. Indem er als kreativer Künstler, nicht als reproduzierender Techniker, zum Stichel greift, stellt er sich in die Bewegung der Berliner «Malerradierer».[188]

Stauffer erprobt sein Können an seiner Familie in der Schweiz. Die Schwester Sophie muss herhalten – und das Bild gelingt vortrefflich (siehe Abb. 12). Dann die Mutter, die schwierige Mutter, die ihn fördert und fordert und die er enttäuscht hat und erfreuen will und der er nie genügt (siehe Abb. 11). Kein Geringerer als der Berliner Galeriedirektor Wilhelm Bode wird diesem Bild höchste Anerkennung aussprechen. Ein Lob aus berufenstem Mund: «Abgesehen von der Meisterschaft der Technik, die sich als solche doch nirgends störend breit macht, besitzt dieser Stich eine solche Größe der Empfindung, eine solche Innigkeit des Ausdruckes, dass er uns unwillkürlich an die berühmten Bildnisse alter Frauen von Rembrandt erinnert.»[189]

Wieder wagt sich Stauffer an eine Zeitgröße. Altmeister Adolph Menzel wird siebzig, der bevorzugte Maler Kaiser Wilhelms I. und berühmter Maler und Zeichner von Genreszenen aus dem Leben Friedrich des Großen. Stauffer will ihn radieren und hofft, die Blätter als Festgabe gut verkaufen zu können. Er erreicht, «etwas von der grotesken Gnomenhaftigkeit des Dargestellten in das Bildnis zu legen», wie der Stauffer-Kritiker Max Lehrs feststellt[190] (siehe Abb. 14). Aus dem erwarteten Geschäft wird aber nichts. Man zieht die Arbeit eines billigen Modegrafikers vor.

Für einen Wettbewerb in Kupferstich schafft Stauffer einen liegenden männlichen Akt, der unter seinem grafischen Werk ebenfalls herausragen wird. Der Bescheid, den er ins Belvoir meldet, ist indes enttäuschend: «Sie haben mich gar nicht zugelassen.» Er hat nämlich nicht Linie neben Linie gesetzt, wie verlangt war, sondern in seiner revolutionären freien Manier gearbeitet. So perfekt, dass der Kunstkritiker «die Übermodellierung der Füße und Hände» beanstandet, «die mehr den Eindruck einer schönen Bronce mit ihren metallischen Reflexen macht als den einer metallischen Haut».[191]

Gut drei Dutzend Schwarz-Weiß-Werke schafft Stauffer insgesamt. Sie tragen ihm schon zu Lebzeiten höchste Anerkennung ein. Bode sieht Stauffer neben Max Klinger und einem Dritten – Ernst Moritz Geyger – an der Spitze der «Meisterradierer» Berlins. In der «Lebenswärme» und in der «Delikatesse der Zeichnung» komme Stauffer «den Bildern des Hans Holbein nahe», schreibt Bode.[192]

Der Vergleich scheint etwas hoch gegriffen; am Urteil über die hohe Qualität von Stauffers grafischer Arbeit rüttelt aber bis heute kein Vertreter der Kunstwissenschaft.

Veranda-Gespräche

Er werde sich erlauben, meldet der nach Berlin Zurückgekehrte ins Belvoir, der verehrtesten Frau für ihre Liebenswürdigkeit «Stauffer-Bern, Radierungen, 1. Opus» zu dedizieren, und zwar «in schönen Epreuves d'artiste».[193] Das Werk des Künstlers, der sich nun Stauffer-Bern nennt, ist zwar erst eine Idee: Es geht um die Galerie berühmter Persönlichkeiten. So etwas wie eine Sammlung der leuchtendsten Schmetterlinge seiner Zeit soll es werden, vielleicht aber auch nur ein Katalog dunkler Fräcke.

Noch hat er das Vorhaben nicht verwirklicht, Keller und Meyer auf die Leinwand zu bringen oder durch die Druckpresse zu ziehen.

Stauffer ist im Sommer 1886 wieder auf Belvoir, wo er, er gewöhnt sich daran, ein paradiesisches Leben genießt: Alle Tage Rudern auf dem See. Dîners, die den Haushalt durcheinander bringen.

In der Schweiz Fuß zu fassen, ist ihm wichtig. Seit dem Entzug des Stipendiums, das ihm für 1881 zum letztenmal gewährt wurde, fühlt er sich aus Heimatstadt und Vaterland vertrieben; das reizt seinen Sinn nach Vergeltung, und ein Stauffer hat einen langen Zorn. Malen, das ist für ihn eine Art Krieg, und wer den Pinsel nicht richtig führt, «der wird abgestochen von Collegen und Kritikern».[194] Er wird seinen Pinsel wie eine Waffe führen. Er wird Bern wieder für sich einnehmen.

Das hat er, so vermute ich, Lydia während der Bootsfahrten und Essen, während der Spaziergänge im Park und der Abende auf der Veranda erzählt. Und er hat erzählt, wie es zum Skandal gekommen ist in Bern, weil er den «Arbeiter» und den bierseligen «Winkelwirt» gezeigt hat. Das Bild des Wirts ist offenbar verschollen, ist irgendwann in einer Tombolaveranstaltung jemandem als Gewinn zugefallen, der ihn triumphierend nach Hause gebracht hat, worauf sich dessen Frau geweigert hat, den armen Mann an der Wand aufzuhängen «aus Angst, man möchte glauben, er gehöre in die Verwandtschaft». So wird die Geschichte in einen Text von Mutter Stauffer über ihren Sohn geschildert.[195]

Lydia und Emil werden wieder gelacht haben bei dieser Erzählung.

Ganz schön fluchen kann er, wenn die Rede auf Bern kommt. Er mag «den Bernern» alles Schlechte gönnen. «Wenn der alte Kunstesel» – gemeint ist Gottlieb Trächsel, der erste Ordinarius für Kunstgeschichte an der Universität Bern – «das Gallenfieber bekäme, ich würde grinsen vor Vergnügen.»[196]

Und er erzählt die Geschichte vom armen Hans Hopfen, einem Schriftsteller, den Stauffer porträtiert hat, wobei sich der Mann so unmöglich benahm, dass Stauffer das fertige Gesicht einfach wieder von der Leinwand kratzte. Der Düpierte rächte sich mit einer Erzählung, in welcher das amoureuse Abenteuer eines Malers berichtet wird, der «Schweizerkarl» heisst.[197]

Stauffer hat die Publikation der Belvoir-Herrin zugestellt, und die schickt sie weiter an Gottfried Keller und freut sich fürstlich, «dass in derselben auch von des Helden Naivität die Rede ist», die Stauffer sonst jeweilen beleidigt abstreite. «Zweitens erheitert mich, dass ihm ein Abenteuer mit einer blonden Schönen so schwarz auf weiß ausgebracht wird, ihm, der in solchen Dingen stets den ungemein Vorsichtigen spielt.»[198] – Dies wohl nur ihr gegenüber.

Keller antwortet brummig, dass es dem Hopfen «ganz am Malz fehlt», als er die Broschüre zurückschickt.[199]

Gewiss erzählt Stauffer auf der Belvoir-Veranda von seinem Zuhause, vom Pfarrhaus in Neuenegg im Berner Sensegebiet. Je größer der Abstand, umso mehr scheint sich das Elternhaus zur Idylle zu verklären.

Er erinnert sich, wie er mit dem Bruder Eduard Kartoffeln gebraten und Eichhörnchen geschossen habe. «Eine unendliche Poesie, ein kleines Himmelreich liegt da verborgen.» (So hat er einmal nach Hause geschrieben.)[200]

Vor dem Pfarrhaus im Seeland die Kühe von Thomechklaus – wie man den Nachbarn rief –, auf einer andern Seite ein Gärtchen, in dem der Karl Reben zieht. «Und wenn ich zum Fenster hinaussehe, so sehe ich sechs hohe Fabrikkamine und lange Häuserreihen.»[201]

Das Schönste aber sei immer gewesen, wenn die ganze Familie zusammen war. Weihnachten. «Ich glaube, ich weiß noch fast alles, was ich gekriegt habe.» Der dreißig Jahre alt Gewordene zählt die Geschenke auf: «... und den Kramladen ... und das Gygampfiross ... und wie mich das Sophie» – Stauffers Lieblingsschwester – «einst gebissen während der Predigt».[202]

Ein Pfarrhaus in Neuenegg

Nicht nur Lydias Vater, auch Karls Mutter hatte sich als erstes Kind einen Sohn gewünscht – glaubt man einem Gedicht, das Karl Stauffer verfasst hat. Im Unterschied zum Wunsche Eschers sollte der Herrgott den ihren erfüllen.

«Als Du mich unterm Herzen noch getragen
In jenem armen, lieben Alpenthal,
Wo wild die Ilfis schäumt, und ohne Zahl
Den Tannenforst herab die Bäche jagen,
– So hast Du mir erzählt – ich darf es sagen,
Dass du gefleht zu Gott um einen Knaben.
Du wolltest einen Mann zum Sohne haben
Und einen Künstler. Hat sich's zugetragen?»[203]

Am 2. September 1857 war Karl zur Welt gekommen – knapp ein Jahr früher als Lydia –, in Trubschachen am Napf, das am Flüsschen Ilfis in einem Seitental des oberen Emmentals liegt. Da seien die Bergflanken «gäh», die Talkessel «urweltlich» und die Weißtannenwälder «einsam», schrieb der Schriftsteller E. Y. Meyer hundert Jahre nach Stauffers Tod in seinem Roman «Der Trubschachen-Komplex».[204]

Dem heutigen Besucher zeigt sich Trubschachen freundlicher. Es besitzt etwas Industrie, und der Dorfkern um den Bahnhofplatz ist hübsch herausgeputzt.

Vater Stauffer war protestantischer Hilfsgeistlicher und neigte zum Grüblerischen. Zu vermuten ist, dass er sich in dieser Gegend mit Wiedertäufern herumzuschlagen hatte, mit besonders frömmlerischen Leuten und mit einer offiziellen Kirche, die alles verteufelte, was ihr nicht gottgegeben schien. Noch 1824 vermeldete der Pfarrer von Trub – das zum Seelsorgerkreis von Trubschachen gehörte – «eine grosse Vermehrung der Täufer».[205]

Es bedeutete einen sozialen Aufstieg, zum Pfarrer von Neuenegg im Sensegebiet – aus Sicht des Napfgebietes schon nahe bei Bern – gewählt zu werden, was man wohl verwandtschaftlichen Beziehungen verdankte. Denn Stauffers gehörten zum ausgewählten Kreis der Bernburger – der «Burger»-Titel zeigt den Besitz des stadtbernischen Heimatrechts an. Er verlieh Respektabilität und half zu nützlichen Kontakten. Im Übrigen gab er Anrecht auf einige Bürdeli Holz und notfalls einen Platz im Waisenhaus.

Dass aus dem Bub wie gewünscht ein Künstler werde, daran strickte die Mutter kräftig mit. Gerne hätte sie selbst ihre Zeichentalente entfaltet, aber das Leben wollte es anders: «Aus Spießbürgerlichkeit», so erzählte die NZZ 1891, habe man ihr nicht erlaubt, «selbst Malerin zu werden».[206] Als Mädchen hatte sie Silhouettenköpfe geschnitten, die von überraschender Ähnlichkeit mit den lebenden Vorbildern gewesen sein sollen. Nun zeichnete sie ihrem Ältesten die Gegenstände vor, die er kopieren oder ausmalen sollte. Karl wird von ihr sagen: «Ich kenne keine Frau, die, ohne selber zu malen und nach einem so harten traurigen Leben, sich eine so frische künstlerische Anschauung der Natur gewahrt hätte...»[207]

Er habe schon früh «die Poesie der Natur» empfunden, habe als kleiner Karl im Frühling vor Begeisterung Bäume küssen können.[208] Für alle Eindrücke empfänglich war dieser Bub, stets zerstreut und schwer zu lenken; er «gab bei seiner stürmischen Gemütsart der Mutter mehr zu tun als alle anderen fünf zusammen», notierte dieselbe Mutter in ihren Erinnerungen.[209] Karl musste deshalb einmal bei einem Lehrer in einem Nachbardorf in Kost und Logis gegeben werden.

Einen offenen Blick schienen indes alle Stauffer-Kinder zu haben, sie sollten Berufe erlernen können oder in die Welt ausschwärmen: Sophie wird als Sekundarlehrerin nach Brindisi gehen, Marie und Luise werden sich nach England verheiraten, Eduard wird in Biel ein Notariatsbüro eröffnen. Nur Amalie sollte ihren Wunsch, Künstlerin zu werden, nicht verwirklichen können und Arbeit im Büro ihres Bruders annehmen.

Wahnsinn in der Familie

Trotz dem ungebärdigen Bengel erscheinen Stauffers als glückliche Familie. Wenn nicht des Vaters Trübsinn gewesen wäre. Die Mutter machte in ihren Erinnerungen einen regnerischen Sommer und die Überschwemmung des Sensegebietes mitverantwortlich dafür. Kurz nach der Ankunft im neuen Wirkungsgebiet Neuenegg musste Vater Eduard Stauffer zum ersten Mal eine Heilanstalt aufsuchen. Der Pfarrer hatte Angst, vor seine Schüler zu treten und ihnen frohe Wahrheiten zu verkünden. Er hatte mit einem Federmesser die Pulsader am Arm geöffnet.[210] Nach zweieinhalb Jahren kehrte er geheilt zurück und übte seine Tätigkeit wieder aus.

Er nahm ein gutes Jahrzehnt später gar eine erneute berufliche Herausforderung an, in der Stadt Bern. Offenbar war der Einzug im urbanen Bern das Lebensziel des Pfarrhelfers von Trubschachen und seiner Frau. Vater Stauffer amtete als Gefängnispfarrer; doch stellten sich die Anfälle wieder ein. Zum Trübsinn kamen Schuldgefühle, oder Schuldgefühle lagen seinem Trübsinn zu Grunde: Wie konnte einer lauteren Sinnes vor den Gefängnisinsassen predigen, da er selber ein sündiger Mensch war? Geplagt von verbotenen Wünschen und unzulässigen sexuellen Begierden?

Vaters Leiden wird die ersten Jahre von Stauffers Karriere begleiten. Noch einmal sollte sein Vater in die «Irrenanstalt» Waldau bei Bern eintreten – heute heißen solche Institutionen Psychiatrische Klinik. Er blieb damit in der Familie, denn Direktor der Anstalt war seit fast zwei Jahrzehnten Rudolf Schärer, der Bruder von Frau Louise Stauffer-Schärer, außerordentlicher Professor für Psychiatrie an der Universität Bern.

Irrenhausdirektor Schärer war ein solider Pfeiler für das familiäre Netz, saß er doch im Großen Rat und pflegte vertrauten Umgang mit Politikern, zumal mit Bundesrat Carl Schenk. Ein Psychiater von zupackender Art: Als einstiger Schwinger und Ringer hatte er einen «Leitfaden» geschrieben für «Giele» – so nennt man auf Berndeutsch junge Burschen –, die sich in derartigen kräfteverbrauchenden Tätigkeiten üben wollten, was ihnen nur gut tun konnte.

«Melancholia anxia e delirio», lautete die Eintrittsdiagnose für Pfarrer Eduard Stauffer. Der untersuchende Arzt notierte: «Pat. ist väterlicherseits hereditär belastet.» Schon dessen Vater sei im Irrenheim gestorben, hochbetagt. Und auch ein Onkel habe sich vor längerer Zeit «an Melancholia suicida leidend» in der Waldau aufgehalten.[211] Es ging dem Vater wirklich schlecht: «Er weint, jammert, verlangt vor Gericht gestellt zu werden, klagt sich des Ruins seiner Familie an, hält s. für unwürdig, länger zu leben ...», hielt der Arzt fest; der Pfarrer äußerte: «Er habe seine Familie belogen, gehöre ins Gefängnis.»[212]

Wieder erholte sich Vater Stauffer, wieder konnte er seine Predigten aufnehmen. «Manchmal habe ich auch einen großen Moralischen», versuchte Sohn Karl seinen Vater einmal zu trösten, «und Zweifel und alles Mögliche kommen zum Vorschein.» Er ermahnte seinen Erzeuger: «Wenn ich Dich bitten darf, verliere um alles den Mut nicht.»[213]

In der Familie Stauffer war man sich der Fälle von «Geisteskrankheiten» bewusst, die in der Sippe aufgetreten waren. Karl muss Angst gehabt haben, sie könnten sich in ihm fortsetzen. Doch setzte man sich mit Gottvertrauen über die Bedrohung hinweg. Wenn auch die Erfahrungen mit ihrem Mann für die Pfarrfrau schwer ins Gewicht fielen, sollte Mutter Stauffer in ihren Erinnerungen im Rückblick über sich selber schreiben: «... sie verlor den Mut nicht und vertraute fest auf Gottes Hilfe, und nicht umsonst!»[214]

Auch Karl nahm gern zu einem Bibelwort Zuflucht, wenn es galt, sich oder andere zu trösten. Dem Freund Halm schickte er bei einer Gelegenheit eine Karte, in der nur die Worte standen: «Ps XII. Vers 1.2.»[215] Obgleich ihm die Frömmelei in der Familie manchmal zu weit ging und er einmal gestehen musste, er sei bei Schwester Sophie «in Ungnade gefallen wegen einer kleinen Vorlesung über Pietismus», die er ihr gehalten habe.[216]

Als Jüngling hatte er seiner Mutter versichert: «Ich habe trotz meines Unglaubens einen sehr guten Glauben, nämlich dass, wenn das Schwerste kommt, einem nie mehr aufgebürdet wird, als was irgend einen gewissen Zweck hat.»[217] War diese Haltung ein später Nachklang wiedertäuferischer Zuversicht?

Indes: Stauffer sollte Mühe haben, die Zuversicht zu bewahren, als ihm Schweres aufgebürdet wurde.

Schulabgang und noch ein Krach

Achtjährig kam Karl als Zögling ins Waisenhaus nach Bern, was für die Söhne von Landpfarrern und außerhalb der Stadt wohnenden Burgern eine Chance bedeutete: Hier würden jene eine solide Schulerziehung erhalten. Die Zöglinge trugen demokratische Einheitskleidung mit Messingknöpfen und lernten militärische Ordnung. In höherem Alter konnten sie vom Waisenhaus aus das städtische Gymnasium besuchen. Es war voraussehbar: Karl passte all das gar nicht.

Er hatte dauernd Krach mit dem Heimleiter und Waisenvater Jäggi, galt als Rädelsführer und flog im dritten Jahr vom Gymnasium. «Wegen absoluter Unbrauchbarkeit», wie es in der NZZ – mit Mitleid für den Abgehenden – heißen sollte.[218]

Stauffers bisheriger Zeichnungslehrer Paul Volmar war bereit, den Jungen in seinem privaten Atelier in den Grundlagen der Kunst zu unterrichten. Lassen wir die forsche Mutter erzählen, wie auch dies nicht ging: «Er machte dort anfänglich sehr schöne Fortschritte; allein seine Zeit war nicht gehörig ausgefüllt; er fing an, seinen Eltern Verdruss zu machen, worauf dieselben sich entschlossen, ihn zu lehren, was Arbeit sei und ihn zu anhaltendem Schaffen zu nötigen.»[219]

Also arbeiten lernen sollte er! 1874, nach dem unrühmlichen Abgang von der Schule in Bern, trat Karl Stauffer in München in eine Lehre ein. Bei einem echten Maler. Einem Flachmaler. «Da wurden nun in der Vorstadt Haustüren, Fenster, Tanzsäle, Tische für Wirtschaften und was das Metier sonst mit sich bringt, mit breitem Pinsel und meistens aus dem großen Farbentopf bemalt», erzählte die NZZ in ihrem Nachruf auf Stauffer. Ihr Redaktor Albert Fleiner hatte Stauffer persönlich kennen gelernt. «Die Hauptsache bei dieser Kunst war die Schnelligkeit.»[220]

Wenigstens das habe er «durchgezwängt», brüstete sich Karl 1874,[221] als ob die Eltern ihn zuerst zu einem Pferdemetzger oder in eine Lehmgrube hätten schicken wollen.

Stauffers Lehrmeister Wenzel war ein geschickter Dekorationsmaler. «Ich kann anstreichen, verkitten, vergipsen, leimfarbstreichen», berichtete Lehrling Karl nach Hause. Beim Meister, wo Karl auch in Logis war, herrschte allerdings eine solide Sauerei: «... ungewaschene Strümpfe, Pinsel, Zuckerbrocken, Tellerscherben, hie und da auch ein Kind darunter.»[222]

Karl lief eines Tages davon. Schluss und Ende.

Mit Mühe fand er neue Arbeit bei einem Theatermaler namens «Quaglio»; so firmierte eine ganze Dynastie in Münchens Theatergeschichte. Auch Quaglio malte zwar nur Dekorationen, aber immerhin fürs Königliche Hoftheater, da war Stauffer der hohen Kultur schon näher.

Der Reiz des Fantastischen

«Hoch oben im Dachgeschoss des Hoftheaters waltete er» – Theatermaler Stauffer – «seines Geschäftes, das mit Kunst oft genug nichts mehr zu tun hatte, denn die Theater-Illusionsmalerei arbeitet bekanntlich mit derben, handwerklichen Mitteln.» So erzählte der Kunsthistoriker Georg Jacob Wolf, der wenige Jahre nach Stauffers Tod eine Künstler-Monografie über den Bernburger verfasste.[223]

Wir sind im München Ludwigs II., der in einer fantastischen Welt historischer Bilder und Mythen lebte. Er stürzte den Staat in Schulden, um in den bayrischen Bergen Schlösser mit Zugbrücken, Türmen, Erkerchen und spitzen Fenstern zu bauen. Er liebte Kulissen und Theater und setzte die modernsten Mittel der Technik ein, um eine Welt der Illusion zu schaffen: versteckte Aufzüge, von Geisterhand gezogene Bühnenwagen, an Seilen hängende Apparate und Menschen, die sich in die Lüfte schwangen. Ein Hochgenuss für den versponnenen Monarchen, wenn er allein, ganz allein – Publikum stört im Theater nur und gehört verbannt – der Aufführung eines Stücks beiwohnen und seinen Geist schweifen und irrlichtern lassen konnte.

Den Malerlehrling aus dem Bernbiet, der in seiner Kunst für strengste Naturähnlichkeit plädierte, beeindruckten die historischen Fantasien offenbar mehr, als die Stauffer-Biografen bemerkt haben. Vielleicht, weil er in dieser Kulissenwelt eine Erzählkraft fand, die ihm selber fehlte.

Der protestantische Pfarrerssohn war überwältigt von einer Bildwelt, die den katholischen Höfen entsprang. Im königlichen «Odeon» in München sah er einmal ein Gemälde von Hans Makart, Hofmaler in Wien – und war begeistert: Kleopatra, auf dem Nil dem Antonius entgegenfahrend. «Die Figuren sind über Lebensgröße und das Gemälde 10 Fuß hoch und 20 Fuß lang.»[224] Später sollte er Gemälde von Makart abschätziger beurteilen, «einfach traurig, liederlich gezeichnet, liederlich komponiert und liederlich gemalt».[225]

Für einen Wettbewerb – ein Speisesaal muss ausgeschmückt werden – wagte sich Stauffer selber an eine große Komposition, ein «Bachanal»: «Ihr könnt Euch denken, dass es kein Spaß ist, 50 nackte Figuren, Männer Weiber, Greise, Kinder, in allen erdenklichen Stellungen entweder singen, tanzen oder lieben zu lassen», berichtete er nach Hause.[226] Doch freute er sich auf den Moment, wo er die Szenerie würde photographieren können. Und für ein Künstlerfest in der Burg Schwanegg bei München schuf er – es war ihm eine Ehre – das Panorama eines mittelalterlichen Turniers: 22,75 Quadratmeter Malfläche.

Beim Kopieren in einer Galerie lernte er eine liebenswürdige Russin kennen, angeblich die Tochter eines Generals. Auch sie pinselte einen Klassiker zu Studienzwecken ab. Stauffer nahm sie als Malschülerin an, da sie «nicht ohne Talent» sei. Wichtiger: «Sie kennt die erste Sängerin an der Oper, Frl. Meysenheim.» Dem Maler, der bisher nur hinter den Vorhängen des Theaters wirkte oder oben im Theateratelier, eröffnete sich eine persönliche Verbindung zu den Menschen auf den Brettern, die die Welt bedeuten.

Bei der Opernsängerin wurde er zum Souper eingeladen, und um die Beziehung zu festigen, beabsichtigte er, nach Photo ein Porträt der Diva zu schaffen und es ihr zu schenken. Ob er das Bild ausgeführt hat, wissen wir nicht. Die Diva interessiere sich jedenfalls ziemlich für ihn, erzählte Stauffer in seinen Briefen. Dank Billetten, die er erhielt, pilgerte er neuerdings in ihre Aufführungen: «Könnt Ihr euch euren lieben Sohn im Sperrsitz der Münchner Hofoper vorstellen», schwärmte er, «sehr sauber gewaschen und gekämmt, mit weißer Wäsche und zierlichen Bewegungen, wie er die schönen Sängerinnen beopernguckert?»[227]

Ein besonderes Theatererlebnis hob er hervor: «Morgen kann ich in die weiße Dame von Boieldieu, in Sperrsitz, famos nicht wahr?»[228] Es war zwar ein Stück der harmloseren Art. Die vom Komponisten François Adrien Boieldieu vertonte Geschichte handelt von einem Schloss, in dem eine weiße Dame spukt, und von einem mutigen Offizier, der sich zum dämlichen Gespenst wagt. Die komische Oper mit ihrer Mischung von Schauerromantik und französischem Esprit erfreute sich im 19. Jahrhundert immer wieder einiger Publikumsgunst.

Dies war vielleicht der Moment, wo in der Fantasie des Malers aus Trubschachen eine neue Figur Einzug hielt: eine weiße Dame.

Lord Byrons Geist

In einem Buch zur Münchner Opernhistorie sieht man Kornelie von Meysenheim, Stauffers Sängerin, als Walküre abgebildet, es muss eine Glanzrolle gewesen sein.[229] Ludwig II. hatte Richard Wagner nach München geholt und seither jenen Komponisten gefördert, der die Vereinigung aller Künste auf der Bühne anstrebte.

Auf der Suche nach geschichtlichen Stoffen griffen die Theatermacher auch auf Byron zurück. Lord Byron, der Unmoralische. Der Geheimnisvolle. Der Düstere. Der von 1788 bis 1848 gelebt hatte und immer noch faszinierte. Im ganzen deutschen Sprachraum erlebte er zu Stauffers Zeit eine Renaissance. Eine Zeit suchte nach historischen Kostümen, in denen sie Neues ausprobieren konnte. Nach historischen Kulissen, die als Versatzstücke für aufwühlende Geschichten dienten.

1816 war Byron, damals schon ein gerüchteumwehter Herr, in die Schweiz geflohen, nachdem sich seine Ehefrau mit Grund von ihm getrennt hatte. Für einige Zeit ließ er sich in Genf nieder, wo nach seiner Ankunft Neugierige mit Teleskopen in seinen Garten linsten.

Während einer Reise durch die Berner Alpen begann er, ein dramatisches Gedicht zu schreiben: «Manfred». Angeblich auf der Wengernalp soll ihn die Macht der Berge ergriffen haben – Stauffer hatte, wie erinnerlich, dort etwas prosaischer die «Milchverkäuferinnen» wahrgenommen.[230] Im Wirtshaus dort soll Byron die ersten Verse des «Manfred» hingeworfen haben. Pflegte jedenfalls später der Wirt zu erzählen.[231]

Graf Manfred steht am Rande eines Abgrundes und denkt an Selbstmord. Er beschwört die Geister der vier Elemente. Die können ihm seinen Wunsch nicht erfüllen, nämlich zu vergessen und Seelenfrieden zu finden. Im Gegenteil, sie zaubern ihm die Vision einer Frau herbei, die ihm viel bedeutet hat, und künden an, dass er keine Ruhe finden werde. Das Trugbild verschwindet, als Manfred die Gestalt umarmen will. Doch die Geister erlauben ihm auf eindringliches Bitten, sie noch einmal zu sehen: Es ist die tote Astarte, deretwegen er Höllenqualen erleiden muss.

Mit dieser Astarte hat Manfred eine verbotene Liebe gelebt. So deutet der Text an. Manfred, dem ein Gämsjäger ein Glas Wein angeboten hat, sieht Blut am Rand des Bechers und erzählt vom Blut der Ahnen, das in zwei Körpern rann:

«Als wir noch jung, ein Herz nur hatten und
Uns liebten, wie wir uns nicht lieben sollten.»[232]

Die Byron-Fachleute sind sich einig darin, dass in Manfreds Sehnsucht zu

Astarte die inzestuöse Liebe des Dichters zu seiner Halbschwester Augusta eingewoben ist.

Dutzende Komponisten haben sich dieses Werks angenommen. In einer suizidalen Stimmung auch Robert Schumann. Seit der Regentschaft Ludwigs II. wurde das Stück «Manfred» in München praktisch jedes Jahr auf die Bretter gebracht. Die Witwe des Komponisten, Clara Schumann, nahm persönlich an den Proben teil.

Stauffer hatte die Inszenierung gesehen: In der Hauptrolle spielte der Schauspieler Ernst Possart, der sich in seinen Memoiren ausgiebig an diese Aufführung erinnern sollte. Und der vom König für seine Leistungen in den Adelsstand erhoben wurde.

«Besonders ergreifend war die Szene mit Astarte», schrieb Karl nach Hause. «Ihr kennt doch die schauderhafte Beschwörung in dem ersten Akt von ‹Manfred› –», und er zitierte: «Wenn der Mond im Wasser schwimmt und im Gras der Glühwurm blinkt, auf dem Grab das Dunstbild glimmt, in dem Sumpf das Irrlicht winkt …», und so weiter. «Es ist von ergreifender Gewalt.»[233]

Ich vermute, dass im kreativen Kopf Stauffers die Weiße Frau aus der Musikkomödie von Boieldieu und die Astarte aus dem dramatischen Gedicht Byrons allmählich miteinander verschmolzen. Das Gespenst aus der Burg und die mysteriöse Erscheinung der Berge.

Auf seiner Schweizerreise hatte Byron auch das Schlachtfeld besucht, wo es den Eidgenossen 1476 gelungen war, die Burgunder zu besiegen, dank ihrem legendären Anführer Adrian von Bubenberg. In diebischer Freude hatte Byron ein paar Knochen eines Kriegers – oder wars eine Marketenderin? – eingesteckt und mitgehen lassen. Sie mochten seine Sammlung bereichern, über die manche Geschichte kursierte: etwa dass er einen Menschenschädel hervorzuholen pflegte, ihn mit Rotwein füllte und den Gästen herumreichte.

Im Jahr 1880, in dem Stauffer die Byron-Aufführung sah, begann er ein Stillleben zu malen: zwei Totenschädel. «Es wird ein ganz originelles Ding», rühmte er. Auch wenn es niemand kaufen werde, «sprechen wird man davon und sich gruseln».[234] Das Bild befindet sich heute in den Depots des Berner Kunstmuseums.

Endlich Kunststudent

Nach einer Saison ging dem Bühnenmaler die Arbeit aus, und Stauffer, der nur vorübergehend eingestellt war, stand auf der Straße. Kurzentschlossen kaufte er Staffelei, Pinsel, Farbe und Leinwand und erklärte sich zum freien Maler.

Zu den erhofften fetten Aufträgen führte das nicht. Weiterhin musste er Gelegenheitsarbeiten annehmen. Bei einem Anstreichermeister etwa, dessen Geselle gleichentags an Cholera gestorben war: Stauffer musste sich abends in die verseuchte Bettwäsche legen.

Kein Zustand auf Dauer. Der von seinem Künstlertum überzeugte Stauffer erreichte, dass er von Bern Geld bekam; Zeichnungslehrer Volmar stellte ihm dafür ein Zeugnis aus, und da der nicht ohne Einfluss war – ihm sollte noch eine Hochschullaufbahn bevorstehen –, bewilligte man Stauffer ein Stipendium von tausend Franken.[235] Einen kleinen Beitrag hatte er schon vor zwei Jahren erhalten.

Nachdem seine Arbeiten für gut befunden worden waren, überschritt der Zwanzigjährige im Frühjahr 1876 die Schwelle der Akademie.

Fortan gehörte Karl Stauffer zur Schar der armen Münchner Kunststudenten. Sein Mantel war «vorn herunter voll Suppenflecken, und unter den Armen war er ausgerissen», und «die Knopflöcher soll niemand sich von nahe besehen».[236] Die Eltern befürchteten das Schlimmste, zumal Karl die «Versuchungen einer Großstadt» drohten, als da waren: «Bordelle, Caféhäuser, Bierkneipen, Spielbanken, Weinhallen, schlechte Gesellschaft». Karl Stauffer mokierte sich über seine Erzeuger, die schon voraussähen, wie ihr Sohn «durch alle Staffeln des Lasters hinabsteigend» – so schrieb dieser selbstironisch nach Hause – «endlich beim Selbstmord anlangen» werde.[237]

Seine akademischen Lehrer – deren Namen sind heute Fachleuten immer noch bekannt – waren Professor Johann Leonhard Raab, ein meisterlicher Kupferstecher, Wilhelm von Dietz, der Unterricht im Malen erteilte, und, als dieser erkrankte und die Klasse aufgeben musste, Ludwig Löfftz.

Der Münchner Kunststudent kopierte alte Meister in der Pinakothek und studierte den menschlichen Körper – denn wer den Menschen malen will, muss dessen Natur kennen, war seine Überzeugung: «Auf der Anatomie habe ich einen Arm gekriegt und schnitze dran und verschneide eigentlich mehr, als ich präpariere.»[238]

Nicht dass Stauffer den großstädtischen Versuchungen harten Widerstand entgegensetzt hätte; die Grenzen seines Willens wurden eher durch die Leistungskraft seiner Geldbörse bestimmt. In seinem Kopf aber setzte sich ein großer Gedanke fest, eine gänzlich immaterielle Idee: «Ich habe den Punkt gefunden, wo man den Hebel ansetzen muss, um die Kunst aus den Angeln zu heben», deklamierte er.[239] Es musste ihm gelingen, «sich in die Reihe derjenigen Männer zu schwingen, von denen der Dichter sagt, dass sie auf der Menschheit Höhen wandeln».[240] Stauffer wusste, die Kunst ist ewig und das Leben kurz, und zu Hause wartete eine Mutter, die von ihrem Sohn bestätigt sehen wollte, dass er «der eminenteste Kerl unter der Sonne ist».[241] Dieses Glück musste Mama noch erleben.

Die Anlagen schienen günstig zu sein. Schon bald meldete Stauffer, dass er «der Beste» sei unter rund hundert Studenten, und bald holte er an einer Semesterschlussausstellung eine bronzene Medaille, dann die silberne, und schließlich genoss er das vorzügliche Augenmerk seines Professors, was sich beim Malen eines neuen Modells zeigte: «Ich hatte beim Verlosen der Plätze eine der letzten Nummern gezogen und hatte im Sinne, gar nicht mitzumalen, als der Professor erklärte, es sei eine Unbilligkeit gegen die besten Schüler, die imstande sind, eine Studie zu lösen, wenn Minderfähige, die nichts zustande brächten, die besten Plätze für sich in Anspruch nähmen.»[242] So erhielt Stauffer einen Platz mit freier Aussicht auf das Modell im gelbbraunen Seidenkleid.

Nur etwas wollte ihm nicht so recht gelingen: «Mein größter Kummer ist gegenwärtig, dass mein Schnurrbart nicht wachsen will.»[243]

Der Geldhahn wird zugedreht

Der Kunst galt seine Liebe, aber nicht jede Minute. Er habe «den rechten Arm etwas lädiert», meldete er harmlos nach Hause, «es ist aber schon wieder gut.»[244] Tatsächlich hat er sich mit Münchner Brauereiknechten geprügelt. Einer hat dabei zum Messer gegriffen. Und wenn einen wahren Kern enthält, was sehr romanhaft berichtet wird, gefährdete der Stich, den Stauffer erhielt, die Sehnen, die zu seiner Hand führten.

Dann das abrupte Ende seines Münchner Aufenthaltes. Schon sechsmal hatte er inzwischen Geld aus dem Fonds erhalten, den eine Anna Elisabeth Ochs in seiner Heimatstadt gestiftet hatte, um hoffnungsvolle junge Bernburger im Kunstfach zu fördern. Zum wiederholten Male stellte Stauffer in Bern aus, um in den Genuss einer weiteren Tranche zu kommen. Doch: «Trotz der vorzüglichen Zeugnisse der Akademie wurde dem dreiundzwanzigjährigen Künstler an einem entscheidenden

Punkte seiner Lehrjahre das Stipendium genommen», berichtet August Schricker, ein Freund der Familie Stauffer. Nachträglich sei dem Maler auf besondere Fürsprache eines Kunstsachverständigen – wohl des alten Zeichnungslehrers Paul Vomar – doch noch ein Zuschuss gewährt worden.[245]

So wohlinformiert Schricker scheint, in den Dokumenten der Berner Burgerbibliothek ist kein Beschluss über einen abrupten Entzug der Stipendiumszahlungen an Karl Stauffer zu finden. Vielmehr ist die Kopie eines Briefes vorhanden, den die Kommission unterm 27. November 1880 an Stauffers Vater, den «Herrn Zuchthausprediger» in Bern, schrieb. Sie habe beschlossen, «Ihrem Sohn Karl für 1881 ein Stipendium von Fr. 800.– auszurichten, um seine Studien zu fördern», und dies, «obgleich er keine Kunstschule mehr besucht ...». Hat er die Akademie von sich aus aufgegeben? Stauffers möchten jedenfalls zur Kenntnis nehmen, «dass der Genuss dieses Stipendiums seit 1873 uns ein ausreichendes Motiv scheint, um ihn» – Sohn Karl – «von jetzt an nicht mehr als Bewerber zuzulassen».[246] Gemäss Verfügung der Legatärin sollte Unterstützung im Normalfall ohnehin nicht mehr als dreimal derselben Person ausgerichtet werden.

Klar ist, dass der junge Maler zu diesem Zeitpunkt die Akademie verlassen hatte, vielleicht im Wissen um die drohende Entscheidung.

Klar ist aber auch, dass Stauffers Malweise in Bern missfiel. Bei einer seiner Bewerbungen hatte er jenen kleinen Kunstskandal produziert, von dem schon die Rede war. An der Ausstellung Ende 1878 hatte er seinen «Schankwirt» gezeigt und einen «Arbeiter»: «... den herabgekommenen Wirt fand man peinlich, und an dem Arbeiter verletzte es als ein Mangel an Anstand, dass er weder Krawatte noch Kragen trug», berichtet Brahm.[247]

Vor allem Herrn Professor Gottlieb Trächsel sollen die Bilder nicht gefallen haben, ihm, der an der Universität Kunstgeschichte las. Und da die Verhältnisse eng waren in Bern, konnte man einer solchen institutionellen Autorität nicht einfach ausweichen. Spielten gar familiäre Zwiste mit? Trächsel war nämlich der Nachfolger von Karl Stauffers Vater als Präsident der Berner Studentenverbindung Helvetia gewesen.

Angesichts des Donnergrollens aus Bern also zog Stauffer nach Berlin, wo er eigenen Verdienst erhoffte. Fand vorerst Unterschlupf im Atelierhaus eines Freundes, wo er sich die ersten Stufen seiner Karriere erarbeitete. Von Berlin aus würde er seinen Feldzug zur Wiedereroberung der Heimat planen. Er sieht wohl schon die Schlagzeile: Der gefeierte Künstler Karl Stauffer kehrt nach Bern zurück. Oder gar: reitet in Bern ein? Die Haltung hätte zur Zeit gepasst.

Der Weg sollte über Zürich führen. Belvoir mochte ein Paradiesgarten sein. Prosaisch gesehen, war es ein Sprungbrett.

Im Gewächshaus

Sommer 1886. Eine eigenartige Szenerie bietet sich dem Auge im Gewächshaus von Belvoir, in dem der Maler Karl Stauffer-Bern jenes Werk schaffen will, das im Mittelpunkt dieser Geschichte steht. «Ein großes Bild, und wir wollen doch eine lebensgroße ganze Figur machen, ist nur in einem sehr gut beleuchteten Raume zur Zufriedenheit herzustellen.»[248]

Die Hausherrin hat Platz geschaffen, damit der wichtige Gast – der nach eigener Deklaration «incognito» da weilt, um nicht von Bewunderern belästigt zu werden[249] – seine Staffelei im Mittelbau aufstellen kann. Zuvor hat sie Planzeichnungen nach Berlin schicken müssen. Auf Stauffers Verlangen ist das Glasdach mit weißer Leimfarbe bemalt worden, sodass die Sonne nicht blendet. Auch die nach Süden gelegenen Scheiben werden innen gestrichen.

Zudem hat der Maler darum gebeten, dass ein kleines Räumchen abgetrennt werde, in dem er Photographien entwickeln kann. Auch dieses Begehren wird erfüllt. Es geht gleich ans Werk, sobald die Kleiderfrage endgültig entschieden ist. Die beiden scheinen sich – jedenfalls wenn man den Briefen folgt – weiterhin per Sie anzusprechen; ich werde sie der Kürze halber fortan Lydia und Karl nennen. Sie sind vertrauter geworden miteinander.

Soll das Kleid wirklich weiß sein? Lydia ist darauf zurückgekommen und hat ein freches Rot vorgeschlagen. «Sehr schneidig», hat Karl geantwortet, «rot Seidenplüsch oder Samt mit Hut und Schleppe.» Dennoch «präokkupiert» ihn im Moment die Farbe Weiß, wie er mit ausgesuchter Höflichkeit mitgeteilt hat.[250]

Nun sitzt Lydia Welti-Escher im repräsentativen Promenadenkleid, ein Sonnenschirmchen auf den Knien. Eine Dame in modischer Toilette: Das Kleid ist hinten zum Cul de Paris gerafft, der viel Material und schneiderisches Können erfordert, muss doch der Stoff auf eingenähten Polstern über dem Steiß zu Fältelungen drapiert werden. So stellt das Modell mehr als Lydia dar, wirkt als Repräsentantin einer ganzen Klasse: Es ist die bürgerliche Dame, die in Wohlstand lebt, dem Schönen zugeneigt ist und durch ihr Dasein als Orchidee die Umgebung adelt.

Zeitgenossen empfinden solch aufgebauschte Hintern allerdings bloß als unartig.

Fünf Stunden sitzt Lydia täglich. Verlockend wirkt die Orchidee auf Karl anscheinend nicht: «Es ist schwer, die Frau Welti gut zu malen», schreibt er an Max Mosse: «Sie ist nicht hübsch, und ich muss alle Künste aufwenden, um der Sache irgend einen Reiz abzugewinnen.»[251]

Ursula Isler, die sich in ihrer Studie über Lydia Welti-Escher mit der Situation im Gewächshaus auseinander gesetzt hat, sieht es nicht ganz so: «Sie waren allein in der künstlichen Wildnis des Treibhauses, sie belauerten sich wie Tiere. Nur Gottfried Keller tastete sich manchmal durch die tropische Dunkelheit.»[252] Wirklich dunkel dürfte es nicht gewesen sein, die Atmosphäre aber war wohl tatsächlich schwer und schwül.

Nach den Sitzungen geht man spazieren, immer vertrauter, aber: nicht über die Grenzen des Schicklichen hinaus. So wird es Stauffer in einem Gedicht mit dem Titel «Belvoir» darstellen:

«Und als wir in dem alten Parke schritten,
Der dunkel sich am Abhang niedersenkt,
Da hast du meine Rede wohl gelitten
Und Frauen Huld und Liebe mir geschenkt,
Und mich gefangen mit der Blicke Macht,
Dort, wo der See an seine Ufer lacht.»[253]

Dreieinhalb Jahre sind Lydia und Friedrich Emil miteinander verheiratet. Die beiden haben sich gut aneinander gewöhnt: Als Lydia sich für einige Wochen zur Kur begibt, meint der Ehemann: «Ich könnte nicht behaupten, dass ich an diesem Zustand Vergnügen empfände.» Im Gegenteil, er findet ihn «hundelangweilig», obwohl er den ganzen Tag arbeite.[254] Sie ihrerseits äußert einmal: «Während drei Vierteilen des Jahres könnte ich mir keine bessere Existenz träumen …» Nur manchmal möchte sie sich «den richtigen Massstab u. neue Eindrücke holen».[255]

Eine gewisse Herzlichkeit mag sich in der Ehe erhalten haben. Vielleicht hat Lydia ihren Mann «Ponks» gerufen, wie er jedenfalls später im Familienkreis genannt wird. Friedrich Emil redet seine Gattin in den Briefen mit «L. B.» an, was «Liebe Baronin» heißen könnte, oder auch «Lydie, Baronesse». Wenn sie mit Karl kommunizieren, schreibt der Ehegatte gelegentlich einen Brief in Stellvertretung seiner Frau.

Auch Karl ist in festen Händen. In Briefen an Freunde erzählt er von «Meiner Frau» und von einer unvorstellbaren «Hochzeit», die er mit ihr gefeiert habe.[256] «Ich orgle mich fast zu Tode», berichtet er weniger diskret.[257] Seine «Frau», das ist die Freundin Wally, von der er einmal in wenigen Stunden einen Akt in Radiertechnik hingezaubert hat. Seiner Zartheit wegen wird dieses Blatt besonders gerühmt (siehe Abb. 9).

Im Belvoir denkt er sehnsuchtsvoll an sie, schimpft in einem Brief an Freund Max Mosse über die «verdammten Koitusverhältnisse» und geht in die Bordelle, was ihn auch nicht befriedigt: «Die Mädel sind zwar jung und hübsch in den Beos, aber hol's der Teufel, der Sache fehlt der Stil.»[258]

Bisher war er es gewohnt, mit seinen Modellen ins Bett zu gehen. «Ich kann keine recht zeichnen oder malen, die ich nicht umarmt habe», hat Stauffer einem Schweizer Besucher in Berlin verraten.[259] Seinem Freund Mosse schreibt er: «Was mal aufs Atelier kommt, meistens ordinäre Ware, wird natürl. gelegentl. im Sinne eines physiologischen Prozesses ohne jede Illusion gedeckt.»[260]

Eine Dame wie Auguste Eugo Klementine Lydia Esther Welti-Escher lässt sich nicht am ersten Abend umarmen.

Lydia in Öl

«Welti ist ein Prachtkerl, er hat mir 10 000 Fr. gegeben für das Bild seiner Frau», jubelt Stauffer.[261] Eine enorme Summe; Geschichtsforschende multiplizieren manchmal – gestützt auf die Entwicklung von Löhnen und Preisen – Beträge aus jener Zeit mit 30 oder gar 50, um Vergleichswerte zu erhalten.

Das Gemälde ist fertig (siehe Abb. auf der Buchrückseite). Eine sitzende Dame, ganz in Weiß gekleidet. Das Gesicht in kräftigen Fleischfarben gemalt. «Das Doppelkinn der Dame, der zusammengepresste Mund verraten Herrschsucht», empfindet Ursula Isler, die Autorin eines Essays über Lydia Welti-Escher. Vor allem die blauen, etwas hervortretenden Augen verursachten eine gewisse «Irritation».[262]

Lassen wir eine Kunsthistorikerin zu Wort kommen, die sich mit Stauffer beschäftigt hat. Es sei «mutig», wie Stauffer gewisse Stellen gemalt habe: «Die bewegten Teile des Kleides, die Rüschen und Spitzen sind sehr pastos. Er hat an einzelnen Stellen richtig geklackst.» Nur das Gesicht sei in der traditionellen «Feinmalerei» ausgeführt. Sara Stocker in Bern hat das Bild ausgemessen: «Die Augen liegen exakt im Zentrum, und zwar so, dass die Nasenwurzel genau in der Mitte der Bildbreite ist.»[263] Die Augen hat Stauffer bei einem Porträt immer zuerst gemalt.

Stauffer hat eine weiße Dame in die Welt gesetzt, seine eigene: die Lydia Astarte

Escher. Im Kunsthaus Zürich wird das Gemälde geführt als «Bildnis der Frau Lydia Welti Escher 1886»; ich nenne es in diesem Buch: Stauffers «Weiße Dame» (siehe Umschlagrückseite).

Weiß in Weiß

Was hat es mit diesen Damen in der Kultur- und Kunstgeschichte auf sich? Verzichten wir auf Ausführungen über männliche Vorstellungen von «Reinheit», die im Topos der «Weißen Frau» im 19. Jahrhundert ihren Ausdruck finden und in der Gender-Literatur ausführlich behandelt sind.[264]

Begnügen wir uns mit dem Hinweis, dass «weiße Damen» in der belletristischen Literatur des Jahrhunderts beliebt sind und dass etwa der Boulevard-Roman von Wilkie Collins «The Woman in White», der 1860 erschienen war, zu einem Longseller wurde.[265] (Andrew Lloyd Webber hat die Gestalt 2004 im Musical «The Woman in White» auferstehen lassen.) Darin hat sich die unschuldige Weiße Frau allerdings zur Mysteriösen gewandelt.

Es gab Frauen, die sich diesen mysteriösen Erscheinungen anglichen. Bashkirtseff, die radikal gesinnte Malerin aus der Klasse der Louise Breslau, ging oft in Weiß gekleidet. Sie, die an Tuberkulose litt und einen frühen Tod fand, gab sich damit als «Femme fragile».[266]

Lydias Porträt ist nicht nur eine weiße Dame. Stauffer erwähnt in einem Brief an Lydia das «weiße Problem», das er sich gestellt habe.[267] Er hat die weiße Dame auch auf weißem Hintergrund gemalt. Offensichtlich hat er etwas schaffen wollen, das Aufsehen erregen würde. Dafür spricht schon das Bildformat von 150,5 auf 100 cm. Ein großes Werk, in einem künstlerischen Bereich, wo Stauffer als schwach gegolten hat: in der naturgemäß farbigen Malerei.

Allerdings ist Stauffer weder der Einzige noch der Erste, der sich an eine weiße Dame auf weißem Grund wagt.

Anfang der Sechzigerjahre erregten in Paris junge Maler Aufsehen, die durch ihre leichte, lichtvolle Malweise die Traditionen erschütterten. Unter ihnen James McNeill Whistler, ein kühner Farbtechniker, der eine weiße Dame auf weißem Hintergrund porträtierte. Sein Gemälde «Symphony in White No 1, The White Girl» rief einen Skandal hervor; es wurde – mit anderen – 1863 von der Jury des Pariser Kunstsalons zurückgewiesen. Auf Intervention des Kaisers Napoleon III. räumte man diesen Zurückgewiesenen, die als «Refusés» in die Kunstgeschichte eingingen, doch noch einen Platz im Palais de l'Industrie ein, am selben Ort, wo der offizielle Salon stattfand. «Auch die Weiße Dame erfreute das Publikum», hat Emile Zola in seinem Roman «L'Œuvre» geschrieben, der die Geschichte um den «Salon des Refusés» ausbreitet. «Man drängte sich Ellbogen an Ellbogen, man wand sich ...»[268] Das andere Bild, das die Menge zum Staunen brachte, war Edouard Manets «Le Déjeuner sur l'herbe».

Whistler fand Nachahmer. Die «Dame in Weiß», 1885 vom Bayern Hubert Herkomer gemalt und unter großem Beifall in Berlin ausgestellt, ist Stauffer bekannt, und dieser bedauerte, «dass ich um ein Jahr zu spät kam».[269]

Noch hat Lydia ihr Porträt nicht in Vollendung gesehen. Karl schickt es ab nach Berlin, um es im Atelier fertigzustellen. Es ist ihm zu flach in der Wirkung. Der Hintergrund müsse belebt, die Figur in Teilen vertieft werden. Er überlegt sich, eine blühende Oleanderstaude hineinzumalen. Tatsächlich wird er das nicht ausführen, aber den Hintergrund malvenfarbig nachtönen, um den Kontrast zur Gestalt Lydias zu erhöhen.

Diese hat beanstandet, dass ihr Gesicht unnatürlich rot sei, unerträglich für eine Dame in einer Gesellschaft, in der man jeden Sonnenstrahl meidet, um einen hellen Teint zu behalten. Wozu sonst der Sonnenschirm, den sie mit handschuhbeschützten Händen auf ihren Knien hält?

Schon gar nicht sieht sie sich als tuberkulosekranke Frau mit glänzenden Augen und glühenden Wangen. Die Escherin ist keine *Femme fragile*.

Hat Stauffer im Malakt gar nicht an Lydia, sondern an die tote Astarte gedacht? Deren Gesicht bei Byron in unnatürlicher Röte erscheint:

«Kann dies der Tod sein? Ihre Wangen blühen! –
Doch nein! Es ist nicht mehr des Lebens Farbe
Ein seltsam hektisch, unnatürlich Rot,
Wie's auf verwelktes Laub der Herbst gepflanzt.»[270]

Nach einem Foto, das Stauffer im Gewächshaus aufgenommen hat, produziert er in Berlin auch eine Radierung: ein Brustbild, Lydias Gesicht unterm Federhut, mit einem herrischen Zug um den Mund. «Der technisch außerordentlich vollendete Stich» findet das Lob zeitgenössischer Kritiker[271] (siehe Abb. 19).

Nur Lydias Beifall findet er wieder nicht. «Zuerst muss ich Sie ein bisschen zanken, weil Sie mir nicht gefolgt u. mich malgré moi gestochen haben», krittelt sie. Dies habe sich gerächt. Denn Stauffer habe den Typus nicht getroffen. «Das Bild

scheint eine korpulente Dame auf der Schattenseite der Dreißiger darzustellen.»
Eine Dame mit bösem Blick: «Vor allem hätte ich Sie – den Jugendfreund meines
Mannes u. gütigen Freund unserer Familie – liebenswürdig angeblickt», wenn eben
das Bild im Belvoir entstanden wäre. Streng fordert sie von Karl: «… machen Sie
keine weiteren Versuche nach meinen Photographien». Was er da abgebildet habe,
sei nämlich eine alte «Holländerin».[272]

Die Nationaldichter

Noch immer fehlen die beiden Schweizer Edelfedern Conrad Ferdinand Meyer und
Gottfried Keller in Stauffers Galerie der Großen. Der Berner Maler schafft von
beiden schließlich Bildnisse, die als deren «gültige» Darstellungen ins öffentliche
Bewusstsein eingehen werden, wie der Kunsthistoriker Adolf Reinle festgestellt
hat.[273]

Der massige Kopf des Novellisten Meyer mit dem breitkrempigen Sonnenhut,
der einen Schatten über Stirn und Augen wirft und so eine lebendige Spannung erzeugt (siehe Abb. 13). Stauffer hat Meyer in Kilchberg am Zürichsee fotografiert
und die Radierung in Berlin hergestellt. Der Dichter hat sich widerstrebend-gerne
konterfeien lassen. «Obwohl ich es im allgemeinen nicht liebe, abgebildet zu werden, möchte ich den kleinen Dienst, Ihnen zu sitzen, nicht versagen», hat er Stauffer geantwortet und hinzugefügt: «Doch sind meine Finanzen gegenwärtig entschieden nicht der Art, auch das gelungenste Bildnis honorieren zu können.»[274] Stauffer
ist bereit, für solche Herren gratis zu arbeiten.

Den Dichter Gottfried Keller hat Lydia offenbar lange bitten müssen, bis der
seine Bereitschaft erklärt hat, für Karl zu sitzen, obwohl sie mit ihm von Jugend an
vertraut ist.

Vielleicht gerade deswegen ist der beiden Verhältnis nicht ohne Spannungen.
Der Dichter ging auf die fünfzig, sie war noch um die zwanzig, als Lydia Escher ihrer Freundin Lulu in Paris erzählte: «Wir» – Gottfried Keller und sie – «haben in
letzter Zeit einen ganz originellen Freundschaftsbund geschlossen. Er malte mir
letzthin bei einem Gläschen Likör, das wir uns gegenseitig fleißig füllten, aus, wie
es wohl wäre, wenn ich mich in ihn verliebte.» Keller hatte ihr eine väterliche
Eröffnung gemacht und gesagt: «Sie sind ein ganz passables Jungfräulein, aber werden Sie mir nicht zu phantastisch.»[275]

Ihre Beziehung erlebt Wellenbewegungen. Lydia hat sich einmal erlaubt, die veränderte Fassung des «Grünen Heinrichs» zu kritisieren: Warum denn der Dichter den Schluss («und auf seinem Grabe ist recht schönes grünes Gras gewachsen») weggelassen habe? Eine Frage, die der Dichter offenbar ungnädig aufgenommen hat.[276] Und Keller seinerseits hält Lydia gerne ihre Koketterie vor, indem er sie spöttisch «Dame incomprise» tituliert.[277]

Als Keller dem Fräulein Escher schlicht «Oberflächlichkeit» und «Leichtsinn» an den Kopf wirft, begehrt die unverstandene Dame allerdings auf (es wird nicht das letzte Mal sein): «Die Vorstellungen, welche Sie vergangene Woche an mich zu richten für nötig fanden, haben mir leid getan», schreibt Lydia. Wenn es sie auch freue, «dass Sie freundschaftliches Interesse genug an mir nehmen, um mir die Wahrheit, auch die unangenehme zu sagen». Er als Freund, der sie «seit den Kinderjahren kennt», möge doch zur Kenntnis nehmen, dass nur ihr Äußeres aus «Goldschaum» bestehe. Ihr Inneres habe «zu viel Ernst vielleicht für meine jungen Jahre». Barsch schließt sie: «Ich wundere mich selbst über ces confidences, verbrennen Sie dieselben sofort.»[278] Was der Dichter glücklicherweise nicht getan hat.

Lydia kämpft um Anerkennung und beharrt darauf, dass selbst ein großer Dichter, der mit ihr freundschaftlich verkehren wolle, sie gefälligst ernst zu nehmen habe.

Dass dieser Dichter ihr einige Wahrheiten ungeschminkt zu sagen pflegt, macht ihn zum Vertrauten, den sie doch wieder einlädt, als sie «Strohwaise» ist: Er möge in ihre Hütte herniedersteigen, um ihr einige Stunden zu schenken «und mir durch weise Lehren und geistreiche Einfälle die Einsamkeit und Hülflosigkeit meiner Lage wieder furchtbar aufscheinen zu lassen».[279]

Wie das Jungfräulein Herrin auf Belvoir geworden ist, kann sie gelegentlich ekelhaft herablassend sein: «Fahren Sie fort, so hübsch u. originell zu dichten», schreibt sie dem Erfolgreichen. «Das tut Not in unserem spießbürgerlichen Zürich.»[280] Diesen Rat allerdings wird der weise Mann befolgen.

Die windigen Weidelichs

Zu Weihnachten 1886 erscheint Gottfried Kellers Spätwerk, der Roman «Martin Salander», von dem er schon seit einigen Monaten erzählt. Lydia Welti-Escher freut sich ungeduldig darauf und will dem Dichter, wenn dieser ihr eine Widmung ins Büchlein schreibe, eine schöne Stickerei «dedieren».[281] Stauffer hat gar versucht, ihm das Manuskript zu entlocken, damit das Werk im Verlagshaus seines Freundes

Max Mosse herausgegeben werden könnte. Vergeblich. «Ich habe das Möglichste getan ...»[282]

Der Roman ist imprägniert mit Eindrücken aus der Alfred-Escher'schen Welt. Ein neuer Bahnhof in «Münsterburg» – gemeint ist Zürich – gibt die Szenerie für den Einstieg in die Handlung. Ein wohl gekleideter Herr, die Titelfigur Salander, kehrt durchs Bahnhofstor aus der Fremde in seine Heimat zurück. Angelangt auf seinem Anwesen, sieht er, wie dieses vom Verkehr zerschnitten wird – ähnlich wie das Belvoir durch die Eisenbahn. Salander hat eine Zeit lang in Brasilien gelebt, weil er durch einen hiesigen Betrüger um ein Vermögen gebracht worden ist. Keller kennt das Schicksal von Alfred Eschers Vater, der in den USA sein Glück suchte, nachdem Großvater Johann mit seiner Bank Konkurs gegangen war.

Doch der Reihe nach. Salander, der tüchtige Bürger, hat einstens in Wohlstand gelebt, niemandem verpflichtet, ein unabhängiger Mann und zugleich unermüdlich tätig fürs Gemeinwohl. Nachdem er sich in Übersee hochgearbeitet hat, kehrt er zur Familie zurück, zur Frau und den erwachsenen schönen Zwillingstöchtern, die sich in die Zwillingssöhne Weidelich verliebt haben. «Ein neuer Fall von Menschengeschichten», wie Salander seufzt.[283] Die Weidelichs, die biegsam wie junge Weiden sind, möchten Karriere machen und beschließen, in die Politik einzusteigen. Und da sie sich im Leben keine politischen Überzeugungen erarbeitet haben, rufen sie der Kellnerin, sie möge den Würfelbecher bringen: «So sagen wir, der Gewinnende wird Demokrat, der Verlierende Altliberaler», schlägt der eine vor. «Fest soll es gelten!», bekräftigt der andere.[284]

Mit ihren Ehemännern werden Salanders Zwillingstöchter nicht glücklich. Beide nicht. Denn letztlich wird aus den Weidelichs nichts Rechtes. Beide werden nacheinander wegen Betrügereien verhaftet, der eine hats naiver angegangen, der andere raffinierter, Scham oder Reue zeigt keiner. Salander versteht die Welt nicht mehr; «lauter Aufgeblasenheit» schimpft er und wundert sich, «woher die Buben die Unzucht geerbt» hätten.[285]

Die Tagesaktualitäten, die Salander hört und liest, sind um nichts besser. Am Dienstag die Meldung, dass einige Angestellte sich am Geld ihrer Vorgesetzten vergriffen haben, um damit an der Börse zu spielen. Am Mittwoch ein Buchhalter, der die Revisoren Geldrollen hat abzählen lassen, die in Wirklichkeit verpackte Besenstiele sind. Am Donnerstag ein Finanzmann, der nichts als seine Mappe herumträgt, die angeblich vertrauenswürdige Papiere und Berechnungen enthält, in Wirklichkeit aber wertlose spekulative Rechnungen. Es sind korrupte Zeiten.

Lydia Welti-Escher freut sich besonders auf den Schluss der Geschichte, von dem ihr Keller an einem Abend im Belvoir erzählt hat: Beinahe verliert Salander alles Vertrauen in diese Schweiz, als noch jemand auftritt – sein eigener junger Sohn, der eben aus dem Ausland zurückkehrt. Der hat gelernt, dass es nicht nur im Ausland, einem alten Sprichwort getreu, überall ist wie bei uns auch. Es gilt auch anders herum: «Es ist bei uns, wie überall!», weiß er.

Gemeint: Die Schweiz ist keine idyllische Insel.

Keller-Freunde, die dessen weniger schwarzes Frühwerk lieben – «Das Fähnlein der sieben Aufrechten» vor allem –, haben diesen Spätroman abgelehnt. Verunglückt. Konstruiert. Wohl auch: zu viel Realität. Der Historiker Hans-Ulrich Jost erkennt im Werk eine exakte Spiegelung der Verhältnisse: «Tatsächlich verhält sich ein Teil der politischen Klasse wie die Brüder Weidelich, die korrupten Advokaten und Politiker in Kellers ‹Martin Salander›», schreibt Jost in einer Studie über die Jahrhundertwende: «Es handelt sich um Personen, die ohne moralische Bedenken von den immer engeren Verflechtungen zwischen Geschäft, Politik und Familienbeziehungen zu profitieren suchen.»[286]

Selbst Keller zeigt sich über sein Werk verunsichert: «Es ist nicht schön!», soll er erklärt haben. «Es ist zuwenig Poesie darin!»[287] Der damalige Literaturkritiker Otto Brahm aber, der den literarischen Neuerungen nachgespürt hat, äußerte eine hohe Meinung: «Im übrigen ist ‹Martin Salander› als ein moderner, realistischer Roman gedacht, wie ihn nur unsere Nachbarn im Westen und Norden, die Zola und Kielland erzählen.»[288]

Das gestohlene Porträt

Wieder einmal erhält Gottfried Keller eine Einladung ins Belvoir, zu einem Déjeuner ganz *en famille*. Stauffer werde da sein mitsamt dem Gemälde, das er von der Einladenden gemalt habe und das diese endlich für «genial» hält. Keller möge es sich ansehen. Er werde dann hoffentlich den Entschluss fassen, sich selber auch «recht gewissenhaft abkonterfeien zu lassen».[289]

Der Dichtermeister entschließt sich endlich dazu, da er Stauffer als «einen tüchtiger Feger» schätzen gelernt hat.[290] Schon nach der ersten Sitzung ist der Kopf des alten Herrn – wie bei Stauffer üblich – skizziert. Keller sitzt «gern und aufmerksam», und Maler und Modell haben sich bald «mächtig angefreundet».[291] Die beiden mögen sich über die Kunststadt München unterhalten, wo auch Keller seine ersten Schritte getan hat, als er noch Maler hat werden wollen. Auch er hat dort Dekorationsarbeiten verrichten müssen und endlose blau-weiße Spiralen – die bayrischen Landesfarben – um Fahnenstangen gezogen. Stauffer lässt sich vom Gegenüber einige Geheimnisse der Dichtkunst erklären und mag insgeheim gedacht haben, dass er selber eine Doppelbegabung besitze und gerne Verse schmieden würde.

Schon spürt Stauffer, dass ihm Kellers Porträt gelingt. Zur Sicherheit hat er einige photographische Aufnahmen gemacht, die ihm zur Stütze dienen, wenn er noch eine Radierung stechen wird.

Da sieht er in einem glücklichen Moment den Dichter auf dem Stühlchen eingenickt, hübsch von der Sonne erwärmt. Diese Gelegenheit will er sich nicht entgehen lassen. Keller wird später empört-belustigt schreiben: «Nun musste er aber während einer scheinbaren Pause, als er mich ruhen ließ, mich in der Erschöpfung auf dem Armsünderstuhl abgestohlen haben, wovon ich nichts merkte.» Stauffer hat ihn geschwind photographiert.

Auf Grund dieser Photos fertigt er im Atelier jene Radierung an, die zur bildnerischen Grundausstattung der Schweiz gehören wird: die kleine Gestalt des Nationaldichters, verträumt und erschöpft auf einem Stuhl sitzend. In der linken Hand eine brennende Zigarre, in der rechten ein Taschentuch (siehe Abb. 15).

Das Vorgehen war frech. Das Resultat aber besticht, wie der Kunsthistoriker Cäsar Menz, heute Direktor der Genfer Museen, urteilt, der ein Büchlein zum Gebrauch des Photoapparates durch den Maler Stauffer publiziert hat: Dank der Momentaufnahme erscheine «der alternde Dichter nicht in gezwungener Porträthaltung». Vielmehr werde er in seiner Intimität dargestellt und dem Betrachter preisgegeben. «Darin liegt die besondere Qualität des Porträts, das für seine Zeit völlig unkonventionell war und nur mit Hilfe der Photographie zustande kommen konnte.»[292]

Weltis freuen sich über das Werk so sehr, dass sie «beim Anblick des Bildes jedes Mal in helles Lachen ausbrachen», wie der Ehegatte an Stauffer berichtet.[293] Der aber getraut sich nicht, dem Dichter die Radierung unter die Augen zu bringen. Es wird also der Ehegattin Welti-Escher die Aufgabe zufallen, das Bildnis dem Original vorzulegen.

Keller ist empört, es war nicht anders zu erwarten. Er bittet Stauffer gar, keine weiteren Abzüge herzustellen und die Platte abzuschleifen. Dennoch tauchen weitere Reproduktionen auf. Denn Stauffer hat einen Abzug für einen Wohltätigkeitsbazar nach Zürich gegeben, und hat, so empört er selber sich über die Verletzung seines Copyrights gibt, wohl richtig kalkuliert. Sein Werk findet Interessenten und Aufnahme ins Festheft, das massenhaft verbreitet wird. Und darin gleiche der kleine Mann nun wirklich einem Schinderhannes, «der zum Köpfen oder Rasieren bereitsitzt», ärgert sich Keller.[294]

Bis er sich schließlich mit heimlicher Freude in sein ikonografisches Schicksal fügt. Angesichts einer schwachen Radierung, die ein anderer zeitgenössischer Künstler ab Foto von ihm gemacht hat, zieht er das Stauffer-Blatt doch vor. Einer Verehrerin schenkt er vergnügt einen Druckabzug desselben, dem er ein Gedichtchen beilegt, das sein Porträt charakterisiert und mit den Worten endet:

«*Es scheint der kurze Mann fast krank,*
doch raucht er ja noch, Gott sei Dank.»[295]

Ein Kreuz

«Ich modelliere jetzt», verkündet Stauffer in einem Schreiben nach Hause.[296] Auch wenn er sich zersplittere, indem er radiere, Kupfer steche und nun gar modellieren wolle: «Ich muss es eben tun.»[297] In einem Jahr will er «ein ganz flotter Bildhauer» sein.[298]

Er wolle weg vom Porträtieren, begründet er seinen Schritt. Wer porträtiere, müsse zuerst ein Gesellschaftsmensch und ein Geschäftsmann sein und sei meist kein wirklicher künstlerischer Charakter, erklärt er Lydia. (Seine Briefe werden zunehmend zu Kunstepisteln.)

Sind das die wirklichen Gründe? Seit drei Jahren bemüht er sich, eine Christuskomposition zu malen: «Mein Bild wird etwa nach der neuesten Composition 5 m breit und 2 ½ m hoch, 17 lebensgroße Figuren, Christus mit den zwölf Jüngern, Martha, Maria (die wird sehr gut) und zwei Diener.»[299]

Wer sich zu jener Zeit Maler nennt, muss mindestens einmal ein Monumentalbild gemalt haben. «Ehebrecherin vor Christus», soll das Werk heißen.[300]

Stauffer hat ein männliches Modell engagiert, das im Atelier ans Kreuz gebunden wird, wobei das Opfer mit den Füßen auf einem Holzpodest stehen darf. Stauffer hat seine Freundin Wally in ein wallendes Gewand gehüllt, als weiteres Modell muss sie inbrünstig den Sockel einer Christusattrappe umfassen.

«Wunderschöne Details und Akte» habe er für die Komposition entworfen, urteilt ein Berliner Künstlerfreund, Hermann Prell. Es nützt alles nichts, Stauffer «war so eigentümlich unfähig, irgend etwas sich vorzustellen oder zu erfinden, dass er trotz heißesten Bemühens die Gruppen nicht zusammenbrachte».[301] Das Bild überzeugt vor allem Stauffer selbst nicht. Er, der die Kompositionsklasse in München vorzeitig verlassen hat, scheitert endgültig daran, eine große gemalte Szene zu schaffen. Und auch die Landschaften, die er versucht, wirken farblich unbefriedigend: «Bis dato ist es Spinat und Dreck.»[302] Er gesteht sich ein: Seine Stärke ist die Form, die Modellierung. Seit er Ton knetet, fühlt er neue Kraft.

Im Belvoir sieht Lydia derweil ihre Kräfte schwinden, es wird ihr alles zu viel. Tante Clementine, die Malerin, ist gestorben: Nachdem ihre Wohnung in den Escher-Häusern am Zeltweg in Brand geraten ist, hat sie sich eine Lungenentzündung geholt. Gottfried Keller ist welk, er deutet es in seinen Briefchen an. Friedrich Emil ist ständig unterwegs auf Reisen: in Stuttgart auf der Suche nach einem Obergärtner, da der alte in die eigene Tasche produziert hat; in Bayern zur Besichtigung der feenhaften Schlösser Ludwigs II.; im landschaftlich reizvollen Tirol aus Geschäftsgründen oder einfach aus Reiselust; in Belgien und Holland zur Bildung seines Kunstverständnisses; in England, dem Mutterland des Kapitalismus, um die Chancen einer Investition im Nahrungsmittelsektor zu studieren. Schon als Student ist er gerne gereist, hat bleibende Eindrücke aus Algerien heimgenommen. Nun ist er ab und zu mit einem Freund unterwegs. Ist er zurück, steckt er in Geschäften und referiert abends über Themen, «von denen ich nichts verstehe», wie Lydia bedauert.[303] Zudem kränkelt er. «Die Herzklappe klappert aber noch nicht recht und wird wohl überhaupt nicht mehr zu reparieren sein», berichtet er Stauffer nach einem Arztbesuch; so habe er «den heroischen Entschluss gefasst, statt 10 Zigarren nur noch zwei täglich zu rauchen …»[304] Im März 1888 fährt er zudem wegen rheumatischer Schmerzen täglich nach Baden.

Bundesrat Welti, Lydias Schwiegervater, ist an einem Fieber erkrankt und erholt sich am Thunersee. Seine Gattin leidet an Depressionen und wird zeitweise in der Klinik Waldau leben. Seit langem an einer diffusen Magenkrankheit erkrankt ist auch Friedrich Emils Schwester Mathilde – sie wird jung sterben. Ein einziges Krankenhaus ist diese ganze Gesellschaft, und Lydia soll das durchstehen und ihrem Brieffreund Karl ein interessantes Gegenüber sein: «Eindrücke hervorragender Dinge, originelle Reflexionen habe ich keine zu verzeichnen», berichtet sie ihm, den sie nun deutlich weniger formell als «Lieber Herr Stauffer» anspricht. «Meine Ideen bewegen sich in einem weit prosaischeren Kreislauf, als mir lieb ist, u. das Schlimmste ist, dass ich kein Ende absehe.»[305]

Sie lebe in der «Sphäre meiner Pflichten» – eines dieser P-Worte –, sei als Hausfrau furchtbar fleißig. «Die letzten Wochen waren dem höhern Gemüse-u.-Früchte-Einmachen gewidmet.» Ihre fast ausschließliche Gesellschaft seien «Erdbeeren, Kirschen, Johannisbeeren, Gurken, Bohnen, Erbsen, Champignons». Um aber nicht «auf das Niveau einer Spießbürgerin hinab zu sinken» – davor hat sie obsessive Angst –, habe sie eine Sammlung von Briefen Lord Byrons gelesen, «während meine Flaschen u. Büchsen im Wasser lagen».[306]

Bleibt ihr viel anderes, als angesichts dieser Umgebung auch zu erkranken, was sie von ihren Verantwortungen etwas entlastet? «Krankheit, von den Medizinern als natürlicher Zustand des weiblichen Geschlechtes diagnostiziert, stellte aber auch eine der wenigen sozial akzeptierten Fluchtmöglichkeiten dar», hat die Gender-Forschung schon vor einiger Zeit festgestellt. «Unter dem Schutz der ärztlichen Diagnose entwanden sich nicht wenige Frauen den Fesseln ihrer Familie und artikulierten in der Sprache der Hysterie ihre Unzufriedenheit, Überforderung und Aggression.»[307] Wenn es nicht Hysterie war, dann ein anderes jener diffusen, nervösen Gebresten, die im Fin de Siècle und in der Belle Epoque beliebt waren und die sich mit den angenehmen Wasserkuren wenn nicht heilen ließen, so auch nicht verschlimmerten.

Lydia lebt mit Friedrich Emil zweisam einsam, erhält manchmal Besuch von ihrem Hausfreund Freund, dem Komponisten. Sie spürt die Last ihrer dreißig Jahre und fürchtet, dass Karl, wenn er ihr in seinen besten Jahren das nächste Mal begegne, sie «als graue Matrone» antreffen werde.[308] Sie empfindet sich als langweiliges Nichts. Als alte Jungfer!

Die Ehe mit Friedrich Emil bleibt kinderlos, die Ärzte diagnostizieren die Gründe offenbar beim Gatten. Kinder hätten dem Familienunternehmen Welti-Escher Sinn und Perspektive geben können.

Stauffer wird seinem Bruder später schreiben, Lydias nervliche Leiden kämen von der Neigung zu ihm «und dem Bewusstsein, sich durch ihre erste Heirat einem Manne verbunden zu haben, der, obwohl sie körperlich überragend, ihr in geistiger Beziehung nicht die Schuhriemen zu lösen imstande ist».[309]

Angeblich – so Stauffer – hat Lydia schon zweimal einen Selbstmordversuch unternommen. Seinetwegen.[310]

Seelenverwandtschaft

Wie oft hat Stauffer sie nicht erheitert? Lydia erwähnt sein «fideles, ansteckendes Lachen», das einen aus der schwärzesten Melancholie aufzurütteln im Stande sei.[311] Wie lustig kann Karl aus der Welt der Kunst und der Kulturgeschichte schöpfen! Wie war das mit dem Täuferjohannes, der den Märtyrertod erlitt? Stauffer hat erzählt, das sei gar keine traurige Geschichte, da für einen Heiligen zu leiden ein «Kapitalvergnügen» sein müsse. Und bei dem Vorgang falle für alle etwas ab: «Also der Santo freut sich, dass er geköpft wird, die Heiden, dass sie ihn beim Wickel haben, der Henker, dass er was zu tun hat, und Herren und Damen, welche der Künstler zum Schauspiel versammelt, sind vergnügt, dass sie was zu sehen kriegen.»[312]

In Lydias Gruss zum Neujahr 1887 findet sich gut verpackt das Wort Liebe: «Empfangen Sie, lieber Herr Stauffer, zum Jahreswechsel die allerbesten Wünsche aus dem Belvoir», schreibt sie. «Mögen seine Bewohner Ihnen stets freundschaftlich nahestehen – Freundschaft – Liebe – die Arbeit im weitesten Sinn – u. die Freude an der Natur sind nach meinem Ermessen die besten Dinge auf dieser Welt.»[313]

Der Künstler erscheint ihr nicht mehr als der Gockel im Frack, der er zu Beginn der Begegnung war. Aus dem Genie ist endlich ein Mensch geschlüpft.

Ein Leidender ist er trotz seinem witzigen Wesen: als Pfarrerssohn, der mit dem Wahren-Guten ringt, als Künstler, der nach dem Schönen strebt, als Mensch, der an sich selber zweifelt. «Der Herr, der ins Verborgene sieht, weiß wohl, dass ich mich für keinen Kronleuchter halte», hat er ihr geschrieben.[314] Immer wieder überdeckt er seine feinfühligen Stimmungen mit grobschrötigen Formulierungen.

Er ist so melancholisch wie sie, und wenn auch er von einem Anfall übermannt wird – bei Männern heißen solche Erscheinungen nicht Hysterie, sondern sind allenfalls Stimmungen –, zitiert er den zornigen Propheten Hiob und den düsteren Philosophen Schopenhauer; Letzterer sei «das Schneidigste, was ich in neuerer Literatur gelesen, ein wahrer Verstandesriese».[315]

Stauffers Düsternis kann schwer sein wie diejenige Hiobs.

Lydia teilt Karl immer ungeschminkter mit, dass sie weg möchte, weg vom Belvoir, nach Paris, nach Rom. Sie sendet ihrem Brieffreund nicht nur Wörter, sondern Objekte, als seien diese ausdrucksstärkere Kommunikationsmittel: einen Bratspieß. Einen Spazierstock. Einen Ofenschirm. Ein Halsband für den Pudel Schnugg, den Karl sich zugetan hat. Dies und jenes, selbst bestickt, zumindest voll Einfühlungsvermögen ausgewählt.

Auf den Pudel ist sie neidisch, und sie überlegt sich, einen Konkurrenzpudel anzuschaffen. Da jener von Karl weiß ist und einen schwarzen Fleck auf der Nase trägt, würde der ihre schwarz sein mit weißem Fleck.[316]

So «prosaisch» ihre Briefe sind, gerne lässt sie darin Spott aufblitzen. So wünscht sie Stauffer, «dass die nahe Gesellschaftssaison einzig angenehme Folgen für Sie haben möge», wobei offen bleibt, ob sie an Karls Trinklust oder an seine amourösen Abenteuer denkt.[317]

Angesichts solcher Frechheiten verliert Karl seine selbstsicheren Manieren. Er beginnt von «Herzensangelegenheiten» zu sprechen, gesteht, dass Anfälle von Liebesbedürfnis bei ihm «schon seit Jahren chronisch» seien.[318] Dass ihn das Angebot einer Professur in München, das er erhalten hat, locke, weil er dort vielleicht eine liebe Frau für seinen Haushalt finden könnte. Und nichts weiter schreiben wolle er über «die Junggesellenhaftigkeit, den Ursprung alles Übels, die mir manchmal meine ganze Existenz verleidet».[319]

Oder ist auch diese Selbstentblätterung Koketterie?

Im Juli 1887 schickt Lydia eine Ankündigung: Sie reise zur Kur in die Kaltwasseranstalt am Gießbach, wo sie wohl einen Monat verweilen werde. «Emil, der aufmerksamste u. liebenswürdigste Gatte in kranken wie in gesunden Tagen», begleite sie natürlich dahin. «Dann muss ich aber allein weiter vegetieren.» Falls nun Karl – er hat im letzten Brief von seiner Sehnsucht nach Bern und den Bergen gesprochen – zufällig eine Exkursion ins Oberland unternehmen sollte, möge er doch ein paar Stunden bei ihr Halt machen. «Ich würde mich sehr gerne wieder einmal ausführlicher mit Ihnen aussprechen, als ich es momentan mit der Feder tun kann.»[320]

Es scheint mehr als eine verspielte Einladung zu sein.

Reist man von Bern aus Richtung Oberland und Alpen, eröffnet sich einem ein superbes Panorama, man gelangt an den Thunersee und dann an den Brienzersee. Fast an dessen Ende stürzt sich der Gießbach hinab. Byron hat ihn besungen, sein Wasser krümme sich über den Felsen wie der Schweif eines weißen Pferdes.

Abgeschnitten vom Straßenverkehr liegen im Berghang das Grandhotel und weitere Etablissements, erschlossen nur durch eine Drahtseilbahn, die ab Uferstation hinauffährt. Gießbach ist ein Bijou des Kurtourismus. Da finden sich Adlige aus Russland und Indien ein, Börsenmagnaten und Großgrundbesitzer, Industrielle und Rentiers. Für die illustren Gäste werden die Wasserfälle bengalisch beleuchtet.

Seit kurzer Zeit ist eine Wasserheilanstalt in Betrieb, welche Kohlensäurebäder, Moorbäder, Elektrobäder anbietet und frische Alpenmilch und Molke direkt aus der Sennerei. Deren Besuch wird empfohlen für das ganze Spektrum von Nervenleiden – und besonders, so der wissenschaftlich aufgemachte Prospekt, für die «funktionellen Neurosen». Darunter verstehe man «jene allgemeinen Nervenkrankheiten, bei denen keine grobe oder feine anatomische Veränderung nachweisbar» sei. Dann evoziert der Text «die nervenaufreibenden Existenzbedingungen unserer Kulturepoche», redet von «schweren Mühen und Sorgen», denen der moderne Mensch erliege, «heftigen Gemütserregungen», «Überanstrengung des Gehirns durch geistige Arbeit», und erwähnt auch die «Excesse verschiedener Art», welche die Widerstandskraft untergraben.

Das ist die ideale Indikation für Lydia Welti-Escher, die sich, wie Gatte Friedrich Emil berichtet, am Gießbach recht wohl fühle: «Ebenso zuträglich wie die Wasserkur ist ihr ohne Zweifel die absolute Ruhe.» Er selber sei nun «Strohwittwer».[321]

Seine Gattin genießt derweil einen Teil des angebotenen Programms: Halbbäder, Vollbäder, Sitzbäder, Fußbäder, Duschen, Fallbäder und Übergießungen und – vielleicht die kühnste Neuheit, erst seit dem Vorjahr eingerichtet – elektrische Bäder, die Herz und Respiration und die geistige und körperliche Spannkraft günstig beeinflussen. In der Psychiatrie wird letztere Therapie weiterentwickelt werden zur Elektroschockbehandlung.

Madame Welti-Escher hat an Stauffer geschrieben: «Da Ihre Heiratsgedanken immer häufiger u. sehnsüchtiger in Ihren Briefen laut werden», dürfe man wohl bald zur Wahl einer Braut gratulieren. Und die Andeutung: «Über all dies lässt sich aber besser sprechen als schreiben.» Melodramatisch fügt sie hinzu. «Ich hätte Ihnen noch viel zu sagen, aber die physischen Kräfte versagen mir.»[322] Über was will sie sich aussprechen, was nicht federleicht aufs Blatt gebracht werden kann?

Karl ist wirklich in die Schweiz gereist, ist in Biel eingetroffen, wo sein Bruder und mittlerweile auch seine Mutter wohnen. Er weilt einige Tage im Jura, wo er Landschaften malen will. Angeblich wegen des schlechten Wetters, das ihm wertvolle Studientage raube, komme er nun nicht an den Gießbach, schreibt er Lydia.[323] Offenbar hat er zuerst zugesagt.

Ins Berneroberland reist er dennoch. Dort – als erprobter Bergwanderer und Kletterer, der er ist – jagt er einem Murmeltier nach, rutscht aus und kehrt vom Abenteuer zerschunden nach Hause zurück.

Keine Knickse

Lydias Verhalten ist so zwiespältig wie das von Karl. Sie ist zwar gewiss keine Atelierschwalbe, die von Nest zu Nest hüpft. Aber auch keine Bürgersfrau, die zehn Schritte hinter dem Ehemann auf dem Gehsteig her watschelt. Sie ist eine Dame, die Initiativen ergreift und zurückweist und selber urteilt, was sie will und was nicht. «Ich kenne sie als eine Frau von sehr starkem Geiste», wird Stauffer einmal sagen.[324]

Eine Bundesbaronin werde vor der Mutter eines Kardinals einen Knicks machen müssen, hatte Gottfried Keller fantasiert. Lydia widerlegt dies. Als die verheiratete Tochter aus protestantischem Haus einen Besuch im Petersdom absolviert, weigert sie sich, niederzuknien und dem Papst die Füße zu küssen. Mag der auch einige Jahre zuvor für unfehlbar erklärt worden sein. Allerdings bleibt unklar, wie die Relationen sich gestaltet hätten, wenn der Bundesbaronin eine Päpstin gegenübergestanden wäre. Als «ungläubige Christin», wie sie einmal von sich sagt,[325] kann sie ihre Maßstäbe nicht im Pietismus finden, welcher eine Mutter Stauffer prägt.

«Lydia ist eine Escher, die sind auch nicht von den Zartesten», meint Stauffer.[326] Ihr Selbstbewusstsein muss auch daher rühren, dass sie einen Betrieb managt: ihren Haushalt. Dergestalt, dass Stauffer bewundernd ausruft – es wird sich nicht nur auf den Haushalt beziehen –, sie sei auch «ein finanzielles Genie».[327]

Obwohl sie als weibliches Wesen keine systematische Ausbildung genossen hat, besitzt sie Bildung; sie liest viel, kennt Ibsen – wenn auch nur zu vermuten ist, dass sie das «Puppenheim» gelesen hat, das Ibsen 1879 abgeschlossen hatte: das Theaterstück über eine Frau, die sich wie eine Puppe behandelt fühlt. Offenbar kennt Frau Welti-Escher aber Zolas umstrittenen Roman von der Edelprostituierten Nana, und sie verteidigt den Autor gegen den Vorwurf der Sittenlosigkeit.[328]

«Daneben» – so schreibt sie Ende der Achtzigerjahre – «habe ich mich diesen Winter oft mit Byron abgegeben, dessen geniale Skepsis mich von jeher faszinierte.»[329] Eine geniale Skepsis, die etwa die Ehe in Frage stellte: Der Dichter ist aus ihr geflüchtet.

Byron war im Grunde ein konservativer Adliger, wie sie eine konservative Patrizierin. Fand sich nicht auch bei ihr, was der Dichter in seinem Innern zu erkennen glaubte: «gierige Leere»?[330] Und hatte Byron sich nicht trotz aller Leere engagiert für etwas, das er als richtig erkannte, indem er 1823 dem Freiheitskampf der Griechen gegen die Türken zu Hilfe eilte? Und dabei an Fieber erkrankte und den Tod fand? Auch Lydia Welti-Escher will sich einsetzen für Ideale.

Die Grenzen ihres sozialen Standes beschäftigen Welti-Escher. Als sie in einem Buch auf eine Fürstin Wittgenstein stößt, gefällt ihr an dieser Gestalt, «dass sie von gar keinem Kastengeist beseelt» gewesen sei und zudem fähig, «sich für das Schöne zu begeistern».[331] Das scheint auch ihr Programm zu sein. Sie ist weit entfernt von einem Bruch mit ihrer sozialen Herkunft, sucht aber eine Perspektive in der Welt der Kultur. Vielleicht auch in einer Utopie, die in der Vergangenheit wurzelt: in der Schönheit der Antike.

Ihren hohen ästhetischen Ansprüchen mag manchmal auch ein Karl Stauffer nicht zu genügen: «Ich billige sehr, dass Sie Gymnastik treiben», kommentiert sie indiskret; denn «auf den Bildern, welche Sie uns kürzlich schickten – den einzigen, die wir von Ihnen besitzen –, sahen Sie uns gar zu prosaisch aus.» Stauffer ist dicker geworden.

Ihr Gatte spürt nichts von Beschränkungen des Standes oder des Geschlechtes. «Mein lieber Mann lebt getreulich dasselbe Leben», im gleichen Haushalt, in der gleichen Stadt wie Lydia, «ohne dass es für ihn dieselben Nachteile hat.»[332]

Es bleiben kaum ausgesprochene Spannungen auch in der Ehe...

Wenn sie offene Kämpfe führt, dann in den Grenzen ihres häuslichen Reichs. Da setzt sie sich auch gegen Friedrich Emil durch und kann berichten, «dass ich endlich mit meinem Projekt der Anstellung eines zweiten Bedienten gesiegt habe» – der übrigens speziell für die Bedürfnisse des Malergastes Stauffer ausgebildet werden soll.[333]

In anderem obsiegt der Gatte. Lydia hat Karl gebeten, für sie nach Schmuck Ausschau zu halten: «Ich hätte gerne ein Halsband in Gold – wohl filigran mit eingesetzten Steinen, die zu allen Toiletten u. zu Tag- u. Abendbeleuchtung passen sollten.» Ferner zwei schwere Ohrringe. Und eine Spange für Haar und Kleid. Und ein Armband für den Oberarm. Der Gatte interveniert: Er sei mit dem Schmuck zwar «ganz einverstanden», schreibt er direkt an Karl, ausgenommen «die Spange um die Oberarme». Er begründet sein Nein. Die Spange habe «sicherlich am Arm einer alten Griechin od. Römerin ganz hübsch ausgesehen, für unser modernes Damenkostüm passt sie jedoch m. E. absolut nicht».[334]

So bleibt Lydia eine unvollständige Griechin.

Suppenwürfel

Die Ideen des Ehepaars Welti-Escher mögen idealistisch und hochfliegend und manchmal rückwärts gewandt erscheinen, ihre Handlungen sind pragmatisch-kapitalistisch – mit einem Sinn fürs Zukunftsorientierte, wie ihn nicht alle Geschäftsleute ihrer Zeit haben.

Lydia sei «ein finanzielles Genie», hat Stauffer gesagt. Und Friedrich Emil kann mittlerweile auf Erfahrungen als Mitglied der Hochfinanz zurückblicken. Im Mai 1889 reist das Ehepaar nach Paris. (Vermutlich mit der Kutsche am späten Nachmittag vom Belvoir zum Hauptbahnhof. Per Zug nach Basel. Übernachtung dort in einem Hotel. Am anderen Tag mit dem Zug Basel ab 8.10 Uhr, Ankunft in Paris spätnachmittags 6.00 Uhr.) Die Eröffnung der Weltausstellung steht bevor. Als Symbol baut Ingenieur Eiffel einen «Turmriesen», der – wie Welti vermeldet – schon 285 Meter Höhe erreicht hat und über der zweiten Plattform angelangt ist, wo die Streben zusammenwachsen.[335]

Lydia hat Karl etwas zu erzählen. «Sind Sie erstaunt, oder wissen Sie, dass wir bei einer sehr prosaischen Fabrik beteiligt sind, die – weil noch neu u. wenig bekannt – durch Paris lanciert werden soll?» Gibt es poetische Fabriken? «Es handelt sich um die Maggi-Fleischextrakte u. -Suppentafeln.»[336]

Ums Jahr 1885, so analysieren Wirtschaftshistoriker, hat in der Schweiz ein neuer Konjunkturzyklus eingesetzt, wenn auch «für die meisten Zeitgenossen nicht erkennbar».[337] Kurz zuvor hat ein Julius Maggi so genannte Leguminosenmehle auf den Markt gebracht, die zur raschen Herstellung nahrhafter Suppen im privaten Haushalt gebraucht werden können. Die kochfertige Maggi-Suppe. Julius Maggi ist von dieser Erfindung derart begeistert, dass er die jüngste Tochter Leguminosa nennen will, woran er dann aber doch durch den entschiedenen Widerstand der Familie gehindert wird.

Maggi hat den Kontakt zur Schweizerischen Kreditanstalt gesucht und dabei Direktor Georg Stoll, den alten Vertrauten Alfred Eschers, kennen gelernt, die Kreise sind klein im Raum Zürich. Der SKA-Direktor seinerseits hat offensichtlich Welti-Escher angefragt, ob er bei Maggi investieren wolle. Doch Friedrich Emil, vorsichtiger Hase in Geschäftsdingen, lehnt es ab, angesichts seiner Unkenntnis der Nahrungsmittelbranche als verantwortlicher Associé einzutreten. Immerhin sei er bereit, mit 200 000 Franken unter dem gesetzlichen Titel eines Kommanditärs mitzuwirken – ein solcher haftet nur bis zur Höhe des gesprochenen Betrages.

Das reicht für den rührigen Julius Maggi. Sein Fabrikationsgeheimnis für die Produktion von Bouillon-Extrakt ist so wertvoll, dass er eine Abschrift davon bei der Schweizerischen Kreditanstalt deponiert. Ende desselben Jahres, da Welti-Escher unterschreibt, ist man so weit. Äußeres Zeichen dafür: Ein Büro für Presse- und Reklamearbeit kann eröffnet werden, wohl die erste PR-Stelle eines Schweizer Unternehmens. An ihre Spitze wird der junge Frank Wedekind bestellt, der als Journalist bei der «Neuen Zürcher Zeitung» tätig gewesen ist.

Wedekind wird bekannt werden als Dramatiker. Mit «Frühlings Erwachen» unter der Regie von Max Reinhardt schafft er 1906 in Berlin den Durchbruch. Vorläufig aber schreibt er Reklametexte.

An der Pariser Weltausstellung 1889 zeigt die Schweiz mächtige Dampfmaschinen von Sulzer und Escher Wyss, spektakuläre Gotthardlokomotiven, Werke der Schnitzlerschule am Brienzersee. Ein renommierter Wirtschaftsjournalist berichtet zufrieden: «... auch in andern Gebieten sprießt frisches Grün. Julius Maggi u. Cie. schaffen mit ihren Erfindungen für die Schweiz einen neuen Zweig der Nahrungsmittelindustrie.»[338]

Maggis Instant-Suppe wird wirtschaftlich erfolgreich sein. Und doch wird das Unternehmen sich für Lydia nicht auszahlen. Davon später.

Wedekinds Werbesprüche gehören zur verkannten Weltliteratur. Sie erwecken den Eindruck, als habe sein Verfasser jeden Text für eine ganz bestimmte Person erdacht: für Karl, für Lydia, für Friedrich Emil auch. Jedesmal ist es eine Kurzgeschichte, so lange Werbetexte liest heute keiner mehr.

Für den Künstler Stauffer: «Auf die geistige Arbeit und somit auf die Entwicklung des Menschengeschlechtes im Großen ist die Ernährung von bedeutendstem Einfluss. Entbehrt der Körper der genügenden Stärkung, so entstehen Gedanken ohne Kraft und Genauigkeit, traumhafte Gespinste, unheimliche Visionen, die das Volk auf Abwege führen und den Lebenstrieb untergraben. Da nun Schriftsteller und Künstler mehr als andere Sterbliche im Cölibat zu leben pflegen, so empfiehlt sich ihnen Maggi's treffliche Suppen-Nahrung, aus der sie sich binnen 15 Minuten mit geringer Mühe die kräftigste Suppe kochen.»

Für die Belvoir-Betriebschefin Welti-Escher: «Die Frauen-Emancipation ist ebensowohl ein Product unserer Zeitverhältnisse wie der Pessimismus und die Überbürdung der Schuljugend. Als solches hat sie ihre Berechtigung und wird als solches auch ihre naturgemäße Lösung finden. Dass sich die Frau durchaus um die Welt nicht zu kümmern habe, ist gewiss eine veraltete Anschauung; aber eine noch um vieles ältere besagt, sie solle dem Manne eine Gefährtin, solle ein Leib und eine Seele sein mit ihm. – Dies zugestanden wird man anderseits auch den Mann, der nach dem nöthigen Gelde jagt, vom Kinderwarten dispensiren und ihm seinen gemüthlichen Abendschoppen gönnen dürfen. Übrigens besitzt auch die Frau, wenn sie anders der Stimme der Vernunft Gehör giebt, Mittel und Wege genug, sich die Last zu erleichtern. Man denke nur an Maggi's vorzügliche Suppen-Nahrung, die nur 15 Minuten zu kochen braucht, um die nahrhafteste, wohlschmeckendste Suppe zu liefern, zumal wenn sie gewürzt wird mit Maggi's vortrefflichem Bouillon-Extract.»

Für den Financier Welti: «Die Feinschmeckerei ist ein Sport von nicht geringerer Gefährlichkeit wie Reiten und Radfahren. Der Börse (gemeint ist: für das Portemonnaie) mag sie noch verderblicher sein als letztere; aber auch für den Körper ist sie ein Wagnis, das wohl erwogen sein will und schon manchem Herzklopfen und Kummer bereitete. Und wozu das alles? Finden wir doch sämmtliche zum besten Gedeihen des Körpers erforderlichen Nährbestandtheile in möglichst leicht verdaulicher Form und bei vollkommenem Wohlgeschmack in Maggi's praktischer Suppen-Nahrung, die nur 15 Minuten gekocht zu werden braucht, um die beste Suppe zu liefern.»[339]

Kulturminister auf Belvoir

Stauffer, von der Murmeltierjagd gezeichnet, hat es nicht lassen können, vor seiner Rückkehr nach Deutschland im Belvoir einzukehren, wo er Lydia, die vom Wasser des Gießbachs gestärkt zurückgekehrt ist, wohlauf antrifft. Das Belvoir ein «Paradiesgärtlein», freut sich Karl.[340] Zumal er hier gleichsam als «Familienmitglied» gelte.[341]

Ein solches hat Pflichten: «Als quasi Familienglied müssen Sie, lieber Herr Stauffer, zur Verschönerung dieses Home beitragen», schreibt Lydia, die ihren Künstler gerne herumkommandiert. Mag er auf dem Belvoir weilen oder in Berlin. Dort hat er Teppiche zu besorgen, die nach einiger Zeit auch glücklich in der Zürcher Villa eintreffen. «Gatte und Gattin haben sich möglichst gerecht in die Schätze geteilt», scherzt Lydia, «das heißt, ich habe zwei Drittel davon in Anspruch genommen.»[342] Sie hat drei der Teppiche in ihren blauen Salon gelegt.

Ihr Empire-Zimmer braucht Vorhänge. Die allerdings ihren Zweck nur erfüllen, wenn sie mit ihrem ganz persönlichen Monogramm – L.W.E. – versehen sind, das Maler Stauffer gefälligst entwerfen möge. Was sie nachdrücklich anmahnt, als er damit in Verzug ist. Als er endlich liefert, ist sie entzückt; sie hat seinen zeichnerischen Entwurf mit «Vieil-or-Seide» gestickt und durch den Vorhang Goldfäden gezogen, «was die Wirkung sehr steigerte».[343]

Dann ist des Künstlers Urteil in Bezug auf die Balkongeländer gefragt. Als Stauffer offenbar ausweichend antwortet, dass die bestehenden schon recht seien, ist die Belvoir-Herrin nicht befriedigt. Sie bleibt dabei, dass eine schmiedeeiserne Variante – entworfen von Karls Hand – ästhetischer wäre.

Zum Geländer in schöne Spannung setzen ließe sich das Dach, wenn drei Statuen darauf gesetzt würden. Es gliche dann mehr einem antiken Tempel. Für den Fall, dass Karl wieder kneifen möchte, weist sie darauf hin, dass «Hr. Klinger» – Stauffers berühmter Künstlerfreund – vielleicht auch Rat wisse. «Ich werde mir erlauben, einen genauen Plan unseres Hauses zu schicken.»[344]

Diesmal reagiert Karl. Er findet ausdrücklich, dass weder die Statuen noch die schmiedeeisernen Balkongitter die Wirkung des Belvoirs steigern würden. «Im besten Falle erhalten Sie etwas anderes Gutes, weiter nichts.»[345] Den Hausplan senden möge die starrköpfige Dame dennoch.

Bleibt das Treppenhaus. Das muss mit hübschen Ornamenten bemalt werden, findet Lydia. Karl schlägt vor, Stuckarbeiten anzubringen. Die Idee kann nur von einem Mann stammen: «Wir müssen bedenken, wie viel sich auf dieser Passage abspielt», wendet Lydia ein: «Koffer, Läden, Vorfenster u. Möbel etc. werden hin u. her getragen u. an die Treppenwand geschlagen, da wir leider keine Serviertreppe besitzen.»[346] Also Malerei, nicht Stuck.

Ehegatte Welti spricht offen aus, was Stauffer für ihn ist: «mein Privatminister der schönen Künste». Den beauftragt er, für seinen Garten Statuen zu kreieren, «meine Gattin hat gerade gestern wieder zwei famose Standorte erblickt.»[347]

Schließlich soll Stauffer helfen, den Grundstock für eine Kunstsammlung zu legen. Kunst verschönert den bürgerlichen Hausstand und adelt deren Besitzer. Stauffer, der sich folgsam umsieht, stößt auf ein Werk des Malers Anselm Feuerbach, das «Gastmal des Agathon». (Andernorts wird das auf 1869 datierte Bild als «Gastmahl des Plato» bezeichnet.) Es handelt sich um ein Schlüsselwerk des Malers, für das dieser eine erste Aquarellskizze entwarf, nachdem er Pompej gesehen hatte und von den Wandmalereien in den freigelegten Villen beeindruckt worden war.

«Gestatten Sie», schreibt Stauffer der Besitzerin des Werks, er sei «weder Kunstliebhaber noch Händler», habe aber die «Mission», für einen Freund und Schulkameraden in Zürich Werke auszusuchen. Der hege nämlich die Absicht, «eine Sammlung moderner Kunstwerke anzulegen und diese dem Staate nach seinem Tode zu vermachen».[348]

Nun möchte Stauffer den Kaufpreis in Erfahrung bringen. – Erworben hatte die Besitzerin Marie Röhrs das Werk für 30 000 Mark.[349]

Das ist der Anlass für Friedrich Emil Welti, Stauffer seine ganze Finanzlage zu eröffnen. Da er nach dem Kauf des teuren, großen Bildes – das «Gastmahl des Agathon» misst 6,50 x 3,20 Meter – auch gleich einen «Kunsttempel» erstellen müsste, liege diese Bilderanschaffung doch nicht drin. Wahrscheinlich habe Stauffer eine falsche Idee von seinem Vermögen, da unzutreffende Gerüchte seinen Schwiegervater – Alfred Escher – in den Ruf eines «Krösus» gebracht hätten.[350]

So kommt der erste Ankauf für die geplante Welti-Escher'sche Kunstsammlung nicht zu Stande.

Karl Stauffer bemüht sich weiter um die Belebung der Belvoir-Anlage. «Wie wär's mit Bäri?», schreibt er seinem Bruder nach Hause. Welti wolle schon lange einen vierbeinigen Begleiter. «Bäri wäre ein Hund für Welti.» Wie viel denn Eduard dafür haben wolle?[351]

Nach Süden!

Karl und Lydia sind miteinander eigentümlich verklettet. Ist es Liebe, was sie zusammenhält? Für Lydia darf es keine Liebe sein, das gestattet die offizielle Moral nicht. Für Karl ist es keine Liebe, solche gestattet er sich selbst nicht: Seit seiner Kindheit habe er nicht mehr geliebt, erklärt er Lydia einmal.[352] Beim Studium der Briefe entsteht der Eindruck, als liebten die beiden vor allem die Bilder, die sie gegenseitig ineinander projizieren.

Ihrem Hausfreund Freund schreibt Lydia: Auch wenn «die Leute über uns herfallen», so möge er wissen «que l'honneur est sauf». Die Ehre ist intakt. «Gewisse Dinge kann man dem Publikum ja überhaupt nicht begreiflich machen.»[353]

Karl Stauffer ist mittlerweile von Berlin nach Italien umgezogen. «... die italienische Krankheit hat mich mit infernaler Gewalt gepackt», berichtet er Lydia: die Sehnsucht «nach einem Land, wo man nie war und es gar nicht kennt».[354]

Er ist Berlins überdrüssig geworden, so wie Lydia Welti-Escher Zürichs überdrüssig ist. Während aber für Lydia Zürich zu provinziell ist – sie spricht einmal abschätzig von Limmat-Athen –, ist Berlin für Stauffer ein «Parvenu». Eine Stadt, wo es «die schlechtesten Maler und die besten Soldaten» gebe, mit einer «miserablen Akademie und deren unsinniger Leitung», aus der noch nicht ein einziger wirklich guter Künstler hervorgegangen sei.[355] Zudem fühlt er, dass er Neider hat, dass gegen ihn intrigiert wird.

Schon im Sommer 1887 hat Friedrich Emil Welti die Idee lanciert, das freundschaftliche Trio – er, Lydia, Karl – möge gemeinsam eine Reise nach Italien unternehmen. Ein Erholungsurlaub und eine Kulturreise offenbar, vielleicht ein längerer Aufenthalt. Lydias kritische Gesundheit scheint der Grund für dieses Vorhaben – und verhindert zugleich seine Verwirklichung.

Den Winter verbringt das Ehepaar auf Belvoir.

Im Sommer 1888 erleidet die Gattin einen Zusammenbruch. Die Konsultation bei einem Nervenspezialisten ergibt, dass Lydia angesichts chronischer Schlaflosigkeit, Schmerzen, Fieber und Asthma längere Zeit kuren müsse. Keine Hausgeschäfte, kein Klavier, kein Reisen – «Ruhe mit einem Wort, das ist nebst Bädern die einzige Medizin», meldet Friedrich Emil.[356]

Statt nach Rom, begibt sich Lydia nach Baden. Sie erzählt Stauffer: «Nachdem ich den ganzen Frühling u. Sommer über an Schlaflosigkeit gelitten u. in letzter Zeit trotz aller Vorsichtsmaßnahmen ununterbrochen während 15 Nächten kein Auge ohne künstliche Mittel schließen konnte, habe ich mich hierher in ein intellektuelles Zentrum ersten Ranges begeben.»[357] Rom hätte ihren Sinnen gewiss mehr geboten. Und Karl mehr als der Kurarzt Schaufelbühl.

Friedrich Emil kümmert sich rührend um Lydia und besucht seine Gattin dreimal in der Woche.

Die Schwierigkeiten ärgern ihn dennoch: «Endlich einmal ein erfreulicher Bericht von Dir!», so fängt der einzige öffentlich bekannte Brief aus der Zeit seiner Ehe an, den er direkt an seine Gattin richtet.[358] Immer ist sie unpässlich!

Lydia beendigt ihre Kur und fängt zehn Tage danach die nächste an. Wieder in Baden. Sie kann immer noch nicht schlafen.

Im nächsten Winter also, dann «gehen wir wohl in den Süden, wahrscheinlich an die Riviera», schreibt Friedrich Emil im September 1888.[359] Er scheint selber nicht mehr recht daran zu glauben.

Und wieder ein Winter auf Belvoir. Während Stauffer im Süden lebt.

Dank Friedrich Emil Welti. Hat doch Welti dem Künstler auf der Veranda damals eine Zusage gegeben, mündlich zwar, ein Vertrag ist nicht zu finden. Es scheint, dass Welti eine Rente für vier Jahre ausgesetzt hat, wofür ihm Stauffer seine ganze Produktion ausliefern muss.[360] 5000 Franken im Jahr, es werden auch höhere Angaben kolportiert.[361] Dafür kann er frei arbeiten, hat allerdings eine oder zwei Statuen für den Belvoirgarten anzufertigen.

Einer Vertrauten, Emmy Vogt-Hildebrand, wird Stauffer später erzählen – da ist er alt und grau und das ganze Unheil schon passiert –, er habe sich von Lydia «losreißen» wollen, habe nur «nach Italien an die Arbeit» und «jeglicher Versuchung aus dem Wege» gehen wollen.[362]

Pressepolemik II

Der Bundesrat hatte mit seinem Vorgehen gegen den Literaturkritiker Otto Brahm nichts erreicht. Der Schweizer Gesandte in Berlin riet dringlich davon ab, die Angelegenheit weiterzuverfolgen, sei doch der behauptete Rechtsstandpunkt wacklig. Allem Anschein nach besitze Brahm die Briefe Stauffers zu Recht und veröffentliche sie mit Einwilligung der verstorbenen Millionärin wie auch der Angehörigen des Malers.

In Deutschland erregte die Angelegenheit Aufsehen, galt doch Stauffer als ein Berliner Künstler.

Bern musste befürchten, dass den Brahm'schen Publikationen auch Artikel in der Schweiz folgen könnten. Die Presse war schon damals eine Macht. In aller Erinnerung lebendig war, dass ein Mitglied der Landesregierung – Bundesrat Fridolin Anderwert – sich umgebracht hatte, weil der «Nebelspalter» und das «Volksblatt von Andelfingen» und die «Züricher Post» seine Integrität und seinen Lebenswandel in Zweifel gezogen hatten, da der Bundesrat als Gast in übel beleumdeten Häusern gesehen worden sei und auch dem guten Essen zuneige. Am Weihnachtstag des Jahres 1880 hatte sich der Mann mit einer Pistole erschossen. «Sie wollen ein Opfer, sie sollen es haben», hatte er in seinem Abschiedsbrief geschrieben.[1]

Im Fall Stauffer besaß der Bundesrat glücklicherweise genügend Einfluss: Die Presse verhielt sich ruhig. Die großen Titel schwiegen jedenfalls. Nicht aber einige kleinere: Das «Emmenthaler-Blatt», das in Langnau herauskam und zu dessen Lesegebiet auch Stauffers Geburtsort Trubschachen gehörte, brachte am 28. Dezember 1889 eine kuriose Meldung. In Italien habe sich ein Drama abgespielt, in das der schweizerische Gesandte habe eingreifen müssen. Mit schrecklichen Folgen: «Frau Dr. Welti-Escher soll sich gegenwärtig als geisteskrank in Königsfelden befinden.» Wegen Irrsinns. Der Maler Stauffer-Bern, «der die Geisteskrankheit der Frau Dr. Welti dazu benutzt hatte, sich Vorteile zu verschaffen», sei verhaftet.[2]

Das Regionalblatt berief sich dabei auf eine Meldung «des Oberländers».[3] Dies hat unter Historikern Verwirrung gestiftet, denn dieser mysteriöse «Oberländer» ließ sich nicht finden, oder wenn Zeitungstitel mit ähnlichem Namen in den Bibliotheken zu finden waren, dann jedenfalls keine mit dieser Meldung.

Tatsächlich erschien ein ähnlicher Bericht am 25. Dezember 1889 in der Zeitung «Der freie Ämtler», dem Publikationsorgan des damaligen Bezirkes Affoltern im Kanton Zürich. Vermutlich war das die Urmeldung zum Skandal: Der «Ämtler» erzählte noch etwas ausführlicher die Räubergeschichte von einer Entführung der Frau Welti-Escher durch den Maler Stauffer-Bern in Italien, was die bekannten üblen Folgen zeitigte: Gefängnis, Irrenhaus. – Die Presse war eben schon damals unseriös. Man schrieb sich gegenseitig Meldungen ab. Offenbar war sich der Redaktor des «Emmenthaler Blattes» im Produktionsstress nicht mehr im Klaren, dass seine Vorlage diesmal nicht der «Oberländer», sondern der «Ämtler» war, übernahm man doch sonst häufig Nachrichten des in Interlaken erscheinenden «Oberländischen Volksblatts».

Die Meldung des «Emmenthalers» wurde am 26. Januar 1890 vom «Journal du Jura» aufgegriffen, das den Finger vor allem auf die angebliche Intervention des schweizerischen Gesandten legte und etwas Licht – «un peu de lumière» – in dieser Angelegenheit verlangte.[4] Dass dieses am Jurafuss angesiedelte Blatt das Thema aufgriff, lässt sich diesmal leicht erklären: In Biel, dem Verlagsort, wohnte des Malers Bruder, der Rechtsanwalt Eduard Stauffer, der eine Möglichkeit suchte, den Bundesrat unter Druck zu setzen, da dieser seiner Ansicht nach einen Skandal zu verschweigen suchte.

Tags darauf, am 27. Januar 1890, zog «Il Dovere» nach, eine Zeitung aus Lugano. Sie beschuldigte den Schweizer Gesandten Bavier einer ungehörigen Intervention, die der Auslöser für Stauffers Verhaftung in Rom gewesen sei, und verlangte eine Untersuchung: «Si domanda una inchiesta.»[5]

Das waren der Wespen zu viele für die Beschuldigten. Der schweizerische Gesandte in Rom, Simeon Bavier, sah sich veranlasst, dem Bundesrat einen Bericht darüber zukommen zu lassen, was sich in Wirklichkeit zugetragen habe. Er hoffe allerdings immer noch, dass «die schweizerische Presse sich nicht dazu hergeben wird, das unverschuldete Missgeschick einer achtbaren Familie» – gemeint Weltis – «durch böswilligen Klatsch auszubeuten».[6] Denn die Stauffer-Briefe, die Otto Brahm veröffentlicht hatte, seien – so wird der Gesandte nicht müde zu betonen – schlicht Schund.

Am 1. Februar 1890 der Rückzieher: Der «Dovere» – so schreibt die Redaktion selber – sei nun besser informiert und müsse berichten – «ci corre il debito di rettificare» –, dass es sich erstens bei der Geschichte um Stauffer und die Weltis um eine reine Privatsache der Betroffenen handele und zweitens die schweizerische Gesandtschaft in keiner Weise sich eingemischt habe, sodass rein gar nichts mehr von den leichtfertig vorgebrachten Beschuldigungen übrig bleibe: «Segnatamente nulla resta delle critiche.»[7]

Damit war verhütet, dass das Feuer offen ausbrach; nur an den Rändern fraß der Schwelbrand weiter. Von unerhörten «diplomatischen Verhaftungen», wie solche selbst in Russland nicht möglich seien, sprach weiterhin das «Journal du Jura».[8] Doch mit Ausnahme dieses Blattes sollte es zwanzig Monate lang still bleiben im Blätterwald. Nicht aus «Liebedienerei» habe man geschwiegen, wie unverschämte Stimmen in Deutschland behaupteten. So betonten nach geraumer Zeit die «Basler Nachrichten» aus der Reihe der Stillehaltenden. Die Schweizer Presse sei eben anders. «Wir gehen respektvoll um mit unseren Behörden, das ist alte republikanische Tradition»; und, falls das die Deutschen nicht wissen sollten: «Ohne die Achtung vor der selbstgewählten Obrigkeit verfielen wir in Zustände, wie sie in den südamerikanischen Republiken herrschen.»[9]

Als Otto Brahm im Herbst 1892 eine zweite Artikelfolge über «das Drama Stauffer-Escher» publizierte, wieder in der «Frankfurter Zeitung», hoben sich den sieben Herren Bundesräten die Zylinder. Nun musste ein Schreiber ans Werk, der Brahm die Stirn bieten konnte.

Joseph Viktor Widmann war damals Feuilletonredaktor am «Bund». «Am» Bund sagte man und nicht «beim» Bund, denn der «Bund» – das Organ der Berner Freisinnigen – war eine Institution und ein Redaktor daselbst auch. Fotos zeigen einen Mann in Gilet, mit Halstuch, Uhrkette, breitem Krempenhut und mit spitz zulaufendem Bart. Insgeheim mochte Widmann schon lange darauf gewartet haben, mit jener Berliner Größe, die den «Modernen» auf der Bühne so viel Platz einräumte, einmal abzurechnen. Sein ästhetisches Empfinden neigte, obwohl er manches Neue anerkannte, zur Romantik und zur Idylle.

Als erster Publizist konnte sich Widmann für die Artikel, die er nun im «Bund» publizierte, auf Bundesratsakten stützen, auf interne Berichte und Briefe, die einem Historiker in normalen Umständen erst nach Jahrzehnten zugänglich gemacht werden.[10] Ich vermute daher, dass es sich um eine Auftragsarbeit handelte. Gestützt auf diese internen Akten verfasste Widmann «eine gründliche Rechtfertigung» und verabreichte Otto Brahm «eine so vollständige Abfuhr» – wie sich ein Kommentar in einem weiteren Presseerzeugnis, das bisher geschwiegen hatte, freute –, dass diesem «wahrscheinlich die Lust vergehen wird, sich als Retter eines Schweizerbürgers aufzuspielen». Künftig würde er keinen Bundesrat und keinen Gesandten mehr «anzuschwärzen» suchen.[11]

In Widmanns Artikelserie erschien Karl Stauffer als gemeiner Verbrecher, der sich ein Millionenvermögen hat aneignen wollen – und Lydia Welti-Escher als willenloses Weib, das sich von Stauffer hat entführen lassen.

Szenenwechsel. Kurz nach der Wende zum 20. Jahrhundert wurde in Wien und Leipzig eine 600-seitige Untersuchung veröffentlicht, die in ganz Europa Aufsehen erregen sollte: Otto Weiningers «Geschlecht und Charakter». Dieses Werk behandelte in abschließender Weise so etwas wie das Wesen des Weibes an sich.[12] Was Weininger zu dieser Untersuchung qualifizierte, ist allerdings nicht offensichtlich, war er doch ein 22-jähriger Philosophiestudent an der Universität Wien und sein Werk die Druckversion einer leicht über die Ufer geratenen Dissertation.

Der Verfasser dieses Opus magnum konnte aus wenig eigener Erfahrung schöpfen, umso mehr verwertete er die Stimmung einer ganzen Epoche, soweit sie durch deren männlichen Teil repräsentiert wurde. In großen Perioden entwickelte Weininger, was hier in brutalen Stichworten zusammengefasst werden muss.

Seinem Werk zufolge ist «das Weib» durchaus «unbegrifflich», im Wahrnehmen wie im Denken. Während der Mann «das Ebenbild Gottes ist», ist das Weib «das Symbol des Nichts». Es ist «weder tiefsinnig noch hochsinnig» noch überhaupt etwas Derartiges, «es ist als ganzes Un-sinn».[13] Allerdings sei es «durchaus sexuell». Verzichten wir auf Weiningers Ausführungen über den «Koitus», in dem «das Weib» bloß herabgesetzt zu werden wünsche. Weininger weiß: «Der größte, der einzige Feind der Emanzipation der Frau ist die Frau.» Und bevor «das Weib» nicht zum Begriffe seiner Schuld gelange, werde es die Freiheit nicht finden. Dass er das offen ausspreche, dafür schuldeten die Frauen ihm Dank. «Darum ist dieses Buch die höchste Ehre, welche den Frauen je erwiesen worden ist.»[14]

Weiningers Buch und Frauenehrung sollte auch in der Schweiz gewürdigt werden, «in vielbeachteten Feuilleton-Serien».[15] Publiziert im Jahre 1903 im «Bund» und verfasst von: Redaktor Widmann,[16] der sich nach eigenen Worten bemühte, dem Werk – das wohl zu Widerspruch herausfordern möge – «verständige Leser» zu werben[17]. Er selber könne aus einiger Lebenserfahrung Beispiele für vieles, was Dr. Weininger aufführe, beibringen.

Was Widmann aber ebenso faszinierte wie die Darstellung des weiblichen Wesens, war, wie Weininger eine neue Spezies Männer darstellte: den «Eroberertypus», der eben derzeit kultiviert werde. «Von jeher hat das Phänomen des großen Mannes der Tat, als ein ganz einzigartiges, vor allem die Künstler mächtig angezogen.»[18]

In dieses Spannungsfeld gestellt sah Widmann das Drama vom Maler und der Millionärin. Hier der Eroberertypus, dort das willenlose Weib. Dieses Bild sollte in der Öffentlichkeit ein halbes Jahrhundert lang dominieren.

Teil II: Rom

Max Klinger: «In flagranti»

In der Gesandtschaft

Stauffer ist in Rom, und er friert bis ins Mark. Stundenlang klappern seine Zähne, berichtet er. Am 17. Februar 1888 ist er eingetroffen, nach einem Etappenhalt in Florenz. Er hat ein Atelier gefunden in einem Haus, das ausländischen Kunststipendiaten Unterkunft bietet. Nahe der Villa Borghese vor der Porta del Popolo.

Einer seiner ersten Gänge gilt der diplomatischen Vertretung der Schweiz, die damals «Gesandtschaft» genannt wird. (Erst Mitte des 20. Jahrhunderts erhalten die Schweizer Gesandtschaften den Rang von Botschaften.) Lydia wird ihn dem dortigen Hausherrn, Minister Simeon Bavier, empfohlen haben, dem langjährigen Freund des Hauses Welti.

Das ist ein Mann mit einer eindrücklichen Biografie. Der Bündner Simeon Bavier von Salis ist als junger Ingenieur zur Eisenbahn gestoßen und kennt den Bahnbau nicht bloß aus der Sicht der Investoren: «Man musste in dem engen Richtstollen bis an die Knie im Wasser waten und die schlechte, von 4000 Arbeitern, Öllampen und Dynamitexplosionen erzeugte Luft einatmen», wird er sich noch im Alter erinnern: «Einmal brachte ich, drei Kilometer vom Eingang entfernt, fünf Stunden im Tunnel zu, um beanstandetes Mauerwerk zu untersuchen, und kam fast ohnmächtig wieder heraus.»[1]

Obwohl Bavier aus wohlhabendem Hause stammte, geriet er in finanzielle Schwierigkeiten, als das familieneigene Bankunternehmen im Zusammenhang mit einer der zeittypischen Eisenbahnkrisen zusammenbrach.

Im heftigen Streit um den Alpendurchstich trat der Bündner für eine Linienführung im Osten der Alpen ein, am Lukmanier zuerst, am Splügen danach. Als er die Bereitschaft zeigte, den Kurs zu wechseln und den Durchstich im Zentrum zu befürworten, erhielt er im Gegenzug die politische Unterstützung der Gotthardbahn-Initianten. So wurde er in den Bundesrat gewählt, als erster Vertreter des Kantons Graubünden.

Er war es denn auch, der das große Werk – den Gotthardtunnel – als Präsident des Bundesrates feierlich eröffnen durfte. «Es schien mir eine Ironie des Schicksals zu sein, dass ich, als einstiger Gegner dieser Bahn, ihrer Geburt nun feierlich zu Gevatter stehen sollte.»[2]

In der Landesregierung zählte er zu den Gefolgsleuten Bundesrat Weltis. Da er allerdings die politischen Geschäfte zu aufreibend fand und sich besonders in seinem Präsidialjahr unwohl fühlte, ergriff er die Gelegenheit, als der bisherige diplomatische Vertreter in Rom starb. 1883 reichte Bavier seine Demission als Bundesrat ein und wurde Gesandter beim italienischen Hof.

Mit Bundesrat Welti verbindet ihn jetzt, da er nicht mehr in der Regierung ist, noch vieles: die politischen Ansichten, die persönliche Sympathie und die Tatsache, dass beide tiefgläubig sind. Man besucht sich gegenseitig und nimmt in herzlichem Briefverkehr gegenseitig Anteil am Schicksal der Familien.

Über vieles hat Bavier in seinen Lebenserinnerungen berichtet. Von einem Maler Karl Stauffer findet sich darin nichts.

In die Gesandtschaft wird sich Stauffer oft und gerne zu Tisch einladen lassen. Er wird da gute Zigarren rauchen. Sich über die Antike unterhalten. Ein Porträt des Ministers malen. Sind nette Leute. Und Beziehungen kann man immer brauchen.

Von den ersten Eindrücken in Rom, der Ewigen Stadt, ist der Maler verwirrt, alles gehe ihm durcheinander, «antike Skulptur und Architektur, mühsam entzifferte, gleichgültige Artikel aus italienischen Zeitungen, der Rosmarin und Pomidorogeschmack (sic)» und: «Mauselöcher, zerbrochene Fensterscheiben in meinem Studio, die Tierquälerei, das Gebrüll, die Carretti auf den Strassen».[3] Er sei in den ersten Wochen nach seiner Ankunft gleichsam einer «Seekrankheit» verfallen.[4]

Vor allem die Ruinen, die Zeugen dieser vergangenen Kulturepoche, erschlagen ihn fast. Und das Pantheon, «dieser Zeuge unerhörten Geschmacks und einer Kunsthöhe, für die uns Pygmäen völlig der Maßstab fehlt».[5]

Höhenflüge

Zum Glück lebt in Rom auch Max Klinger, sein Freund aus Berliner Zeiten, der den Schwindligen hält. Er ist ein Künstler ersten Ranges – Maler, Bildhauer und Stecher in einem. Klinger und Stauffer erneuern ihre Verbindung und wollen sich regelmäßig austauschen. Praktisch an jedem Wochenende begeben sie sich auf gemeinsame Ausflüge, ans Meer, aufs Land, in die Berge. Und da der Drang nach Klassik alles rechtfertigt, dringen sie «in einer Mondnacht» ins Römer Colosseum ein, wobei sie sich fast das Genick brechen.[6]

Es ist eine respektvolle Freundschaft: «Ich lerne von diesem reifen, grandios angelegten Genie mehr, als mich irgend ein anderer Umgang fördern könnte», schreibt Stauffer.[7] So vertraut die beiden sind, sie werden sich nie per Du anreden.

Was Stauffer an Klinger bewundert, ist seine «grandiose Phantasie».[8] Klinger wiederum verdankt Stauffer die Raffinessen der Sticheltechnik.

Klinger sei künstlerisch ein «Vulkan», schreibt Stauffer.[9] Er könnte ein Vorläufer heutiger Comic-Zeichner sein und wäre unter ihnen jedenfalls einer der Besten gewesen.

Auf dem Blatt «Bär und Elfe» aus der Serie «Intermezzi Opus IV» hat sich ein märchenhaftes Wesen hoch in ein dünnes Geäst geflüchtet. Weit unten ein Bär, der ein Stück hochgeklettert ist, sich aber am feinen Stämmchen nicht weiter wagen kann und resigniert-beduselt zum Elfchen hinaufguckt.

Schon wenige Proben zeigen, wie sehr Klinger die Ausdrucksmittel der Erzählung beherrscht: Dramatisierung, Einbruch von Licht und Schatten, Perspektivenwechsel und surreale Geistesblitze. Der Herausgeber eines Buches über die Künstlerszene der «Deutsch-Römer» schreibt, Klinger habe in seinen grafischen Zyklen «die Halluzinationen und Verfremdungen des Surrealismus und der Symbolwelt der Psychoanalyse» vorweggenommen.[10]

Als Bildhauer experimentiert Klinger mit der farbigen Skulptur, der Kolorierung durch Bemalung oder durch Zusammenfügung verschiedenartiger Materialien, was damals heftig diskutiert wurde.

In Rom ist er im Begriff, ein monumentales Gemälde der Kreuzigung Christi zu schaffen. Stauffer weiß, wie schwierig die Kompositionsprobleme sein können, er hat Ähnliches versucht.

«Meine Phantasie, die in Berlin verrostet war und erfroren, taut wieder auf», freut sich Stauffer, nachdem er sich akklimatisiert hat.[11] Und wie er durch die Gärten der Römer Villa Borghese spaziert, muss er immer wieder an den von ihm bewunderten anderen Großen denken, an Arnold Böcklin. Stauffer ist ihm in Zürich begegnet. Er wird über ihn dichten:

«O großer Meister, deine Phantasien
In allen Herzen knospen und erblühen
Gewaltig, farbig prächig ohnegleichen!»[12]

Zwar hat er den berühmten Böcklin persönlich herablassend gefunden; der Tatsache, dass dieser ein großer Bilderzähler ist, tut dies keinen Abbruch. Stauffer sieht jedenfalls zwischen sich und Böcklin einen Unterschied «wie zwischen einem guten preußischen Ordonnanzpferd und einem Pegasus».[13]

Was die beiden können, Klinger und Böcklin, so formuliert es Stauffer wiederholt, werde er nie erreichen. Ihm fallen keine mythologischen Themen ein, die er malen möchte. Er empfindet diesen Erzählern gegenüber banal wie ein Naturwissenschafter. Dass er die beiden Großen vor sich hat, setzt ihn unter Druck.

Böcklin beschäftigt sich in seinen späteren italienischen Jahren damit, Flugmaschinen zu bauen. Echte. «Auf einem hochgelegenen Felde», so erzählt eine Schriftstellerin, die ihn in Florenz kennen lernte, «war der Apparat aufgestellt, ein leichter turmhoher Bau aus Flächen von Leinwand und Seide, die weithin in der Sonne leuchteten.» Als der Tag des Höhenflugs kam, erhob sich – wie kann es anders sein? – ein Sturm. Das leichte Gestell wurde nicht durch die Lüfte getragen, um im Gehölz zu verschwinden, und zerschellte auch nicht am Boden. Es ist gar nicht gestartet, zerstört ist es trotzdem, «und noch Wochen später las das Landvolk aus Klüften und Feldern und von den nahen Felsenkanten die Fetzen der Böcklin'schen Flugmaschine zusammen».[14]

In Italien wird Böcklin sein berühmtes Gemälde «Die Pest» malen; in der zweiten Hälfte des 19. Jahrhunderts war in manchen Städten die Cholera ausgebrochen. Auf einem Gift versprühenden Vieh, das sich mit Fledermausflügeln vorwärtsschwingt, stürmt die Krankheit durch die Gassen. Auch das eine Flugmaschine.

Dass Stauffer «nicht zum freien Fluge der Phantasie» gelange, ist die gewichtige Kritik, die Wilhelm von Bode anbringt, der dessen Radierungen sonst so rühmt.[15] Als der Schweizerkarl – das war noch in der Münchner Zeit – frei fabulierend malte, resultierte ein Gemüsestand, in Lebensgröße. Er war so plastisch gestaltet, berichtet Stauffers Mutter, «dass eine Arbeiterin daselbst, nachdem sie ihn lange fixiert, mit dem Finger über die Maiszäpfen fuhr, um sich zu überzeugen, ob dieselben nicht wirklich aus dem Bilde hervortreten».[16]

Stauffers Höhenflüge bleiben am Boden: Er ist Mitglied des italienischen Alpenclubs geworden und klettert allenfalls auf den Felsen in die Wolken: «Mein Lieber», schreibt er an einen Ungenannten, dem Couvert nach ist es Friedrich Emil Welti, «gestern und heute haben wir 5 Mitglieder vom Club die erste Besteigung des Gran Sasso zur Winterszeit gemacht.»[17] Eine Erstbesteigung! Mit 2914 Metern ist der Sasso der höchste Berg Italiens.

Sono scultore, io

Marmor ist kein Zuckerguss, diese Erfahrung macht Stauffer bald, nachdem er sich einen Meißel gekauft hat. Er versucht sich am Stein und modelliert mit Ton und berichtet allen, die Briefe von ihm empfangen: «Ich habe mich nun hier als Bildhauer installiert.» (An Lydia Welti-Escher)[18] «Marmor und Bronze, lieber Freund – das Malen interessiert mich gar nicht mehr.» (An Max Mosse) Und bei derselben Gelegenheit sein Urschrei aus dem Schlamm – in allen Biografien wird er zitiert: «Sono scultore, io!»[19] Das Echo muss zurückgeworfen haben: io io io.

Der Frührenaissance-Bildhauer Donatello, dessen Werke Stauffer in den historischen Bauten von Florenz sah, hat ihn tief beeindruckt. Noch mehr die antike Plastik: Ihr Wert liege nicht in einer besonderen Form, nicht in irgendwelchen Längen- und Breitenverhältnissen, sondern im «Ernst» und in der «Logik», mit der eine Figur gebildet sei. Deshalb gehe es auch nicht um Imitation, erläutert Stauffer seinem alten Künstlerfreund Peter Halm, dem Radierer, sondern um eine «gemäß des verschiedenen Zeitalters verschiedene Arbeit», die jedoch «in gleich künstlerischem Sinn» gemacht werden müsse.[20] Nach kurzer Zeit hat Stauffer ein Modell engagiert, Domenico, der ihm zugleich die Gelegenheit bietet, während den Arbeitsstunden Italienisch zu lernen. Dass jener Sozialist oder Anarchist ist und nach irgendeiner Demonstration auf der Straße verhaftet wird, gehört zur italienischen Folklore. Als Domenico, er muss es gewesen sein, ihm auch einen schottischen Shawl stiehlt, flucht der Maler allerdings über «ein gottverlassenes Pack».[21]

Stauffer macht sich mit Disziplin an seine Arbeit, steht um sechs Uhr auf, wie er stolz berichtet, rauche nicht, trinke keinen Kaffee und keinen Schnaps, außer abends ein Glas Wein, und gehe um halb zehn zu Bett. Morgens fünf Stunden Arbeit am Modell, nachmittags vier Stunden. Mittagessen in der Trattoria, am selben Tisch mit Spaniern, Brasilianern, Russen und Italienern.

Wenn Domenico auf dem Podium stehend einschläft, weil es ihm zu viel wird oder auch weil er die Nacht über nicht geschlafen hat, greift Stauffer zur Tonspritze, die neben ihm liegt, gefüllt mit frischem Wasser, und appliziert eine wohlgezielte Ladung, «die dem wasserscheuen Italiener jedesmal höchst unangenehm ist».[22]

Jetzt muss Stauffer umsetzen, was er verkündet hat: Ernst und Logik des künstlerischen Ausdrucks. Jetzt kämpft er mit der Form und entdeckt, dass auch die Abwesenheit von Farbe ein Problem darstellt, weil eben nur noch die Form da ist. Er kämpft mit dem Ton aus Römer Gruben, der von schlechter Qualität ist und schnell Risse bekommt, auch wenn man ihn täglich befeuchtet. Er kämpft mit der Armierung, denn er ist ein Dilettant in der plastischen Arbeit. Eine Figur muss im Innern durch ein Gerüst gestützt werden, und Stauffer hat keine Erfahrung in dessen Bau. Wiederholt sind ihm Teile der Figur abgefallen. Er fürchtet gar, dass das Eisen auf die Länge durchrostet.

Was für eine Figur schwebt ihm denn vor? «Also ich tanggle, und zwar einen Mann resp. Jüngling in stehender Stellung, mit etwas ausgebreiteten Armen», erzählt er seiner Mutter.[23] Als «Adoranten» bezeichnet er ihn, als einen, der bittet, betet oder etwas anhimmelt.

Die Gestalt entspricht einer pantheistischen Stimmung zur Jahrhundertwende: Auch Ferdinand Hodler wird solchen Empfindungen Form geben.

Keine starre Pose ist es, die Stauffer erfassen will, sondern eine Bewegung. Darin liegt die besondere Herausforderung.

Ist der «Adorant» einmal in Ton gefertigt, wird Stauffer ihn in Gips formen, ein Wachsmodell gießen und ihn schließlich in Bronze herstellen lassen.

Ein Kräfte zehrendes Programm.

Dafür lohnt das Resultat. Der «Adorant» soll ins Belvoir zu stehen kommen, wo sich die Sicht zum See und zu den Alpen weitet. Mit dem Rücken gegen das Haus, das Gesicht den Bergen zugewandt.

Es muss gelingen. «In Gottes Namen», sagt Stauffer und geht pathetisch in eine neue Zukunft, «vertrauend der gerechten Sache».[24]

Angesichts dieser Mission komme es ihn bitter an, wenn sein «langgebeintes Schwesternpaar» ihm Briefe schicke, in denen von «Konfitüren und Gattenliebe» die Rede sei, faucht er.[25]

Ernster trifft ihn, dass seine Mutter sich wieder um ihn sorgt: «Es ist ihr nur halb recht, dass ich bildhauere, und sie hat mich scharf getadelt, dass ich immer etwas Neues anfange und nie dazu komme, ein großes Bild zu malen», klagt er Lydia.[26] Auch aus finanziellen Gründen: Bilder lassen sich einzeln verkaufen, Porträts schon fast in Serie. Bei einem langwierigen Bildhauerwerk aber macht sich der Sohn abhängig von einem einzelnen Geldgeber. Der Weg muss ins Unglück führen.

Aus späteren Zeiten ist ein gefühlvolles Gedicht aus Stauffers Hand übermittelt:

«O Mutter lass es endlich, lass das Weinen!
Der Vater starb, doch ließ er mir den reinen
Den stolzen Sinn für Wahrheit und den feinen
Für Lust und Leid und Sang und Klang.
…
Siehst Du den kleinen
Lichtschimmer leuchten über den Gebeinen?»[27]

Festzüge und Denkmäler

1888 wird in der europäischen Geschichte als «Dreikaiserjahr» bezeichnet: Zuerst stirbt der greise deutsche Kaiser Wilhelm I. Sein Sohn, der schon auf den Tod krank zum Kaiser Friedrich III. gekrönt wird, regiert nur hundert Tage. Ihm folgt wiederum sein 29-jähriger Filius als Wilhelm II. Dieser Kaiser, der dritte nunmehr, hat sich zu einem Antrittsbesuch in Rom angesagt. Ganz Rom wird aufgefrischt, die Ruinenfelder werden gejätet. «Man ist mit dem Gedanken umgegangen, zur Ankunft des deutschen Kaisers die Albanerberge neu anzustreichen», spottet Stauffer.[28]

Eine Gelegenheit für Bundesrat Welti, die Metropole der Antike zu besuchen, die er so liebt. Er liest noch im Regierungsamt Homer, in Griechisch natürlich. Die «Rettung der Antike» ist ihm ein Lebensthema.[29] Für ihn, der in Berlin und Jena studiert hat und seither eine wahre «Begeisterung» für Deutschland hegt – so wird ein Verwandter schreiben[30] –, ist es eine erregende Vorstellung, dass der Kaiser den Fuß auf klassischen italienischen Boden setzt. Das wäre etwas: dabei sein zu können.

Karl Stauffer spielt den «Cicerone», den Führer, zieht drei Wochen lang mit dem Gast umher, durch Rom und dessen Umgebung von Anzio am Meer bis Frascati am Hang der Albaner-Berge. Die Residenz des schweizerischen Diplomaten – offenbar in der zweiten Etage im Palazzo Colonna eingemietet – dient als Basislager für die Ausflüge. Der Bundesrat hat in Baviers Wohnung Quartier erhalten, wo auch Stauffer verpflegt wird. Mit Vergnügen schließt sich der nicht überbeschäftigt wirkende Gesandte den Exkursionen an.

Die Ankunft des Kaisers verfolgt Stauffer zusammen mit Klinger, seinem Künstlerfreund, in der Nähe des Bahnhofs: «Schon der Einzug war sehr schön», erzählt Klinger seinen Eltern: «Festsäulen, Baldachine können wir in Deutschland schöner», moniert er zwar. «Aber das Publicum und die Hohenzollernsonne waren italiänisch.»[31] Dass die deutsche Künstlerkolonie in Rom eine Grußadresse an seine Majestät verfasse, womit Klinger beauftragt worden ist, hat Stauffer zu verhindern gewusst. Künstler sollen sich nicht in die Politik mischen. «Politisch Lied, ein garstig Lied», schreibt er an seinen Freund Mosse.[32]

Bundesrat Welti ist vor allem von der Militärparade beeindruckt, in der 30 000 Mann mitmarschieren. Dass des Kaisers linker Arm gelähmt sei, beeinträchtige allerdings den Eindruck zu Pferde. Der italienische König mit dem Kürassierhelm wirkt an dieser Modeschau der Blaublütigen leider besser.

103

Lydia und Friedrich Emil sind nicht mitgekommen; wieder belagern «Krankheitsgeister» die Gattin, wie diese mitteilt.[33] Sie macht sich Sorgen: Ein Denkmal für ihren Vater Alfred Escher geht seiner Vollendung entgegen. Ihr Freund Gottfried Keller zählt zwar zu den Initianten des Werks. Doch nichts an der Bronzeszenerie, die der Bildhauer Richard Kissling – seinerzeit ein Großer der Kunstwelt – geschaffen hat, will ihr gefallen. Schon gar nicht, als das Monument auf seinen Sockel gehievt wird: «Zu seinen alten Fehlern hat es jetzt noch etwas so Prätentiöses u. Protziges erhalten», klagt sie.[34]

Lydia Welti-Escher wird angesichts des bronzenen Übervaters wieder an ihre «sehr mäßigen Fähigkeiten» gedacht haben, wie sie empfindet.[35] Sie mag sich vorgenommen haben, einmal selber ein Werk zu schaffen, das seiner würdig ist.

Stauffer kommentiert Kisslings Plastik trocken: «Ich bin der Ansicht, dass das eigentliche Escher-Denkmal das Loch im Gotthard ist. Punktum.»[36]

Greifen wir vor: Ein regnerischer Tag ist es, Samstag, 22. Juni 1889, als das Denkmal auf dem Platz vor dem Zürcher Hauptbahnhof schließlich eingeweiht wird. Heißsporne aus der Arbeiterschaft haben Gerüchte gestreut, dass sie das Ding vorher sprengen würden. Zürich brauche kein solches Monument des Finanzkapitals.

Die Teilnehmer am Festakt können sich des Wetters wegen nicht im Freien besammeln, sondern formieren sich auf dem mittleren Perron in der Bahnhofshalle. Glockenschlag elf Uhr, Stadtmusik, Aufstellung ums Denkmal. Der Bildhauer Richard Kissling. Der Besitzer der Gießerei Gladenbeck in Berlin. Professoren des technischen Ausschusses. «An der Spitze der Abordnungen der Behörden schritt die imponierende Gestalt des Herrn Bundesrat Welti», rapportiert die NZZ.[37] Am Schluss die Studentenschaft in flottem Wichs.

Am Bankett muss auch Friedrich Emil eine Rede halten. «Eine schlichte, edle Ansprache» im Namen der Familie seis gewesen, lobt die Presse.[38] Sein Vater hat darin herumkorrigiert, hat vor allem den richtigen Anfangsgedanken festgelegt: «Der Ehrentag, welcher der Familie Escher bereitet worden ist, legt derselben mehrfache Pflichten auf …»[39] So hat ers entworfen, so wird es vorgetragen. Der Bundesrat hat mehr Erfahrung in solchen Dingen.

Auch Friedrich Emil Welti lebt mit einem Übervater.

Abbildung 1: Mädchen mit Haarmasche im Belvoirgarten; möglicherweise das erste Bild von Lydia.

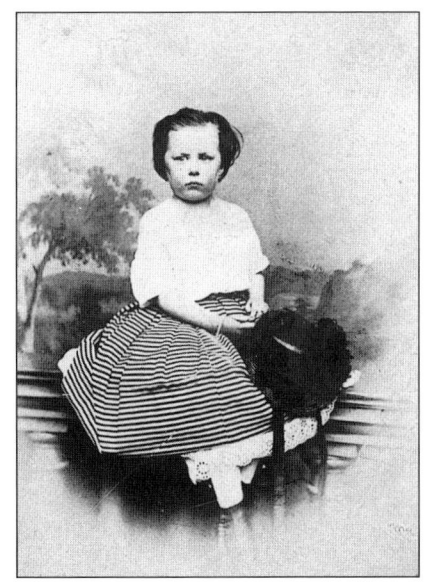

Abbildungen 2 und 3: Die künftige Herrin auf Belvoir; Lydia als Kind.

Abbildung 4: Dem Vater zugeneigt; Lydia mit Alfred Escher.

Abbildung 5: Teenager; Lydia als Sechzehn- oder Siebzehnjährige.

Abbildung 6: Erinnerung an den Mächtigen; Alfred Eschers Denkmal vor dem Zürcher Hauptbahnhof um 1900.

Abbildung 7: Ein junger Herr; Maler Karl Stauffer im Selbstbildnis.

Abbildung 8: Das Vorbild; der junge Herr auf einer Fotografie.

Abbildung 9: Modell und vermutlich auch Geliebte von Karl Stauffer; Ausschnitt aus Skizzenblatt mit drei Köpfen, 7. Januar 1883.

Abbildung 10: An ihm hat Stauffer sich abgemüht: Schriftsteller Gustav Freytag in einer Ölskizze.

Abbildung 11: Die Mutter Luise Stauffer; das Blatt gilt als Meisterwerk.

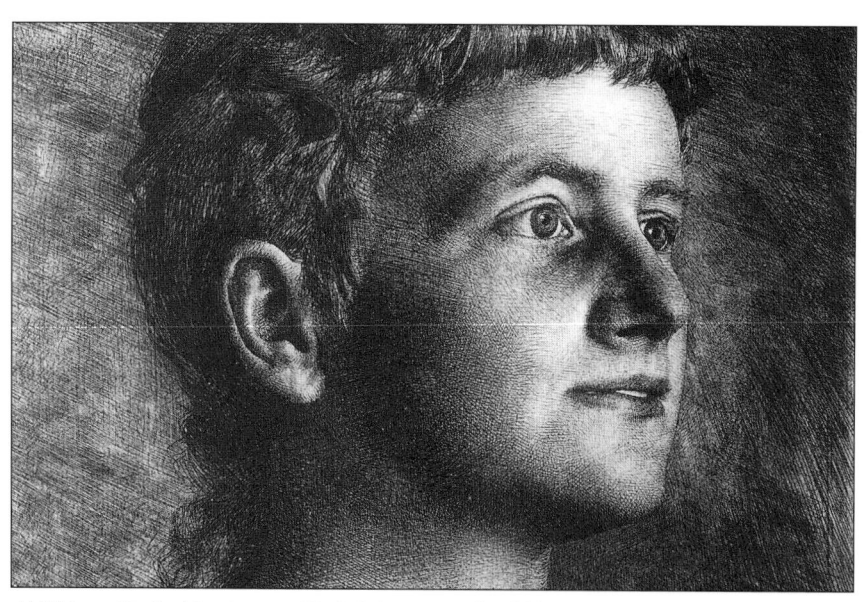

Abbildung 12: Sophie, eine von Karls Schwestern; ebenfalls ein Meisterwerk.

Abbildung 13: Schweizer Dichterfürst; Conrad Ferdinand Meyer.

Abbildung 14: Berliner Malerfürst; Adolf von Menzel.

Abbildung 15: Schnappschuss; die berühmte Darstellung des dösenden Gottfried Keller.

VIII

Abbildung 16: Finanzmann, Bundesratssohn, Ehegatte; Friedrich Emil Welti, vermutlich zusammen mit seiner Schwester Mathilde.

Abbildung 17: Dame von Welt; Lydia Welti-Escher in einer Ölskizze.

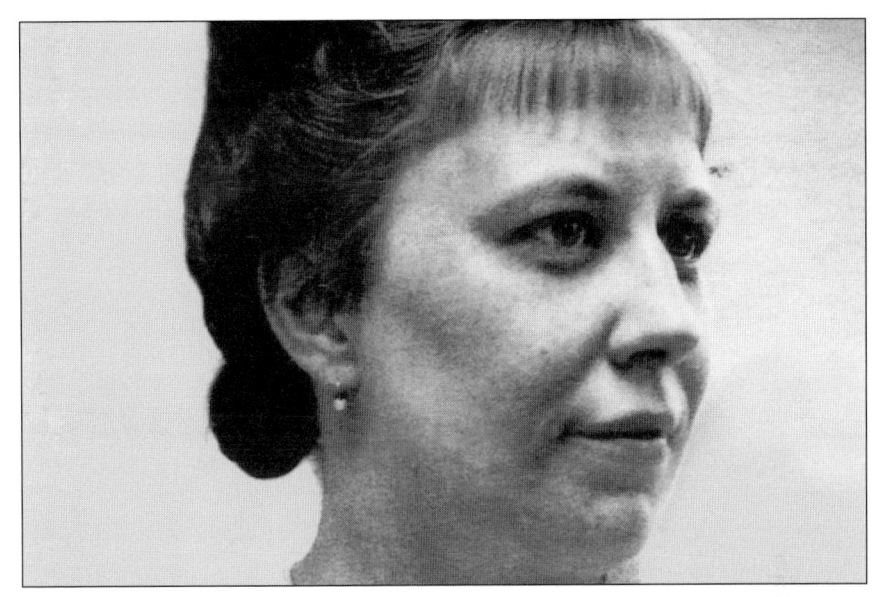

Abbildung 18: Das Foto als Erinnerungsstütze für den Maler; Lydia Welti-Escher in einer Aufnahme von Karl Stauffer-Bern.

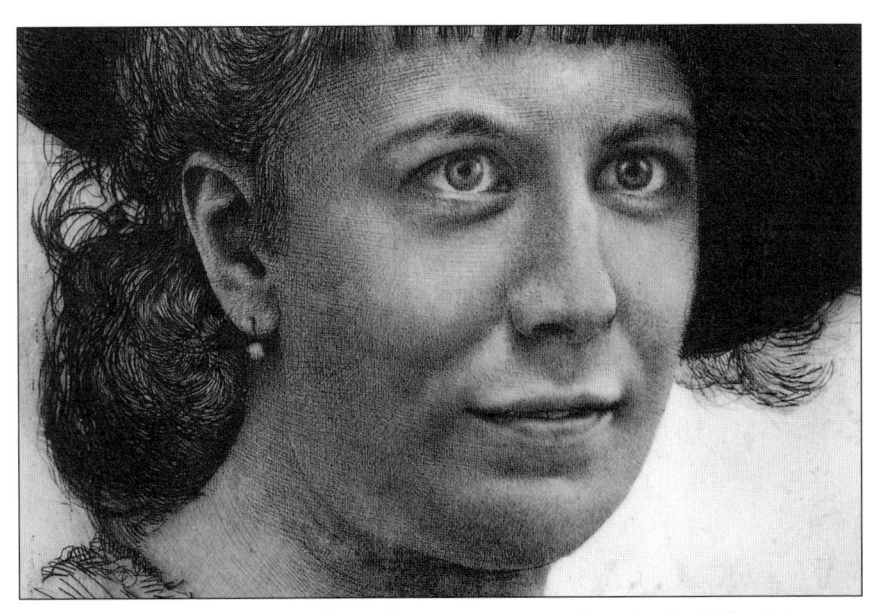

Abbildung 19: Stauffers Kunstwerk; von der Porträtierten wurde es als «alte Holländerin» empfunden.

Abbildung 20: Jetzt ist er Bildhauer; Stauffer mit dem Adoranten im Römer Atelier.

Abbildung 21: Karl Stauffer-Bern, Bildnis Bundesrat Emil Welti, 1887, Öl auf Leinwand, 85,5 x 66 cm.

Abbildung 22: Karl Stauffer-Bern, Bildnis Karoline Welti, 1887, Öl auf Leinwand, 85,5 x 66 cm.

Abbildung 23: Karl Stauffers «Adorant» in einem Bronzeguss ohne Arme; Eigentum des Kunstmuseums Basel.

Abbildung 24: Karl Stauffers «Adrian von Bubenberg»; als Modell für den Wettbewerb.

Abbildung 25: Ruhe nach der Scheidung; Friedrich Emil Welti auf der Terrasse von Schloss Burgistein im Kanton Bern mit dem Vetter und Kunstmaler Jakob Welti.

Abbildung 26: Vor dem Ende; Lydia Welti-Escher hat sich in der Arve bei Champel-les-Bains zu ertränken versucht.

Die Idealfigur

Der «Adorant» ist praktisch fertiggestellt. Nur die Arme wollen sich nicht harmonisch ins Ganze fügen. Dennoch hat der Bildhauer sein Werk und sich neben ihm fotografieren lassen und die Bilder nach Zürich geschickt (siehe Abb. 20). Wenn Lydia hören könnte, was der Jüngling mit den entfalteten Händen spricht, so würde sie den 104. Psalm vernehmen, den sie nachlesen möge («O Herr, mein Gott, wie bist du so groß! Pracht und Hoheit ist dein Gewand ...»).[40]

Als er sah, dass es gut war (und als das Werk fotografiert ist), steigt Stauffer von der Höhe hinab und isst ein gebratenes Hühnlein. Anschließend bindet er einen weißen Kragen um, holt Klinger am Colosseum ab und fährt mit ihm in der gemieteten Kutsche nach Frascati. Seiner Mutter schickt er einen Brief, in dem er ihr dankt, dass er geboren worden ist, und zwar als Mann.[41]

Auch der Dichter Gottfried Keller erhält ein Foto. Er möge es auch Böcklin zeigen – die beiden sind eine rührende Altersfreundschaft eingegangen, lebt doch Böcklin von 1884 an bis zu Kellers Tod in Zürich. Ihrer beider Urteile seien ihm wichtig, betont Stauffer.[42]

Die Glückwünsche aus dem Belvoir kommen fast postwendend. Friedrich Emil, formell ist er der Mäzen des Bildhauers, hat sie verfasst. Mit kunstsinnigem Blick hat er ein einziges Detail zu bemängeln: «Ferner begreife ich nicht recht, warum Du dem Daumen der mehr geschlossenen Rechten eine ähnliche Stellung gegeben hast wie dem Daumen der mehr geöffneten Linken.» Man erwarte eigentlich, «dass der rechte Daumen sich mehr gegen die Handfläche zu neige».[43] Tatsächlich nimmt Stauffer sich vor, die rechte Hand zu überarbeiten.

101,5 Zentimeter hoch ist die Figur. Ein Abguss befindet sich in der Kunstsammlung Basel (siehe Abb. 23). Sie wirkt unprätentiös leicht; unbefangene Betrachtende mögen kaum ahnen, wie viel Mühe in das Werk geknetet ist.

Ist Stauffer auch fertig, steht er doch erst am Anfang. Von Beginn an hat Stauffer geplant, dasselbe Sujet ein zweites Mal auszuführen, größer, 178 cm hoch. Nicht mehr nach einem lebenden Modell. Er hofft, der Adorant werde durch die Vergrößerung und durch den Kopiervorgang aufs Wesentliche reduziert. Stauffer bezeichnet das erwartete Ergebnis als eine «Idealfigur».[44]

Eine entscheidende Änderung in seinem Kunstverständnis hat eingesetzt, seit er plastisch arbeitet: Nicht mehr Naturnähe ist das Ziel, er strebt nach der «absoluten» Form.[45] Ein Kunsthistoriker analysiert ein Jahrhundert danach: «Es ist die Wandlung Stauffers zum Neoklassizisten, um es in den dürren Begriffen der Kunstgeschichte auszudrücken.»[46]

Das ist allerdings nicht nur eine individuelle Entwicklung. Stauffer steht im Austausch mit Künstlern, die als «Deutsch-Römer» bezeichnet werden; zu diesen gehören sein Freund Klinger und der Bildhauer Adolf von Hildebrand, dem wir noch begegnen werden.

Bevor Stauffer sich an die Vergrößerung des «Adoranten» macht, nimmt er sich ein anderes Projekt vor: «In der Mitte meines Studios erhebt sich das Gerüst für eine neue Figur; am Montag kommt das Modell, und wenn der Herr seinen Segen gibt, so kann es eine brave Arbeit werden: ein Jüngling, der auf seinen Speer gestützt die Würfe der anderen beobachtet, bis die Reihe im Wettkampf an ihn kommt.»[47] Wieder eine Gestalt zwischen Ruhe und Tätigkeit.

Der «Adorant» wird inzwischen zur Seite gestellt. Der «Speerwerfer» soll Stauffers erste Arbeit in Lebensgröße werden, auch er soll in Bronze gegossen aufs Belvoir-Gelände kommen. Die Erfahrungen, die der Bildhauer mit ihm machen wird, will er auswerten für seine Idealfigur des Adoranten.

Ein Kräfte zehrendes Programm: «Vor vierzehn bis fünfzehn Monaten komme ich sicher nicht davon», schreibt Stauffer.[48] Er ist ein äußerst langsamer Schaffer, seine hohen Ansprüche lähmen ihn.

Sehnsüchte

Eineinhalb Jahre sind es schon her, seit sie sich nicht mehr gesehen. Eineinhalb Jahre, seit Stauffer nach Italien gefahren ist. «Wie gerne käme ich bald wieder zu – Ihnen», schreibt Karl. Im Monatstakt schickt er Briefe ins Belvoir, und regelmäßig bekommt er welche. «Eine lettera von Ihnen bereitet immer Glanz in meiner Hütte», freut er sich.[49]

24 handgeschriebene Seiten umfasst sein Brief vom 8. Juni 1889. Umfangreich sind auch die Sendungen von Anfang Juli und Anfang August: «Ich bemerke, dass meine Scripti immer länger werden.»[50] Er werde sie nächstens zu Broschüren binden, ehe er sie abschicke. Lydia kenne wohl die Sage von Laokoon. Vom Priester in Troja, der seine Landsleute vor dem hölzernen Pferd der Griechen gewarnt hatte. Nach Darbringen des Opfers wurde er, zusammen mit seinen beiden Söhnen, von Schlangen erwürgt. Eine berühmte Marmorgruppe, geschaffen von einem Bildhauer aus Rhodos.

Ausgiebig lässt sich Stauffer darüber aus, dass diese Statue schuld sei am falschen Bild, das sich viele von der griechischen Plastik machten. Es handle sich bei der verschlungenen Szenerie in Wirklichkeit um ein Werk der Dekadenz, der späten Zeit. Die Briefe helfen ihm, seine Gedanken über die klassische Kunst zu klären.

Lydia Welti-Escher erlaubt sich, dem Hausfreund Freund solche Briefstellen vorzulesen. Oder anderen Kunstverständigen, die im Belvoir verkehren. «Man findet dann mit uns, dass es schade ist», schreibt sie Anfang September wieder an Karl, «wenn so eigenartige Urteile in einer Belvoir-Schublade vergraben liegen, anstatt in Zeitschriften oder in einem Buche verwertet zu werden.»[51] Stauffer verwirft ob solcher Vorschläge kokett die Hände. Briefe, in denen jedes vierte Wort «Kunst» oder «künstlerisch» laute, dürften kaum zu den Lesegenüssen gezählt werden, meint er. Insgeheim denkt er wohl längst an eine Veröffentlichung. Gäben doch die Briefe «ein Bild der Kunstbewegung in den letzten vier Jahren», wie diese sich in den Augen eines Unabhängigen spiegle.[52]

Vom Briefwechsel mit Lydia wird eines seiner Gedichte handeln:

«Wir hatten zierlich correspondiert,
Ich hatte von Kunst dich unterhalten
Und viele hundert Seiten verschmiert
Doch du du lasest zwischen den Spalten»[53]

Lydia bettelt um ein Wiedersehen: «Unzählige Schwämme im Sihlwald warten, dass wir sie pflücken, u. Dutzende von Pfirsichen in unserem Garten würden sich freuen, wenn Sie sie essen wollten.»[54]

Stauffer stellt sich schwerhörig, schwärmt von Italien. Schreibt von rauschenden Eichenwäldern, verfallenen Städten und blühender Klematis. Gutem Wein. Etruskischen Vasen. Goldschmuck. Skarabäen. Von griechischem Marmor und vom blauen Thyrennischen Meer.

Sie wiederholt ihre Lockrufe. Er die seinen. «Der Zauber der vatikanischen Gärten», säuselt er, «Zypressen und Lorbeer, leise bewegt vom Meerwind, ein paar Schmetterlinge, sonst nur Duft, Sonnenglanz und Stille.»[55]

Doch er bleibt bei seiner künstlerischen Arbeit, sie bei ihrer Hausarbeit und ihren Krankheiten. Beide halten streng eine sehnsuchtsvolle Distanz ein.

Als Stauffer von der Arbeit am «Adoranten» erschöpft ist, begibt er sich zur Erholung für einige Tage ans Meer, nicht ins Belvoir. In denselben Wochen, da Lydia, an ihrer undefinierbaren Krankheit leidend, nicht in den Süden gefahren ist, sondern nach Baden. Dann bezieht er in Rom ein neues Atelier und eine neue Wohnung – an der Via Margutta 53B (am gleichen Ort, im 53C, ein Zufall, hat der Schweizer Schriftsteller Max Frisch gelebt).

Im September 1889 aber fährt Stauffer überraschenderweise doch nach Zürich: Seine Mutter und seine letzte Vertraute Emmy Vogt-Hildebrand berichten, «eine dringende Bitte» aus dem Belvoir habe ihn mitten in seiner Arbeit erreicht.[56] Friedrich Emil sei niedergedrückt, da ein Mitglied seiner Familie schwer erkrankt sei. Es sei Pflicht, dass der Hausfreund komme und ihn aufrichte.[57]

Die Briefe, soweit sie erhalten geblieben sind, belegen diese «dringende Bitte» nicht. «Bitte sagen Sie mir gelegentlich», schreibt Lydia im Juli 1889, «ob Sie an Ihrem Projekt, uns im August zu besuchen, festhalten oder ob Ihnen der September lieber ist …»[58] Stauffer antwortet Ende August: «Ach, wie erwarte ich mit Sehnsucht die Zeit, wo ich meinen Kopf im Belvoir ausruhen kann.»[59]

Gewiss sperrt sich Stauffer noch in einem Brief Anfang September gegen einen Ausflug nach Zürich. «So sehr ich mich nach dem Belvoir und nach Hause sehnte, so kann ich doch nicht, ohne die Arbeit aufs Spiel zu setzen, länger als 8 od. 10 Tage fort, solange nicht in Gips geformt ist.» Indigniert fügt er hinzu: «Ich fürchte, die Flucht aus dem Studio wird sich so bald nicht bewerkstelligen lassen, denn eine unfertige Tonfigur ist ein böser Kerkermeister.»[60] Auch ein Briefchen vom 3. September erweckt nicht den Eindruck, als ob Lydias Gatte niedergedrückt sei und ein Notfall vorliege: «Emil ist von Englands landschaftlicher Schönheit u. von den Londoner Galerien sehr entzückt», schreibt Lydia munter.[61]

Während ihr Gatte in London gewesen ist, habe sie, Lydia, «wie eine Einsiedlerin gelebt» und sich mit «häuslichen Arbeiten, mit Musik, Lektüre u. meinen Stickereien vollständig im Belvoir eingemauert». Hübsch in Watte verpackt und sorgsam gegen fremde Leser gesichert, entwirft sie die Fantasie eines Tête-à-tête: «Viel lieber bin ich ganz allein, als mit Menschen zusammen, die ich nicht mag; aber sympathische Gesellschaft ziehe ich weit dem Tête-à-tête mit mir selbst vor.»[62] Die letzten Zeilen dieser letzten Tage vor dem Sturm, sofern keine Quellenlücke vorliegt. Das nächste Schreiben datiert vom 27. September: Da ist Stauffer schon im Belvoir. «Es ist prächtig hier», meldet er einem Bekannten in Rom. «Vor 4 Wochen werde ich wohl kaum wieder abtanzen.»[63] Seiner Mutter aber schreibt er am 2. Oktober: «Ich befinde mich hier im Belvoir, wohin ich auf dringende Bitte von Frau Welti-Escher geeilt bin, um ihren Mann, meinen Freund, den die Krankheit seiner Mutter und was damit zusammenhing sehr angegriffen hatte, aufzuchlepfen.»[64]

Rudern und Revolverschießen

Das war der Beginn des «Dramas». So erzählt Stauffers Mutter in ihren Erinnerungen.[65] Im Moment aber sieht nichts danach aus. «Faulenzen ist eine schwere Sache», meldet Karl aus dem Belvoir, offensichtlich keineswegs unwillig darüber, dass er seinen Speerwerfer im Römer Atelier verlassen hat: «Rudern, Revolver schießen, spazierengehen, gut essen und trinken, auf die Weise kann's der Mensch schon aushalten eine Weile.»[66]

Der von Feuchtigkeit bekleckerte Brief – die Tinte ist teilweise verschmiert –, in dem der Maler über den Belvoir-Aufenhalt berichtet, ist erst 2004 zum Vorschein gekommen und befindet sich in Privatbesitz. Seine «eigentliche offizielle Beschäftigung», erklärt Karl darin, bestehe «im Dirigieren von einigen Arbeitern». Er müsse den Park ausholzen.[67]

Dass der Park umgestaltet wird, das allerdings hat mit einer Bedrohung zu tun. Nachdem schon die Eisenbahnlinie das Belvoir-Gelände vom Seeufer abgeschnitten hat, ist nun auch eine Straße in Planung – «mit der offiziellen Begründung, man müsse Ablagerungsschutt von Bauplätzen praktisch verwerten», wie Lydia bösartig und wohl auch zutreffend schreibt, «im Grunde aber, um dem in der Nähe gelegenen Grundstück eines der Gemeinderäte durch eine neue Straße mehr Wert zu geben».[68] Das heutige Mythenquai entsteht.

Erst kurz zuvor ist auf Belvoir ein neuer Obergärtner eingestellt worden, der bei Rothschilds in Wien gearbeitet haben soll und Erfahrungen im Gartenbau mitbringt. Das deutet darauf hin, dass Weltis die Umstände nutzen wollen – den neuen Gärtner, die geplante Straße, die Gestaltungskraft des Künstlers Stauffer –, um einen Prachtpark zu schaffen, der sich mit den Anlagen der großen europäischen Familien vergleichen kann.

Zwei Wochen nachdem sich Stauffer als Dirigent und Faulenzer auf Belvoir breit gemacht hat, sieht alles anders aus. Vom 7. Oktober 1889 datiert ein Schreiben des Ehegatten Welti an Hausfreund Freund: «Ich beabsichtige heute persönlich Ihnen die Mitteilung zu machen, dass wir nächsten Januar Zürich verlassen und nach Florenz übersiedeln werden.»[69]

Nicht nur soll alles sofort zusammengepackt werden. Es soll definitiv eine Umsiedlung werden. Lydias Gesundheit hat sich verschlechtert. Sie könnte Stauffer Vorlesungen «über höhere Schlaflosigkeit» halten, schreibt sie ihm Anfang 1889.[70]

Der Arzt hat offenbar Alarm geschlagen. Kein weiterer Winter in Zürich! Seine Therapie: «Beschränkung & Vereinfachung des Hauswesens und Klima Italiens».[71]

Friedrich Emil hat auf diesen Umzug gedrängt: «Heute noch», hat er an Karl im Mai desselben Jahres geschrieben, würde er nach Florenz übersiedeln, «weil aber die alte Regel des Eherechtes, nach welcher die Frau dem Manne überallhin zu folgen hat, in Praxis nicht leicht durchführbar ist, so werde ich vorderhand hier bleiben müssen …»[72]

Endlich scheint Lydia eingewilligt zu haben. Sie atmet auf dabei. «Seit der Entschluss gefasst ist», weiß Stauffer, könne Lydia wieder «ohne künstliche Mittel» schlafen, «was seit 1 Jahr und 9 Monaten nicht der Fall war».[73]

Neu ist die Entscheidung, die Villa Belvoir zu verkaufen. Dabei hat man eben noch einen Obergärtner angestellt. Stauffers Freund Max Mosse kann als Familienangehöriger des Annoncenhauses Mosse vielleicht das Seine zum Verkauf beitragen; es sei die schönste Villa von Zürich, berichtet ihm Stauffer, mit einem Gelände von 40 946 Quadratmetern. In den großen Zeitungen des Kontinents sollten Inserate geschaltet werden. «Ich bin ermächtigt, Dir eine Provision von Reichsmark 10 000.– zu versprechen, falls durch Dich die Villa bis zum 15. Dezember zum besagten Preise von 1 Million Mark verkauft ist.»[74]

Die Räumung beginnt. Ein Großunternehmen. Die Villa hängt noch voller Gemälde. Darunter muss die «Weiße Dame» sein. Sicher sind da die Porträts von Bundesrat Welti und seiner Gattin Karoline, die als «high Attraction von Belvoir» gelten.[75] Das Porträt der Stauffer-Schwester Sophie, das einen Ehrenplatz auf einer Staffelei in Lydias Salon hatte. Vermutlich befinden sich auch Stauffers Bilder von Gottfried Keller und von Gustav Freytag im Palais. Louise Breslaus «Fünf-Uhr-Tee» und die «Lesende». Alles muss neu untergebracht werden.

Als die Umstände im Haus unerträglich werden, zieht man ins Grand Hotel Victoria am Bahnhofplatz 9 in Zürich. Per 25. Oktober 1889 erfolgt die Abmeldung des Dr. Friedrich Emil Welti und seiner Ehefrau Auguste Clementine Lydia, geborene Escher, bei der Niederlassungsbehörde der Gemeinde Enge bei Zürich.[76] Für die millionenteure Villa ist kein Käufer gefunden worden.

Es gibt noch einen anderen Grund für den Wegzug als die ärztliche Diagnose oder die Sehnsucht nach dem Süden. Das «Oberländische Volksblatt», das in Interlaken erscheint, hat die Meldung offenbar zuerst. Mit Erstaunen liest man da: «Wie Herr Welti-Escher zum Teil wegen der hohen Steuern Enge und die Schweiz verlässt, so gibt auch Herr Kann» – dem Autor ist er unbekannt – «seine prachtvolle

Villa preis und geht nach Deutschland zurück. Die Engener sind natürlich auf beide Herrn nicht gut zu sprechen.»[77]

«Der Freie Ämtler», der in Affoltern hinter dem Uetliberg erscheint und anscheinend über gute Beziehungen zur Gemeinde Enge verfügt, schreibt die Meldung ab und teilt seinen Lesern mit: «Hr. Welti-Escher, welcher wegen zu großen Steuern Enge verlassen hat, steuerte jährlich Fr. 27 000.–.»[78]

Nichts von Romantik und Sehnsucht nach der Antike. Ein Finanzmagnat verlegt sein Steuerdomizil.

Verlobung ohne Verlobte

Karl hat vorgesorgt. In Florenz hat er an bester Lage eine Villa ausfindig gemacht, die geeignet ist für seine Auftraggeber. Am 26. Oktober 1889 ist das Ehepaar Welti angekommen und dort eingezogen.

Unerwartet reist Ehegatte Welti schon nach wenigen Tagen wieder in die Schweiz zurück, «zur Ordnung dringender Geschäfte», wie er dem Hausfreund Freund später darlegt, «auf kurze Zeit». Er hat Stauffer ersucht, sich seiner Frau unterdessen anzunehmen.[79]

Ist etwas Störendes vorgefallen?

Jedenfalls überlässt Welti die Ehefrau den Händen des Malers und zeigt sich später völlig überrascht von dem, was geschehen wird. «Sie gehören zu den wenigen, die das Glück kannten, das jetzt für immer zerstört ist, und können meinen Kummer ermessen», wird er dem Hausfreund Freund klagen; «ich kann es kaum fassen, dass mir die liebe gute Frau entrissen und lebendig begraben sein soll.»[80]

Hat er wirklich nichts geahnt? Man munkelte doch schon lange. «Schon einige Zeit wurde von einem Verhältnis zu dem Porträtmaler St. aus Bern gemeldet», wird «Der freie Ämtler» ungeniert verkünden.[81] Und Stauffer wird von der «Naivität» des Ehemanns sprechen, der nicht habe verstehen wollen, «was die Sperlinge auf den Dächern von Zürich seit Jahren zwitscherten».[82] Von einem «gutgläubigen Gatten» spricht auch ein Buchautor aus der Welti-Familie.[83]

Vielleicht ist es nicht Naivität – Stauffer hat auch eine gegenteilige Erklärung parat: Ehemann Friedrich Emil Welti trage Mitschuld am Geschehen. «Warum hat er uns förmlich zusammengekoppelt, er kannte ja Lydias Passion für mich!»[84]

Die nächste Überraschung lässt nicht lange auf sich warten: Am 9. November 1889 teilt Lydia Welti-Escher dem Hausfreund Freund mit, dass Karl Stauffer «sich höchst wahrscheinlich dieser Tage auf meinen Wunsch verloben wird». Der Adressat wird so wenig verstanden haben wie wir. Klar ist: Nicht mit Lydia soll sich Karl verloben. «Dies ist, nach meiner Ansicht, nach außen der einzig richtige Abschluss einer Situation, an der mein Mann, Karl und ich im Begriffe waren, zu Grund zu gehen», schreibt Lydia Welti-Escher weiter.[85] Zum ersten Mal in einem Dokument nennt sie den Maler mit Vornamen.

«Der einzig richtige Abschluss» nach außen, hat sie geschrieben. Eine Verlobung als Deckmantel. Es scheint ein Innen zu geben. Sie verdeckt etwas: «… und schweigen Sie meinem Mann gegenüber, der Sie wahrscheinlich dieser Tage aufsuchen wird, vorläufig ganz darüber, dass ich an Sie geschrieben.» So beendet sie ihre Mitteilung an den Komponisten Freund in Zürich.[86]

Noch mysteriöser. Die angebliche Verlobte ist Cornelia Wagner, Stauffers Malerschülerin in Berlin, die ebenfalls in Italien lebt. Die weiß aber nichts von ihrem Glück. Frau Welti-Eschers Kammerjungfern teilen ihr mit, dass sie sich «mit ihm verlobt hätte»; so wird Wagner später ihre Sicht der Geschehnisse resümieren.[87]

Es geht weiter in dieser Tragödie der Irrungen. Stauffer macht der Künstlerkollegin Cornelia Wagner tatsächlich einen Heiratsantrag. Und zieht ihn tags darauf auch wieder zurück. Mit der Begründung, dass «es die gnädige Frau nicht erlaube».[88]

Bleiben diese Vorgänge im Einzelnen auch undurchsichtig, ist eines klar: Lydia Welti-Escher hat an den Fäden gezupft. Auf intrigante Weise. Und unter Missbrauch der unschuldigen Cornelia Wagner. Mit der Absicht, etwas zu verdecken: «nach außen».

Eine fällige Enthüllung

«Mein Verhältnis zu Karl Stauffer dauert seit 5 Jahren …» –, so schreibt Lydia Welti-Escher am 9. November 1889 an ihren Hausfreund Freund in Zürich. Ein «Verhältnis»? Sie fügt im selben Satz eine eigenartige Begründung an: «Es war, es ist für seine künstlerische Entwicklung durchaus notwendig und wird es während circa weiterer 5 Jahre noch bleiben.»[89] Ein «Verhältnis», das notwendig ist und von dem sie nicht lassen will? Darum also die arrangierte Verlobung mit Cornelia Wagner?

Aber was ist, indiskret gefragt, ein «Verhältnis»? Im viktorianischen Zeitalter ist ein Verhältnis, das eine verheiratete Dame eingeht, jedenfalls etwas Unerhörtes. (Bei Männern ist alles anders.) Ein solches gilt auch nicht als Privatangelegenheit. Die öffentliche Moral ist gefordert. (Bis 1831 gab es im Kanton Zürich noch «Ehegerichte», die nach den Grundlagen der christlichen Moral über Delikte wie «Ehebruch» urteilten.)

«Ihr Spiel mit mir fing sofort an, als sie mich kennen lernte», äußert sich Stauffer zum «Verhältnis» mit Lydia; sie sei es gewesen, die ein «Spiel» angefangen habe; «und einige Tage vor meiner Abreise von Zürich fiel sie mir in die Arme.»[90]

Sie fiel ihm in die Arme. Oder er riss sie an sich. Und sie stieß ihn nicht gleich wieder weg. Oder er probte, was er mit seinen Modellen schon oft exerziert hatte: die Liebesszene zum Malakt.

«L'honneur est sauf» – die Ehre ist intakt –, hat Lydia Welti-Escher geschrieben.[91] Eine vielleicht etwas freie Auslegung. «Was ich weiß, ist nur, dass mir die Pforte jederzeit geöffnet war, ohne dass ich Gebrauch machte», erklärt Stauffer wiederum, abstoßend grob.[92]

Doch ein Flittchen ist sie nie gewesen. Stauffer gesteht zu: «Ich glaube nicht, dass sie, wenigstens, seit ich sie kenne, ihrem Mann untreu geworden ist.»[93]

Aber seit jenen Ereignissen im Glashaus hat sie, gemessen an den Konventionen, mit dem hergelaufenen Künstler ein Verhältnis.

Wohin ein «Verhältnis» nach damaligem Moralkodex führen kann, hat Max Klinger in zweien seiner Blätter illustriert, prächtig naturalistisch ausgestaltet wie Film-Stills: Die eine Szene zeigt einen Kuss, die andere einen Schuss. Ein Liebespaar hat sich am Gartenmäuerchen heimlich umarmt. Ein Ehemann hat einen Nebenbuhler erledigt; ein rauchendes Gewehr und eine Leiche am Boden zeigen es an[94] (siehe Abb. auf Seite 96). «Ich reiste einige Tage danach mit einem moralischen Katzenjammer über die Sache ab», behauptet Stauffer.[95] So erscheinen die vier vergangenen Jahre in anderem Licht. Die Sehnsucht in den Briefen kündet vom Wunsch nach einer erneuten Umarmung. Nach einer Fortsetzung der Affäre.

Stauffer glaubt: «Lydias ganze Nervosität, Schlaflosigkeit, Aufgeregtheit kam von der unbefriedigten, bei der ersten Begegnung zu mir gefassten Leidenschaft.»[96] Dass er selber damals Leidenschaft empfunden habe, davon ist nicht die Rede.

Doch. Ein andermal spricht er auch von sich: «Sie als Frau von untadelhaftem Wandel und ich als durchaus ehrenhafter Mensch und Künstler verschlossen beide das Geheimnis unserer gegenseitigen tiefen Neigung voreinander, ohne uns während vier Jahren und zwei Monaten jemals auszusprechen oder einen einzigen Fehltritt zu begehen», schreibt er seinem Bruder.[97]

Und irgendwo schreibt er von den «Begierden» beider.[98]

Tempelprojekte

In diesen turbulenten Tagen ist nicht nur die 25-jährige Künstlerin Cornelia Wagner aus Rom in Florenz eingetroffen, sondern auch Max Klinger – Stauffers Freund, der mit 32 auch gleich alt ist. Ehegatte Welti weilt immer noch in der Schweiz.

Im Aufsatz des Berliner Galeriendirektors Wilhelm Bode über Stauffers Radierkunst ist als Illustration eine verführerische Eva mit einem Apfel eingefügt: Es ist ein Originalstich Cornelia Wagners. Die Montage wirkt wie der diskrete Hinweis eines Kenners, dass Wagner und Stauffer einmal enger verbunden waren.[99]

Dass sie in Florenz verkuppelt werden soll, um eine andere Liaison zu decken, wird Cornelia Wagner zusetzen. Die wilde Geschichte mit Stauffer sei für sie geradezu ««das» Erlebnis ihres ganzen Lebens», schreibt in einem Familienbrief eine andere Stauffer-Schülerin – Käthe Kollwitz –, und seither habe Wagner künstlerisch stagniert.[100]

Meister Stauffer hat also seine Gemeinde in Florenz versammelt und verkündet Großes. Nicht nur künstlerische Aufträge für Wagner und Klinger zaubert er herbei, schöne, gut bezahlte. Nicht nur verspricht er Wagner eine Kupferdruckpresse und Klinger eine Villa zum Ausmalen, wofür beide an einem großen Werk mitwirken müssten, dürfen!

Von Reisen redet er, zusammen mit dem Ehepaar Welti und einem Sekretär, der engagiert würde. Nach Paestum würde es zuerst gehen. (Wo der großartigste Komplex griechischer Tempel auf italienischem Festland steht und Klinger bei seinem ersten Besuch den Eindruck erhielt, zum ersten Mal im Leben «Säulen» zu sehen.) Nach Griechenland dann. (Auf Kap Sunion hat Lord Byron in den zerfallenden Poseidontempel seinen Namen eingeritzt, wie Lydia Welti-Escher wahrscheinlich gelesen hat.) Bis nach Indien gar. (Die Maharadschas, die sagenhaften Paläste!)

Und sie würden in Paestum zusammen selber einen Tempel errichten. Erdacht von Stauffer. Ausgemalt von Klinger. Geschmückt mit Statuen. Jetzt wagt es Stauffer, der Fantasie freien Lauf zu lassen – «die ich bis dato, um mich immer noch mehr technisch zu schulen, gezügelt», wie er seit einiger Zeit erkannt hat.[101]

«Im Innern des Tempels sollte eine sitzende Götterstatue sein, die sich dunkel gegen den See abheben solle», berichtet Cornelia Wagner. Diamanten in den Augen, die aus dem Dunkeln strahlen würden. Die ideale Aufgabe für den Bildhauer Klinger, der mit der Mehrfarbigkeit von Statuen experimentiert, seit man bemalte griechische Statuen ausgegraben hat.

Am Tempeleingang würden zwei Gestalten stehen, welche das Schweigen bedeuten, mit Fingern vor dem Mund. Nur in festlicher Kleidung dürften Besuchende sich dem Wunderwerk nähern. Die Götterbilder im Tempelinnern wären versenkbar, würden für eine Zeit unterm Boden verschwinden und wieder feierlich aufsteigen. Dieses Detail weiß Otto Brahm, vielleicht hat Klinger ihm nach seiner Rückkehr aus Italien berichtet. «Wie nach Olympia, wie nach Bayreuth, würde man zu diesem Tempel hinpilgern.»[102] Auf der Terrasse zum Wasser hin vier Statuen, welche die Stifter dieses Werks darstellten: das Ehepaar Welti-Escher, Klinger und Stauffer.

Cornelia Wagner erhält keine Statue.

Stauffer redet von einem weiteren Tempelprojekt: auf der Landzunge von Anzio, errichtet für die Göttin Fortuna. Und davon, als Mitarbeiter Heinrich Schliemann beizuziehen, den Entdecker Trojas.

Mit Lydias Millionen wird das alles finanziert werden. Goldene Aussichten.

Ein Gesamtkunstwerk

Seit Stauffer die Arbeiter im Belvoir-Park dirigiert hat, scheint ihm ein Tempelbau offenbar keine zu schwierige Aufgabe.

Sein Tempelprojekt speist sich aus verschiedenen Quellen. Eine, so vermute ich, liegt in seinen Münchner Theatererlebnissen. Im Berggeister-Stück «Manfred», das Stauffer gesehen hat, gibt es die Halle des Arimanes, in der ein überwirklicher König lebt.

> «*Er haucht – und Sturm zerschlägt die Meeresflut,*
> *Er spricht – und Wolken donnern Antwort rund,*
> *Er blickt – und gäh verlischt der Sonne Glut,*
> *Er kommt – und bebend platzt der Erde Grund;*
> *Wohin er tritt, erhebt sich ein Vulkan.*»[103]

Stauffers Tempel soll in Paestum errichtet werden – das unweit eines Hügels mit dem sprechenden Namen Perdifumo liegt, was frei übersetzt der «Rauchentwickler» heißt und von vulkanischem Geschehen erzählt.

Der Verfasser einer frühen Stauffer-Monografie, Georg Jacob Wolf, fühlt sich angesichts der Stauffer'schen Tempelpläne «an die verschwenderisch-irrsinnige Bauwut Ludwigs II.» erinnert.[104] Des Bayernkönigs, für den die Theaterwelt eine höhere Stufe von Wirklichkeit war und Schlossbauten kostbare Behälter alter Mythen.

Und warum nicht? Vielleicht denkt Stauffer gar daran, seinen Malerfreund Arnold Böcklin zu übertreffen, der seine mythologisch aufgeladenen Fantasien immer nur auf die Leinwand bannt, zweidimensional.

Wenige Monate vor Verkündung seiner Tempelpläne hat Stauffer noch Hohn ausgeschüttet darüber, «durch Verquickung aller sieben freien Künste ein so genanntes szenisches Ganzes» erzielen zu wollen. Er verurteilt den «barbarischen Opern- und Ballettgeschmack unserer Tage», den «Pappdeckelunfug mit bengalischer Beleuchtung», der sich für Kunst ausgebe, in Wirklichkeit aber das direkte Gegenteil davon sei.[105]

Nun projektiert er, was er abgelehnt hat: ein «Gesamtkunstwerk». Der Begriff ist Mitte des 19. Jahrhunderts von Richard Wagner erstmals für seine Vision der Vereinigung aller Künste im Musikdrama verwendet worden.[106]

Ein Gesamtkunstwerk ergebe sich nicht schon aus einem Mischmasch von künstlerischen Techniken. Vielmehr müsse ein Werk beseelt sein vom Geist, «die Welt als Einheit zu verstehen», erklärt der Kunsttheoretiker Bazon Brook.[107]

Auf eine solche Verwesentlichung zielt Stauffers ganzes künstlerisches Werk, seit er mit der Bildhauerei begonnen hat. Als Plastiker glaubt er an seine «Mission»,[108] will «Prophet» sein und redet vom Vorhaben, «mein Leben als Kunstwerk zu gestalten»[109] – so notiert er in einem Tagebuch, das in den meisten biografischen Darstellungen bereits als Beweis für den Ausbruch von Stauffers «Wahn» gilt.

Angesichts einer Vielfalt ähnlicher Entwürfe rund um die Jahrhundertwende – von Richard Wagners Festspieltheater in Bayreuth bis zu Gabriele d'Annunzios Park der Villa Vittoriale am Gardasee – erklärt die Kunsthistorikerin Sara Stocker nüchtern: «Stauffers Gedankengebäude war damit durchaus nicht so utopisch, wie vielfach behauptet wurde.»[110] Auch die Zürcher Oper, zur selben Zeit geplant, da Stauffer von seinem Tempel träumt, und 1891 fertiggestellt, entspricht dem Wunsch nach großer Inszenierung. Zur Eröffnung wird «Lohengrin» gespielt, es muss Wagner sein, der Künder des Gesamtkunstwerks.

Wenn Stauffers Tempel dennoch ein «Wahn» gewesen sein sollte, dann einer, der in gesellschaftlichen Vorstellungen gründete. Es wäre der unter Künstlern und Intellektuellen verbreitete Wahn ihrer Überlegenheit. Ein Wahn, welcher – wie der Historiker Hans-Ulrich Jost nachzeichnet – um die Jahrhundertwende eine neue «reaktionäre Avantgarde» erfüllt.[111] Elitärer Kunstkult.

Erstmals wagt sich Stauffer in seiner Tempelfantasie an eine große Erzählung. Erstmals legt er seine Hemmungen ab. Es wird auch das letzte Mal sein. Der Grundstein dieses Gesamtkunstwerks wird nie gelegt werden.

Die Fahrt in der Kutsche

Die Kupferstecherin Wagner – die ohne ihr Wissen mit Stauffer hat verheiratet werden sollen – findet das Hin und Her großer Pläne, die Stauffer im Beisein Lydias entwickelt, nach anfänglicher Begeisterung über des Künstlers Genie «sehr phantastisch».[112] Das müsse sie sagen, obwohl sie selber von Natur aus «zu phantastisch» gestimmt sei.[113]

Der Vierte im Bund, Max Klinger, hat sich kopfschüttelnd bereits abgewendet. Mehr noch: Weil er seinen Freund Stauffer in einem «bedenklichen Geisteszustand» wähnt,[114] begibt er sich vor seiner Rückreise nach Rom aufs deutsche Konsulat in Florenz, um dort anzuzeigen, dass ein Untertan konsularischen Beistand brauche, nicht achtend, dass Stauffer, obgleich zur Kolonie der Deutsch-Römer zählend, als Schweizer in eine andere nationale Zuständigkeit gefallen wäre. Klingers Meldung wird diplomatische Folgen haben.

Inzwischen ist passiert, was die Gerüchte schon lange behaupten. Lydia und Karl haben sich geliebt. Frau Dr. Welti-Escher und der Künstler Karl Stauffer-Bern. Die Millionärin und der Maler. Das «Naturgemäße» sei geschehen, meldet Stauffer seinem Bruder nach Biel, «und wir wurden, was wir geistig sofort nach der ersten Begegnung geworden waren, körperlich Weib und Mann.»[115]

In einer Kutsche haben sie eine Fahrt zum Kloster Certosa unternommen. In stillen Klostermauern sind sie gewandelt. Darüber hat Stauffer ein Gedicht mit dem Titel «Certosa» geschrieben. Darin die Stelle, in der sie zurückfahren:

«O Weib, ich wird' es nimmermehr vergessen,
Wie abends zwischen dunkelnden Cypressen
Du Deine Hand mir reichtest in dem Wagen.»

Da habe sich das Entscheidende ereignet:

«Da hast Du Herz und Hand mir angetragen.»[116]

Über die Marmorbalustrade habe er sich des Nachts in ihr Albergo geschwungen. So erzählt Stauffer im selben Gedicht. Eine private Notiz des schweizerischen Gesandten Bavier hält dagegen fest. «In Florenz bestach er die Dienstboten, um Zutritt zum Schlafzimmer der Frau Welti zu erhalten.»[117]

Flucht nach Rom

Die Ereignisse überstürzen sich.

11. November. Vormittags. In Florenz hat ein Maler eine Ahnung und beschließt zu fliehen.

In demselben Florenz droht eine Ehefrau, sich in den Fluss Arno zu stürzen, wenn der Maler sie nicht mitnehme – sofern die Erzählungen stimmen, die später darüber verbreitet werden.[118] «Ein Leben ohne mich» – ohne Karl – «sei ihr nicht mehr möglich», soll Lydia ihm gesagt haben.[119] Vor dem Maler habe sie sich niedergeworfen, die stolze Frau, die das vor dem Papst nicht tat.[120]

11. November. Abends. Wenige Stunden später sind die beiden Flüchtigen in Rom angelangt. Habseligkeiten haben sie offenbar nicht mitgenommen.

Sie mieten sich in Rom in einem Hotel ein, unweit der Spanischen Treppe, gleich neben Stauffers Atelier an der Via Margutta.

11. auf den 12. November. Nachts. Stauffer schreibt einen langen Brief an seinen Bruder, den Anwalt in Biel, in welchem er ihm alles zu erklären sucht: «Lydia ist die einzige Frau, mit der ich mich à fond verstehe, und wir lassen nicht voneinander, was man auch anstelle.» Weiter eher pragmatisch: «Ich bin genötigt, einen Diamant von 400 od. 500.– Werte heute zu versetzen oder zu verkaufen.»[121]

Das wird ihm als Raub ausgelegt werden.

12. November. Den ganzen Tag. Stauffer schickt weitere Briefe in die Welt.

Noch einmal an seinen Bruder: «Vertrauensvoll» wende er sich – gemeinsam mit Frau Lydia Welti-Escher – an ihn, er möge den Ehegatten Welti «in der denkbar diskretesten Weise» über den Sachverhalt unterrichten und «auf unverzügliche Scheidung» hinwirken.[122]

Ehemann Friedrich Emil Welti ist mittlerweile alarmiert worden. Vermutlich haben die Mägde, die mit Lydia in Florenz logierten, berichtet, dass ihre Herrin weg sei. Im Hintergrund beginnen Telefone zu rasseln, Telegrafen zu tuckern.

12. und 13. November. Emil Welti reist mit dem Zug nach Florenz.

Er verhört die Mägde und den Wirt.[123]

Von der Herberge aus telegrafiert er an den Gesandten Bavier:

«MEINE TRAII» – man liest unschwer, was der italienischsprachige Telegrafist von der handschriftlichen Vorlage nicht hat entziffern können: «Meine Frau» – «BEFINDET SICH VON STAUFFER ENTFUHRT ALBERGO ALIBERTI VIA MARGUTTA ROM – BITTE SICH IHRER ANZUNEHMEN UND STAUFFER DER MIT MEINEM GELR» – gemeint: «Geld» – «FLUCHTIG VERHAFTEN ZU LASSEN» Signiert: «VVELTI».[124]

Ein, zwei Tage später.

Stauffer schreibt auch an den Gesandten Simeon Bavier: «Mein kleiner Finger sagte mir heute morgen, dass Lydia und ich gesucht werden.» Er droht, «dass mir als langjährigem Korrespondenten von 3 der größten deutschen Zeitungen die Mittel zu einem Skandal ersten-, allerersten Ranges an die Hand gegeben sind».[125]

In einem seiner Briefe an Eduard Stauffer in Biel – den «Fürsprecher», wie Anwälte im Kanton Bern sich titeln – hat Karl bekannt gegeben, welche Dispositionen Lydia Welti-Escher für die Scheidung treffe: Erstens erhalte ihr Gatte eine jährliche Rente von Fr. 10 000.–. Ebenfalls Herr Bundesrat Welti eine Rente von Fr. 10 000.– «bis zu des edlen Mannes Tode» – durchgestrichen und korrigiert zu: «möglichst fernem Ableben». Diese Dispositionen sind – in offensichtlich eigener Handschrift – von Karl Stauffer verfasst und mitunterzeichnet von «Lydia Escher».[126] Von der Frau, die als Ehegattin unter Vormundschaft ihres Mannes steht und keine Verfügungsgewalt über Vermögen und Einkünfte hat.

Munter werden weitere Anordnungen getroffen: Das Belvoir soll parzelliert werden, «ohne Rücksicht auf irgendwelche Tradition oder Sentimentalität». Man beabsichtige nämlich, in Italien zu bleiben und da «Landwirtschaft im allergrößten Sinne» zu treiben, «Südfrüchte, Öl und Wein». Dafür werde eine Firma errichtet; Karl Stauffer sei dessen «Haupt», Lydia Welti-Escher amte als «erster Sekretär», Schwester Amalie solle «Landwirt» sein, Bruder Eduard und sein Firmenpartner als «Rechtsbeistände» wirken.[127]

Karls Mutter ist, was Wunder?, entsetzt ob all dem. «Um des Himmelswillen», donnert sie selben Tages, wie sie erfährt, dass Karl und Lydia durchgebrannt sind; «wie steht's um Deinen Verstand u. dein Ehrgefühl?» Wenn die beiden nicht auf der sündigen Bahn umkehrten, «so ist fortan aller Verkehr unter uns abgebrochen». Und damit der Sohn es wirklich glaube, unterschreibt sie: «Vielleicht zum letzten Mal. Deine Mama.»[128]

Die beiden Durchgebrannten verbinden sich nur umso enger. Lydia Welti-Escher hat deutlich geschrieben: «Ich unterschreibe alles, was mein Mann von Gottes Gnaden in obigem Briefe sagt.»[129] – «Mein Mann», das ist Karl Stauffer.

An Frau Stauffer hat Lydia ein liebevolles Briefchen verfasst – deren Sendungen haben sich offenbar gekreuzt: «Liebe Mama! Gestatte, dass ich Dich so nenne, denn obgleich wir uns noch nie gesehen haben, ist es mir, als stehen wir uns schon nahe.» Sie wolle ihren Mann glücklich machen, wie er es verdiene, und hoffe, dass die Schwiegermutter bald in ihr italienisches Heim einziehe. Signiert:

«Deine Lydia Stauffer.»[130]

Gesandtschaftswirren

«stauffer florenz verhaftet anklage entfuehrung irrsinniger unterschlagung»[131]

So liest es sich in einem Telegramm, das Max Mosse in Berlin von einem Bekannten aus dem Kreis der «Deutsch-Römer» erhält. Am 15. November 1889, vier Tage sind Lydia und Karl in Rom, ist die Verhaftung erfolgt. Und zwar, als der Maler einmal allein das Hotel verlässt, in dem die beiden logieren. Nach anderer Darstellung hat Stauffer in seiner Wohnung übernachtet, an derselben Via Margutta.[132]

Der Künstler soll also, so das Telegramm, eine Irrsinnige entführt und Geld, das ihm für den Kauf einer Villa anvertraut worden ist, unterschlagen haben.

Das ist offensichtlich die Version des Ehegatten, berichtete doch der «Freie Ämtler» aus dem Kanton Zürich etwas später: «Während dessen» – als Friedrich Emil nach Zürich zurückgekehrt war – «entführte der saubere Hausfreund die Frau Dr. Welti nach Rom. Dort setzte er sich in Besitz ihrer sämtlichen, sehr kostbaren Schmucksachen und ließ sich von ihr mehrere Wechsel in Beträgen von je Fr. 50 000.– zu seinen Gunsten ausstellen, die er zu verwerten suchte.» Die Publikation betont, es sei «kein Geheimnis, dass Frau Welti-Escher nicht nur geistig stark aufgeregt sei, sondern Zeichen von Geisteskrankheit zeige».[133]

Was in jenen Tagen in Rom und Florenz geschehen ist, hat der Autor Bernhard von Arx in seinem Buch «Der Fall Stauffer, Chronik eines Skandals» mit kriminologischer Genauigkeit erstmals dargestellt, hauptsächlich gestützt auf den Briefnachlass des Gesandten Simeon Bavier im Staatsarchiv des Kantons Graubünden.[134] Sein Buch hat beim Erscheinen 1969 einiges Aufsehen erregt. Die Darstellung der Abläufe präsentiert sich heute nicht grundsätzlich anders, vielleicht auch deshalb nicht, weil die Nachkommen der Weltis bis heute – weit über hundert Jahre nach den Ereignissen – sich nicht dazu durchringen können, Forschenden den Zugang zu den Quellen ihres Familienarchivs zu gewähren, das im Bundesarchiv lagert.

Ich will dennoch versuchen, die Sicht beider Seiten – der Stauffer- und der Welti-Partei – wiederzugeben. Was hat sich während dieser «Römer Wirren» hinter den Kulissen abgespielt?

Nach der Verhaftung ist Karls Bruder Eduard nach Rom gereist, wo er am 18. November eintrifft. Was er hört und sieht, wird Anwalt Stauffer in einer Eingabe an den Bundesrat zu einem gewichtigen Aktenstück verarbeiten.[135] Der Gesandte Simeon Bavier steht in Kontakt mit Bundesrat Emil Welti und wird am 2. Februar 1890 einen formellen Bericht über die Angelegenheit abliefern.[136]

Die beiden Flüchtigen sind bei ihrem Römer Aufenthalt tatsächlich durch Polizisten in Zivil – «Geheimpolizisten» – überwacht worden, auf Veranlassung von Minister Bavier.[137] Die Adresse scheint die Gesandtschaft auf Grund eines Schreibens Karl Stauffers in Erfahrung gebracht zu haben.

Die Schweizer Gesandtschaft in Rom ist mit Welti zum Schluss gekommen, eine «Intervention» sei nötig – so will Anwalt Eduard Stauffer es direkt in der Gesandtschaft erfahren haben. Man sei zur Ansicht gekommen, es gebe kein anderes Mittel, das Liebespaar zu trennen, als die Strafanzeige. Diese ist im Namen Friedrich Emil Weltis durch Vermittlung der diplomatischen Vertretung eingereicht worden, wobei der Gesandte persönlich Welti auf die Quästur begleitet und ihn dort vorgestellt hat – das wird auch vom Gesandten später nicht bestritten.[138]

Die Anklage hat nichts mit dem Kern des Geschehens zu tun, das Welti zur Einreichung der Anklage bewegt, juristisches Thema ist nicht der Raub einer Sabinerin, sondern eine «Unterschlagung» von tausend Franken, Geld, das Stauffer als Anzahlung für den Kauf einer Villa in Florenz verwenden sollte und das er nicht ausgegeben hat, weil eine kleinere Anzahlungssumme genügte.[139]

Dass Stauffer durchgedreht ist, scheint dem Gesandten klar; doch auch Lydia Welti-Escher kann nicht normal sein. So sendet die Gesandtschaft ihren Vertrauensarzt, einen Herrn Dr. Neuhaus, ins Hotel, wo er Lydia Welti-Escher antrifft. Der Arzt teilt ihr Stauffers Verhaftung mit.

Als Rechtsanwalt Eduard Stauffer seinerseits in Begleitung eines Gesandtschaftsangehörigen beim Römer Untersuchungsrichter vorspricht, zeigt sich schnell, dass eine Verhaftung wegen tausend Franken nicht aufrechterhalten werden kann, zumal diese Summe gar nicht unterschlagen worden zu sein scheint, sondern dem Beschuldigten rechtmäßig anvertraut.

Stauffers sofortiger Freilassung steht nichts im Wege. Doch der Gesandtschaftsmitarbeiter habe – gemäß der Darstellung von Eduard Stauffer – den Untersuchungsrichter gebeten, diese zu verschieben, da Stauffer gefährlich sei. Das wird der betreffende Attaché bei der Schweizer Mission ausdrücklich dementieren.

In einem seiner Briefe hat Stauffer den Gesandten tatsächlich bedroht. Er habe einst dank Herrn Bavier einen Waffenschein erwerben können und schieße nun «vorzüglich».[140] Auch Ehemann Welti soll er zum Duell gefordert haben, aber: «Vor der Pistole war dir bange», wirft ihm Stauffer in einem Gedicht vor.[141]

Um die absehbare Freilassung dieses schießbegierigen Artisten zu verhindern, verfasst Ehegatte Welti jedenfalls eine zweite Klageschrift. Diesmal wegen «ratto violento», wegen Notzucht, und zwar begangen an einer Irrsinnigen, und reicht sie bei den Römer Justizbehörden ein.

Nicht zu klären ist der Wahrheitsgehalt folgender Passage in Eduard Stauffers Darstellung, wonach «auf der Gesandtschaft vor Einreichung der zweiten Klage eine Conferenz stattfand zwischen Herrn W. (gemeint dem Ehegatten Welti), Herr Dr. Neuhaus (dem Arzt), dem Anwalte des Herrn Welti und Herrn Minister Bavier». Der Anwalt fügt hinzu: «Was damals ging, weiß ich nicht, ich weiß nur, dass 2 Stunden nachher die zweite Klage gegen meinen Bruder eingereicht war …»[142]

Diese Konferenz habe nie stattgefunden, werden Bavier und Welti erklären.

Eduard Stauffer versucht, seinen Bruder doch noch vor einem Strafverfahren zu bewahren, indem er eine Untersuchung seines Geisteszustandes beantragt. Als Geisteskranker könnte der Maler für eine Untat nicht belangt werden.

Ist die zweite Strafanzeige auf der Gesandtschaft in Rom ausgeheckt worden? Ist schon die erste Strafanzeige auf eine Intervention der Gesandtschaft zurückzuführen? Hat Bundesrat Welti persönlich hinter den Kulissen mitgemischt und seinen Freund, den Gesandten in Rom, instruiert? War er nur indirekt beteiligt? Wer hat wem wann telefoniert? Was ist in den Telefonaten gesprochen worden? Darüber gibt es keine Protokolle. Stauffer ätzt in einem Gedicht auf den Übervater von Lydias Ehemann (sich an Lydia richtend):

> «*Bundesrath ist sein Herr Vater*»
> – der Vater des Ehegatten Friedrich Emil –
> «*Und ein sehr geschätzter Mann*
> *Niemals etwas Böses tat er*
> *Dir und mir der Gentelmann.*»[143]

Minister Bavier wird sich in seinen Rechtfertigungsschreiben zuhanden des Bundesrats heftig gegen die Vorwürfe zur Wehr setzen, es habe eine «Intervention» der

Gesandtschaft stattgefunden. Er habe dem betrogenen Ehemann im Gegenteil erklärt, dass er «offiziell» nichts tun könne, aber gewiss gern bereit sei, ihn bei den zuständigen Behörden einzuführen.[144] Er habe auch von einer Verhaftung abgeraten und den Vorschlag der Quästur unterstützt, Stauffer einfach aufs Untersuchungsrichteramt zu zitieren.[145]

Zu all diesen Punkten finden sich in den Archiven in Chur und Bern eine Fülle von Beschuldigungen, Richtigstellungen, Präzisierungen und Gegenbeschuldigungen.

Es hat keine Intervention gegeben! Jedenfalls nicht offiziell! Das ist die Position der Gesandtschaft und von Bundesrat Emil Welti.

Im Gefängnis

Aber es gibt Absprachen im Nachhinein über das, was nicht geschehen ist.

Bundesrat Welti schreibt an den Gesandten Simeon Bavier. Dieser möge doch von sich aus einen Bericht über die Ereignisse einreichen. Sonst bemächtige sich die Presse weiterhin der Sache, und dann werde Bavier früher oder später von Bern aus um Stellungnahme gebeten. «Ich glaube, meine Herrn Collegen sind überhaupt schon lange neugierig.»[146] Bundesrat Welti teilt seinem Freund einige Tage später auch mit, was er selber dem zuständigen Bundesratskollegen gesagt habe, nämlich «dass ich erst nach der Verhaftung von diesen Vorgängen Kenntnis erhielt», und «überhaupt hätte ich nie irgendwie versucht, weder durch Sie noch in anderer Weise den Gang der Gerichte zu beeinflussen».[147]

Indem Bundesrat Welti vertuscht, verrät er sein Handeln.

Auf Grund der Beschwerde des Bieler Anwaltes wird Karl Stauffer persönlich während einer Stunde seine Causa vor dem Bundespräsidenten darlegen können. (Im Jahr 1890 übt diese Funktion nicht Welti aus.)

Das Eidgenössische Justiz- und Polizeidepartement wird dem Beschwerdeführer Eduard Stauffer jedoch mitteilen, «dass das Verhalten des Herrn Ministers» – gemeint ist der Gesandte Bavier in Rom – «zu keinerlei Bemerkungen Anlass bieten kann», zumal er «in dieser Angelegenheit als Privatmann und nicht in seiner amtlichen Eigenschaft aufgetreten ist».[148]

Solch subtile Unterscheidungen zwischen dem Handeln als Privatperson und jenem in offizieller Eigenschaft wären nach heutigem Verständnis für einen Repräsentanten des Bundes kaum mehrheitsfähig. Es gibt einen Botschafterskandal aus neuester Zeit, in dem diese Unterscheidung von Medien und Öffentlichkeit nicht mehr akzeptiert wurde: Als der schweizerische Botschafter in Berlin, Thomas Borer, im Jahr 2002 in privater Eigenschaft möglicherweise eine dubiose Dame nächtens in die Residenz einlud, brachte ihn das nach einer hässlichen Medienkampagne um das Amt. Nicht erklären lässt sich, wozu Bavier von Emil Welti eine «Vollmacht» brauchte – Welti hat dem Gesandten offenbar eine solche erteilt[149] –, wenn keine Intervention beabsichtigt war, sondern nur die «Vermittlung» von Kontakten.

Bundesrat Weltis Handeln war «unverzeihlicher Machtmissbrauch», urteilt der Lausanner Geschichtsprofessor Hans-Ulrich Jost, der sich mit dem Fall Stauffer auseinander gesetzt hat.[150] Gesandtschaft wie Bundesrat hätten ihre Kompetenzen überschritten.[151] Dem Urteil schließe ich mich an.

Welti habe – wie übrigens auch der verstorbene Alfred Escher – in einer politischen Welt gelebt, in der man sich zwar als Bürger und Demokrat verstanden habe, aber mit Vorbehalten: «Man war überzeugt, dass die eigene und so genannte ‹natürliche› Autorität in dieser Demokratie zum Wohl des Volkes und nicht zuletzt auch zum eigenen Wohl eingesetzt werden müsse.»[152] Damit sei, so Jost, der Fall Stauffer-Bern ein Beispiel für die «Arroganz der Macht einer gesellschaftspolitischen Elite», die sich zwar demokratisch und liberal zu benennen pflegte, die aber längst vom «Geist elitären Autoritarismus» besetzt gewesen sei.[153]

Die Schweiz hat Abschied genommen von den liberalen Ideen, die zur Gründung des Bundesstaates geführt haben. Vorbei die Zeiten, da Bürger sich aus Bürgersinn für die Öffentlichkeit engagierten – Gottfried Keller hat sie in der Erzählung mit dem sprechenden Titel «Das Fähnlein der sieben Aufrechten» geschildert.

Anstelle von Verantwortung heißt das Wort, das die Krise des Liberalismus kennzeichnet: Vertrauensmissbrauch. Schon Mitte der Achtzigerjahre wird dieser «als ein Symptom eines allgemeinen Niedergangs und kommender sozialer Umwälzungen» gesehen.[154] Die Erschleichung von Amt und Würden, wie sie Gottfried Keller im Roman «Martin Salander» angeprangert hat.

Auch in der Affäre Stauffer-Escher handhaben die Verantwortlichen die ihnen anvertrauten Staatsmittel, als wären sie ihr Privateigentum. Stauffer ist also hinter Gittern. «Ich verschwinde in den Carceri nuovi, dem berüchtigten päpstlichen Gefängnis (dessen Zustand jeder Beschreibung spottet)», erzählt Stauffer seinem Freund Mosse, «und befinde mich unter Räubern, Briganten und Mördern, 18 in einem Saal (ich der 19te).»[155]

Da die neue Anklage – Vergewaltigung einer Geisteskranken – sich auf eine Handlung bezieht, die in Florenz stattgefunden haben soll, wird Stauffer in einem Schub von Gefangenen dorthin transportiert.

«Auf Königs Kosten via Rom Florenz
Mit sieben Mördern an der langen Kette
Eiserne Schellen, na, das Ding wird lustig ...»

So beginnt ein langes Gedicht von Stauffer.

«Acht Mann an einer Kette je zu Zweien
Den ganzen Bahnhof lang bis zu dem Wagen
Mit 18 finstern wohlverschlossenen Zellen.»[156]

Von einem schauderhaften Loch berichtet er, in das er geraten sei, mit einem Steinboden, zwei Pritschen, unzähligen Flöhen. Der Gesandte Bavier findet die Schilderungen Stauffers «jedenfalls sehr übertrieben», wie er Bundesrat Welti schreibt. «Man versicherte mich, er sei genau so behandelt worden wie alle anderen Gefangenen.»[157] Einen Augenschein, wie alle anderen Gefangenen denn behandelt werden, hat er offenbar nicht genommen.

Nun kann Stauffer nachsinnen, träumen, dichten, delirieren:

«Was schwebt herein! Die Tür ist doch verschlossen
Jesus Maria! Kam hier wer herein?
Entsetzlich! Oh wer ist in diesem Raum?
Gib Antwort! – Niemand? Ist wer da? –
Sei ruhig Schatz ich bins, die Lydia.»[158]

Irrenhaus

Der Gesandtschaftsarzt, der Lydia Welti-Escher im Römer Hotel aufgefunden hat, kann sie dazu überreden, eine Krankenpension aufzusuchen. Dort wird die Dame aus Zürich auf ihren Geisteszustand untersucht, durch einen der angesehensten Irrenärzte Italiens. Der Befund ist erhalten geblieben. Die Untersuchte leide an einer «follia sistematizzata».[159] Der Begriff wird von einem Psychiater jener Zeit als «der systematische Verfolgungswahn» übersetzt.[160] Es bestehe Gefahr für sie wie für die Umwelt. Zudem liege ein Missbrauch an Schlafmitteln vor.

Lydia Welti-Escher ist soeben für wahnsinnig erklärt worden.

Mit dieser Diagnose wird sie am 16. November 1889 in die psychiatrische Klinik Santa Maria della Pietà in Rom eingeliefert, auf Anordnung der Gesandtschaft – und diesmal ist unbestritten, dass die Gesandtschaft schriftlich darum ersucht hat.

«Willenlos» sei Lydia Welti-Escher Stauffer gefolgt, die in Wirklichkeit eine «kranke Frau» sei, schreibt ihr Gatte an den Hausfreund Freund. Nicht bloß nervenkrank, sondern «geistesgestört».[161] Nun hat es eine Klinik bestätigt. Eine Geisteskranke hat Stauffer entführt, das wird zum Mythos der Welti-Partei gerinnen.

Stauffer kann sein Ziel nur erreicht haben dank neuartigen Methoden, von welchen die Seelenärzte berichten. «Karl habe seine Frau hypnotisiert», glaubt Welti offenbar, wenn man den Worten von Stauffers Mutter folgt (die hinzufügt: «Ich weiß nicht, ob ich dieses Wort richtig schreibe.»). Jedenfalls denke der Ehemann, dass Stauffer «künstl. Mittel» angewendet habe, «um sie an sich zu fesseln».[162]

Ein Hypnotiseur missbraucht eine Wahnsinnige.

Als Beweis für die Geisteskrankheit seiner Gattin führt Welti an, dass sich unter den im Albergo gefundenen Papieren «ein Testamentsentwurf» vorfand, «nach welchem meine Frau St. (gemeint: dem Stauffer) all ihr Hab und Gut vermachen sollte».[163] In seiner Artikelserie im «Bund» hat Redaktor Widmann dieses Testament zitiert. «In normalem geistigem Zustand», und wie erforderlich vor zwei Zeugen, ordne sie an: «Im Falle meines Todes vermache ich allen meinen Besitz dem Herrn Karl Stauffer, Maler und Bildhauer.»[164]

Ein Testament als Krankheitsbeweis. Häufig hat in der Psychiatriegeschichte unerwünschtes Finanzgebaren eine Diagnose begründet, wie ich Dokumenten aus neuerer Zeiten habe entnehmen müssen.

Dass sie an Störungen leide, bestätigt sich in Friedrich Emils Sicht schon während der ersten Tage ihres Aufenthaltes im Irrenhaus. Seine Frau sei nicht nur «außerordentlich unruhig», sondern spreche auch «von dem großen Werk», das sie zu vollbringen berufen sei.[165] Wenn das keine Krankheitszeichen sind!

Der Kupferstecherin Cornelia Wagner ist Lydia damals in Florenz allerdings als «Vernünftigste von uns Dreien» erschienen.[166]

Warum hat sie sich dennoch internieren lassen? Eine geistig gesunde, wohlhabende, wenn zwar gewiss durch die Ereignisse aufgewühlte Frau?

Lydia Welti-Eschers Verhalten scheint nicht immer konsistent. So wenig wie dasjenige Stauffers. Der Maler schwankt offensichtlich in seinen Gefühlen gegenüber der Millionärin. Und diese in ihren Gefühlen gegenüber Stauffer und Ehemann.

Sie wagt es nicht, sich als Furie schützend vor den hergelaufenen Maler zu stellen und ihn gegen Ehemann, Bundesratsvater und die eigene patrizische Herkunft zu verteidigen. Sie muss sich wohl alles romantischer vorgestellt haben. Und einfacher: weggehen, aus der Ferne alles regeln. Doch die Ferne gibt es für sie nicht.

So verhält sie sich plötzlich wieder, wie die Konvention verlangt: als folgsame Ehefrau. In der Hoffnung wohl, dass die Zeit die Wunden heilen wird.

Niemand hat in diesem Drama die Dinge unter Kontrolle. Alle versuchen das Geschehen zu beeinflussen. Jeder und jede entzieht sich den Absichten aller übrigen.

Die Internierte schreibt Briefe an den Komponisten Robert Freund in Zürich. Darin lässt sie sich offenbar über das große Werk aus, das sie vollbringen möchte. «Der Arzt hat sie mir übergeben», bemerkt Ehemann Welti, der die Briefe nicht hat abgehen lassen. Er disponiert erneut für seine Frau: «Sobald es irgendwie geht, werde ich Lydia nach Königsfelden bringen lassen.»[167] Königsfelden, das ist die psychiatrische Anstalt im Kanton Aargau, wo der Hausarzt der Familie Welti, Dr. Schaufelbühl, wirkt, der Lydia auch bei ihren Kuren in Baden betreut hat.

Weltis Vorhaben braucht keiner tiefen Bösartigkeit entsprungen zu sein. Der Mann kann schlicht nicht fassen, was geschieht. Zudem ist er selber in eine Depression geraten: «Mich haben die entsetzlichen Ereignisse so erschüttert, dass ich außer Stande bin, irgendwelche Anordnungen zu treffen», schreibt er in bewegender Weise. «Das Unglück drückt mich jeden Tag mehr.»[168]

Für Vater Welti, den Bundesrat, sind die Grenzen dessen, was Gott erlaubt hat, ohnehin überschritten. Was ihn nach seinen tiefen Überzeugungen zum Handeln zwingt. Auch er leidet: «... ich bringe es nicht dazu, mich in das Elend zu schicken, das über uns gekommen ist», schreibt er an seinen Freund, den Gesandten Bavier. «Es ist leider nicht wahr, dass die Zeit alles heilt, jedenfalls für unser Alter nicht.» Er wagt eine Prognose: «... ich sehe es deutlich voraus, dass die Tage, die mir noch beschieden sind, schwere und kummervolle sein werden.»[169]

Wie ein Chilbiböller

Nach eineinhalb Monaten Kerkerhaft in Florenz wird Stauffer am 6. Januar 1890 provisorisch entlassen. Ein Bildhauer aus der Szene der Deutsch-Römer, dem Stauffer allerdings nur flüchtig begegnet ist, hat eine Kaution von 300 Lire hinterlegt: Adolf von Hildebrand.

Stauffer hat ihm einen Zettel geschickt, und Hildebrand, bewegt von des

Schweizers Schicksal, ist zum Gefängnisdirektor marschiert. Der Künstler muss eine eindrückliche Persönlichkeit gewesen sein. «Die Luft wurde leicht und frei, wo er hereintrat», so erlebte es eine Schriftstellerin, die Hildebrand literarisch porträtiert hat.[170] Unbekümmert um die Moden der Welt und um den Markterfolg seiner Werke lebt er mit seiner Frau im verlassenen Kloster San Francesco bei Florenz, das er gekauft hat. In der Fachwelt ist Hildebrand nicht nur als Bildhauer, sondern auch als Kunsttheoretiker bekannt geworden: Er hat die scheinbare Absurdität formuliert, dass eine Plastik nicht in erster Linie dreidimensional wirken dürfe: «Erst wenn sie als ein Flaches wirkt, obschon sie kubisch ist, gewinnt sie eine künstlerische Form, das heißt eine Bedeutung für die Gesichtsvorstellung.»[171]

«Libertà», Freiheit!, lässt Stauffer den Postbeamten an seinen Freund Max Mosse kabeln.[172] Frei ist er und offenbar «geladen wie ein Chilbiböller» – eine Plauschpetarde –, wie er wenig später formuliert.[173] Noch im Gefängnis hat er einen Zettel an den Ehegatten Welti geschickt, in dem er das «Kamel» zum Duell forderte.[174]

Für Klinger, der zum deutschen Konsulat geeilt ist, was die Verfolgung ins Rollen brachte, hat Stauffer die Titel «Rindvieh» und «Schwein verfluchtes» parat.[175] In einem nicht abgesandten Brief an jenen heißt es: «Mit einem Menschen, der mich erst verrückt, dann für einen Schuft hält, auf Beleidigungen nicht reagiert, ist unmöglich zu verkehren.» Und drohend: «Jeder Annäherungsversuch Ihrerseits würde von mir ignoriert oder falls nötig mit der Reitpeitsche beantwortet, also sehen Sie sich vor.»[176]

Dass Stauffer freigelassen worden ist, findet Bundesrat Welti befremdlich. Überliefert ist eines seiner Schreiben an Bavier, das in klausulierter Formulierung auffordert: Man hole den zurück! Nach allem, was er – Welti – wisse, sei Stauffer «sehr hochgradig krank». Er wundere sich also, warum der Maler «nicht auf seinen Gesundheitszustand untersucht» worden sei, und frage darum an, ob die Advokaten in Rom von dieser Unterlassung unterrichtet seien. Selbstverständlich auch das nur informell, wolle er doch damit «keinerlei amtlichen Schritte» tun, einzig die bewiesene Freundschaft gebe ihm den Mut, Bavier anzufragen.[177] Bundesrat Welti handelt erneut als Privatmann. Doch diesmal belegbar.

Wieder frei, rastet Stauffer völlig aus. In der Florentiner Unterkunft, wohin ihn Hildebrand begleitet, veranstaltet er einen «Höllenspektakel». Er fühlt sich verfolgt, schimpft, tobt, belästigt Gäste – oder sinds wieder Zivilpolizisten, die ihn beobachten, wie damals bei der Verhaftung? Man muss Uniformierte kommen lassen, die den Künstler nicht beruhigen können, ihn darum fesseln, was erst gelingt, «nachdem er 3 derselben an den Boden geschmissen hatte». Bruder Eduard Stauffer hat sichs an Ort und Stelle berichten lassen.[178] Wieder muss Karl Stauffer hinter Gitter, diesmal hinter jene einer Irrenanstalt. Am 11. Januar 1890 wird er in der Florentiner Anstalt San Bonifazio eingeliefert, wo man ihn – es gibt keinen Grund, seine Schilderung zu bezweifeln – in die Zwangsjacke steckte und «wochenlang so liegen ließ, dass ich im Dreck beinahe zu Grunde ging».[179]

Welch tiefer Fall für den gefeierten Mann! Er ist versorgt «in der untersten Klasse, wo die italienische Einrichtung herrschte, dass die Wächter, welche keine Bezahlung empfingen, die Hälfte der Krankenkost für sich in Anspruch nehmen durften».[180] Da wird er bleiben, zwei Monate lang. Wieder ist es Hildebrand, der die Käfighaltung unzumutbar findet und Verbesserungen durchsetzt. Dass auch Karl geistesgestört ist, steht für den Ehegatten Welti außer Zweifel. Ein Beweis: «... so übergab er z. B. dem Untersuchungsrichter Gedichte, die er drucken lassen solle.»[181]

Zum Vorschein gekommen ist zudem ein Gefängnistagebuch, Blätter, beschrieben mit Gedankenfetzen. Einige davon seien hier so unzusammenhängend zitiert, wie sie Otto Brahm in seiner Stauffer-Biografie abdruckt und wie sie vermutlich von Stauffer hingeschmissen worden sind. Das Original des Tagebuchs ist wie so manches andere Dokument verschollen.

«Bei mir galt es, ehe ich an die Verwirklichung meiner künstlerischen Pläne schreiten konnte, mein Leben als Kunstwerk zu gestalten.»

«Der Verwirklichungsmöglichkeit bin ich jetzt sicher, jetzt werden sie bearbeitet und über den Haufen gerannt.»

«Hilfskräfte besorge ich.»

«Bildung einer Akademie durch Ausarbeitung eines zu proklamierenden Programmes.»

«Glaube absolut an meine und ihre Mission, überhaupt an den unfreien Willen.»[182]

«Definitives Programm des Unternehmens wird mit der Einladung ins Haus geschickt mit einem Diener, nicht mit der Post.»

«Das Belvoir wird abgerissen.»

«Ich habe sie heute morgen instinktiv von Eindrücken betroffen gemacht, damit ihr Naturell absolut zum Vorschein komme.»

Obige Stelle wird von der Welti-Partei immer wieder zitiert werden als Beweis dafür, dass der Künstler Lydia vorsätzlich sexuell verführt habe. Ich glaube aber, dass sich der Text auf die großartigen Tempelprojekte bezieht, von denen sich Lydia hat begeistern lassen.

«Ich ringe mit dem Engel des Herrn und lasse ihn nicht, er segne mich denn, und gegen den Teufel, wo er sich zeigt, wird sofort ein Tintenfass angeschmissen und mit der Bibelübersetzung angefangen.»

«Meine Wartburg, wohin ich mich wie Luther geflüchtet, ist die Akropolis.»

«Ich habe meine Phantasie gebändigt 32 Jahr und geredet, um meine Gedanken zu verbergen.»

«Ich bin ein Prophet, aber ihr könnt mich nur platonisch ans Kreuz schlagen ...»[183]

Erblich belastet

«Carl zweifellos geisteskrank.» Das hat Welti schon in den ersten Tagen der Krise per Telegramm durchgegeben.[184] Sie sehe im Sohn «die gleiche Manie», die schon den Vater erregt habe, schreibt wenig später Mutter Stauffer-Schärer an Eduard, den Rechtsanwalt.[185] Der hat Stauffers Tagebuch an die Klinik Waldau geschickt, wo der Bruder der Mutter Direktor ist (aber eines Leidens wegen seine Funktion nicht mehr ausübt). Was davon zu halten sei?

Je weiter entfernt die Psychiater vom Ort und vom Zeitpunkt des Geschehens sind, umso sicherer diagnostizieren sie Stauffers Wahnsinn.

Der Sekundärarzt Wilhelm von Speyr, der in wenigen Wochen zum Waldau-Direktor ernannt werden wird, nimmt sich des Dossiers an. Er könne nach Lektüre der Stauffer-Notizen nicht verhehlen, dass er «eher zu schweren Befürchtungen geneigt» sei, antwortet er.[186] Doch möchte er Genaueres wissen und wendet sich an den Direktor des Irrenhauses in Florenz, der festgestellt hat, Stauffer sei «alienato di mente» – des Verstandes verlustig.[187]

Von Speyr vermutet, Stauffer leide an einer «Paralyse», einer Schüttellähmung auf Grund von Syphilis. Der Römer Direktor kann das nicht bestätigen: Stauffers «physische Gesundheit» sei sogar «sehr gut».[188] Die Antwort befriedigt von Speyr nicht recht, doch scheint er den Fall nicht weiter abgeklärt zu haben.

Das wird Robert Binswanger tun, Nervenarzt in Kreuzlingen. Er ist der Zweite in der Dynastie der Binswanger, die das angesehene Sanatorium Bellevue aufgebaut haben, Sohn des Gründers Ludwig. Stark beschäftigt mit der Leitung der Klinik, verfasst er ein einziges Mal in seiner Karriere eine umfangreichere Studie, sie wird

1894 veröffentlicht werden und gilt dem Maler Stauffer-Bern.[189] Diese psychiatrische Fallstudie wird in einer deutschen Publikation veröffentlicht, was vom großen Interesse des Auslandes an den Geschehnissen in der Schweiz zeugt.

Er fühle das Bedürfnis, dem unglücklichen Stauffer zu einer gerechteren Beurteilung zu verhelfen, wird Binswanger schreiben. Sei doch jener nicht der Schurke, als der er beschimpft worden sei. Gestützt auf Karl Stauffers Briefe, die mittlerweile in der Buchedition von Otto Brahm vorliegen, wagt Binswanger eine Ferndiagnose, die er einleitet mit den Worten «Schon frühe ist mir die Geisteskrankheit Stauffers zur unumstößlichen Gewissheit geworden.»[190]

Im Kind eines Vaters, der wiederholt als «geisteskrank» in einer Anstalt gewesen ist, sieht Binswanger einen «eigentlichen Hereditarier», einen erblich Belasteten. Unglücklicherweise paare sich die abnorme Anlage des Keimes mit einer großen künstlerischen Begabung. Als «Künstlergenie» sei Stauffer «ausgestattet mit einem wahrhaften Dämon von geistiger und moralischer Zügellosigkeit», die früher oder später zur Zerstörung führe. Beim Porträtieren des Dichters Gustav Freytag sei dieses Zerstörerische erstmals zum Ausdruck gekommen, als der Maler das Bild nach siebenundzwanzig Sitzungen mit weißer Farbe überschmierte. Im Belvoir habe er in der exzentrischen Lydia Welti-Escher eine Frau gefunden, die selbst die «Gelegenheitsursache» für den Ausbruch des Wahns gewesen sei. Bei den Tempelplänen schließlich sei die «Inkohärenz der Ideen» an den Tag getreten, «die Auflösung der normalen Ideenassoziation».[191]

Auflösung von Ideenassoziationen gilt in jenen Tagen als untrügliches Zeichen dessen, was Eduard Bleuler Schizophrenie nennen wird, oder genauer: Formenkreis von Schizophrenien. Karl Stauffer sei also ein Geisteskranker, dessen Taten in diesem Licht beurteilt werden müssten – und das heißt: mild. «Es ist die alte Geschichte», seufzt Binswanger: «Den Geisteskranken, welcher ein Verbrechen begangen, will das große Publikum nie als krank gelten lassen.»[192]

Ich frage den heutigen Direktor der psychiatrischen Klinik Burghölzli in Zürich, was er von Binswangers Ferndiagnose hält. Professor Daniel Hell antwortet: «Meines Erachtens sind die Überlegungen von Robert Binswanger, die natürlich zeitbedingt sind, weniger überraschend und in Frage zu stellen als seine Gewissheit bezüglich der Diagnose von Stauffer.»[193] Die Sicherheit der Ferndiagnose also wirkt befremdlich: «Schon frühe» sei Binswanger die Geisteskrankheit Stauffers «zur unumstößlichen Gewissheit geworden». Binswangers «Gewissheit» hat die Stauffer-Rezeption beeinflusst und ist gerne übernommen worden.

Ehegatte Friedrich Emil Welti hat als Erster – gemäß den überlieferten Dokumenten – von Stauffers Geisteskrankheit gesprochen. Die Stauffer-Partei hat sich die Argumentation zu Eigen gemacht, und die staufferfreundliche Geschichtsschreibung hat sie übernommen. Denn wenn Karl Stauffer krank ist, dann ist er kein Verführer, ist für seine Handlungen nicht verantwortlich und kann weder strafrechtlich noch moralisch belangt werden. Was ist von der «Krankheit» zu halten?

Vielleicht ist Stauffer geisteskrank nach den Anschauungen der damaligen Psychiater, die den Begriff der Geisteskrankheit überdehnen, um ihre eigene Wichtigkeit zu erhöhen.[194] Der Zürcher Psychiater Eugen Bleuler kennt in seinem wegweisenden Werk über die Schizophrenien, das 1911 erschienen ist, auch eine «hypochondrische Melancholie der Autoren», worunter wohl nicht nur Dichter, sondern Künstler allgemein zu verstehen sind.[195]

Gewiss stellten Freunde fest, dass Stauffer während seiner Arbeit am «Adoranten» eine ungewohnte «Nervosität» zeige.[196] Er selbst erzählt von «Katzenjammer», der sich «oft bis zur Melancholie» steigere.[197] Stauffer wird gar zu «phantasieren» beginnen – nach seiner Gefangennahme.[198]

Nach dem Alltagsverständnis seiner Zeitgenossen aber ist Stauffer nicht wahnsinnig: «Ich habe heute nach vieler Mühe Karl gesehen und halte denselben nicht für verrukt (sic), sondern nur für bodenlos schlecht», berichtet Bruder Eduard nach Hause, der den verhafteten Stauffer hat sehen können.[199] Erst bei einem Besuch in der Heilanstalt, zwei Monate später, erhält er den Eindruck: «Er ist offenbar krank, denn er konnte, obschon er im ganzen ruhig war, nur mit Mühe den Gedankengang in seiner Erzählung festhalten.»[200]

Und die Kupferstecherin Cornelia Wagner hält fest, dass Stauffer bei allen «phantastischen Plänen» sich «gut, energisch und klar in allem ausdrückt», sodass sie sich nicht vorstellen könne, dass er «geisteskrank» sei.[201]

Allenfalls ist er etwas überdreht. Das ja. Das war er immer.

Zwei Zeilen noch

Mit Klinger, dem einstigen Künstlerfreund, ist es zum Bruch gekommen, seit der dem deutschen Konsulat über Stauffers Geisteszustand Meldung gemacht hat. Klinger nennt Stauffer, der Lydia und ihn und Cornelia hat für seine Pläne einspannen wollen, einen «Schurken».[202] «Ich fühle nicht das mindeste Mitleid mit dem Subjekt», schreibt Klinger an seine Eltern.[203]

Als Klinger sieht, dass Binswanger ihn in seiner Publikation namentlich erwähnt hat, und zwar als treuelosen Freund, wird er ausrasten. Auch das «Berliner Tagblatt» hat über des Psychiaters Arbeit berichtet. Nun dringt Klinger, der von Rom wieder nach Berlin übersiedelt ist, ins Redaktionsbüro ein und will den Namen des verantwortlichen Redakteurs wissen. Nachdem der anwesende Journalist angeboten hat, der Eindringling könne eine Gegendarstellung ins Blatt rücken, schlägt Klinger – so berichtet das Blatt selbst – «hinterrücks auf den ruhig dasitzenden Redakteur und verwundete ihn so, dass derselbe sofort mit Blut überströmt war».[204] Der Wütende demoliert noch die Lampen im Raum, ehe er von herbeigerufenen Schutzmännern in Haft genommen wird.

Warum ist Klingers Zorn auf Stauffer so maßlos? Ein Autor, der sich näher mit Klinger beschäftigt hat, schreibt: «Vielleicht war eine geheime Rivalität mit im Spiel. Es fällt immerhin auf, dass Klingers Frauengestalten, die er in Rom malte, offenbar mehrfach die Züge der Malerin Cornelia Wagner tragen.»[205]

Lassen wir das auf sich beruhen. Wo stehen wir in all den Wirren, in denen so viele Überdrehte, Depressive und Geisteskranke mitwirbeln? – Im Frühjahr 1890 sitzt Karl Stauffer in Florenz in der Anstalt San Bonifazio. Lydia Welti-Escher befindet sich im Manicomio di Roma. Beides Institutionen für Menschen, die den Verstand verloren haben. Ehegatte Friedrich Emil Welti ist wieder in Zürich, unfähig zu begreifen, wie ihm geschehen ist. Bundesrat Welti amtet in Bern; nur mit Mühe kann er sich zur Arbeit zwingen, erfüllt von Trauer über den Zerfall von Familie, Sitten und Werten. Seine Frau ist mit Depressionen in der Klinik Waldau.

Mitte März 1890 wird Karl aus dem Florentiner Irrenhaus entlassen. Er reist in die Schweiz und wenige Tage später wieder zurück nach Rom, um Lydia zu suchen. Und erlebt den nächsten Schock. Er hat das Irrenhaus aufgesucht, wo Lydia untergebracht worden ist. Er hat mit dem Direktor persönlich gesprochen. Und er hat erfahren, Lydia sei «vergnügt und zufrieden mit ihrem Gatten von Rom verreist, wohin wissen die Götter».[206] Und zwar völlig gesund.

Ihr Zustand habe sich «gebessert», bestätigt der Austrittsvermerk.[207]

Das ist offenbar der härteste Schlag für Stauffer. «Stauffer ertrug alle Leiden mit Fassung; erst dass die vermeintliche Geliebte ihn im Stich ließ, machte ihn verzweifelt», so die Meinung des Berliner Künstlerfreundes Hermann Prell.[208]

Karl greift zur Feder und schreibt einen Brief, der eindringlicher nicht sein könnte: «Liebe Lydia», so beginnt er, «Du weißt am besten, was Dir frommt, und es steht mir nicht zu, über Dich zu richten.» (Ein respektvoller Einstieg.)

«Ich habe ja nie gewagt, Dich mein zu nennen.» (Er hat allerdings seiner Mutter berichtet, er habe vier Jahre um ihren «Besitz» gestritten.[209])

«Du weißt auch, wie ich das Menschenmögliche tat, um der Versuchung zu widerstehen.» (Sie ist die Verführerin.)

«In Ketten und Fesseln, in Schande und Krankheit, dachte ich nur [an] meine Liebe.» (Er ist der Leidende.)

«Ist es möglich, hast Du wirklich kein Herz?» (Pfarrerssohn Stauffer kennt seinen Hiob: «Ich schreie zu dir, doch du erhörst mich nicht.»[210])

Weiter im melodramatischen Text:

«Du hast mit einem reichen Leben voll Feuer und Liebe gespielt und es zerstört.»

«Du hast mich zerbrochen, mein Herz, meine Kraft, alles, alles. Habe ich das verdient?» Was Stauffer noch will von ihr, sind zwei Zeilen, «… noch zwei Zeilen, es ist so wenig, was ich fordere, gewähr's mir.»[211]

In Byrons dramatischem Gedicht sagt Manfred zum Geist der Astarte: «Ein Wort nur noch! Ist mir vergeben?» Und er wiederholt: «Ein Wort noch des Erbarmens! Sprich, du liebst mich?»

Astarte haucht: «Manfred!»[212]

War es Liebe?

Hat Karl Lydia geliebt? Hand aufs Herz!

Stauffers Antworten sind schillernd. Zum einen schreibt er, Lydia sei die «einzige Frau, die er je geliebt habe».[213] Und zwar «seit der ersten Minute unserer ersten Begegnung».[214] Ein «Diamant» sei sie, ein «Kleinod»[215] – da gleitet die Formulierung allerdings ins Merkantile.

Wie aber ist zu verstehen, wenn er seinem Bruder Eduard aus dem Kerker mitteilt, er habe einige Dinge betreffend Lydia und ihn zu besprechen, und danach ausruft: «Paris vaut bien une messe!»[216] Heißt das, es lohne sich, um Lydia zu gewinnen, sich selbst zu verleugnen? Und in einem nicht zur Post gebrachten Briefentwurf kritzelt Stauffer: «Sie liebt weder mich, noch ich sie.» Sie habe ihn einfach gebeten, «ihr von ihrem Manne zu helfen», der ihr «ekelhaft» geworden sei.[217]

Tausend Konstruktionen. Tausend Erklärungen. Keine Chance, durch diese Sätze hindurch zu einer einzigen, gültigen Wahrheit vorzudringen. Am ehesten sieht man einen Karl Stauffer, der sich verschiedenste Entwürfe macht, wie die Wirklichkeit gewesen sein könnte.

Einen Stauffer, dem es schwer fällt, kleinlaut zu werden.

Einmal ist Lydia die Schlange: «Weiß Gott, das Weib hat mich verführt.»[218] Ein andermal ist er der Sünder: «Ich nehme die ganze Chose auf als gerechte Strafe für meine vielen Ehe- und Treubrüche.»[219] – Auch diese Stelle wird von der Welti-Partei noch nach fünfzig Jahren zitiert werden, als Beweis für Stauffers angebliche Schuld.

Welti-Escher hat ihre Sicht der Dinge. Am 19. April 1890 antwortet sie auf Stauffers Bitte, ihr wenigstens zwei Zeilen zu schicken. «Herrn Karl Stauffer», ohne weitere Anrede. «Ihr Brief vom 6. d. M. [dieses Monats] ist mir zugestellt worden.» Dass die beiden per Du sind, gehört der Vergangenheit an. Nicht sie sei es, welche eine Änderung der früheren Beziehungen zwischen ihnen herbeigeführt habe. «Tatsache ist, dass Sie damals in Florenz meinen Ihnen wohlbekannten, durch Krankheit überreizten Nervenzustand benützt und mich in der schändlichsten Weise getäuscht haben.»[220] Sie kritisiert nicht, dass Stauffer der Verführer sei. Das hat sie sich ja auch gefallen lassen. Die vornehme Dame redet von Liebe, nicht von Sex. Stauffer habe sie in bezug auf seine Liebe getäuscht, wirft sie ihm vor.

«Dies allein habe ich hier zu konstatieren», schließt sie. «Auf weitere Auseinandersetzungen mit Ihnen werde ich mich unter keinen Umständen einlassen.»[221]

Noch einmal – er kann nicht glauben, was er liest – schreibt Stauffer an Lydia. Welti-Escher informiert ihren Anwalt, er solle dem Anwalt Eduard Stauffer in Biel schreiben, der Maler «möge weitere Zuschriften an mich unterlassen».[222]

Die Stauffer-Partei ist überzeugt – und wird dies noch nach Jahrzehnten vertreten –, dass Lydias schnöder Absagebrief «von einem Dritten aufgesetzt» worden sei.[223] Stimmt nicht, sagt die Welti-Partei, und lässt dies ebenfalls nach Jahrzehnten durch ihren Anwalt wiederholen. Der ist sogar im Stande, aus dem verschlossenen Familienarchiv einen «Briefentwurf» zu Lydias Schreiben, in ihrer Handschrift, vorzuzeigen, entsprechend der Praxis der Welti-Familie, Dokumente je nach Bedarf hervorzuzaubern oder verschwinden zu lassen.[224]

Dennoch gibt es keinen Grund, in diesem Punkt an der Darstellung der Welti-Seite zu zweifeln, außer der üblichen historischen Vorsicht gegen Parteistellungnahmen. Lydia Welti-Escher hat den Absagebrief selbst geschrieben.

Sie ist durch Stauffers locker-frechen Umgang mit der Angelegenheit offensichtlich schockiert. Karls weiß es: «Der Brief ist zweifellos Lydias Fabricat. Es ist ihre Schrift, der Stil und, ich bin überzeugt, ihre gegenwärtige Ansicht.» So hat sie es geschrieben, so hat sie es gemeint. «Das Weib ist eine Canaille, basta.»[225]

Schmutzige Behauptungen

Karl hat intimste Geheimnisse hinausposaunt. Seinem Bruder Eduard teilt er mit, dass Lydia einen Scheidungsgrund habe: Ehemann Friedrich Emil schätze «in bezug auf erotische Vergnügungen gewisse Eigenheiten», und zwar: «... um deutsch zu reden, er wollte sie nach Knabenweise vornehmen, was sie sich nicht gefallen ließ».[226]

Nach Knabenweise? Wie bei den alten Griechen? Fragen wir die Fachfrau aus unserer Gegenwart, was der Ausdruck besagt. – «Ein Ehemann, der seine Frau ‹nach Knabenweise vornehmen› bzw. lieben will, verlangt Analverkehr; das ist klar», antwortet die «Blick»-Sexberaterin Eliane Schweitzer. «Ebenso klar scheint mir, dass es tatsächlich eine skandalöse Enthüllung gewesen wäre. Analverkehr wird mit heimlichen homosexuellen Wünschen gleichgesetzt, zudem gilt der Anus als schmutzig.» Es gebe noch heute «viele Frauen, die dieses Ansinnen empört zurückweisen; weshalb diese Sorte Sexualverkehr in der Prostitution ein Renner sein soll».[227] Heute. Und gestern?

Dass Schweitzers Interpretation auch für das damalige Verständnis zutrifft, bestätigt das einschlägige Fachbuch des ausgehenden 19. Jahrhunderts, die «Psychopathia sexualis», verfasst vom Psychiater und Nervenarzt Richard Freiherr von Krafft-Ebing. Unter dem gräzisierenden Ausdruck für Knabenliebe – «Päderastie» – erklärt er, was Knabenliebe ist: «Immissio penis in anum».[228]

Etwas Schimpflicheres kann Stauffer dem Ehepaar Welti und seiner gewesenen Freundin kaum vorhalten, die bei aller Emanzipation von den sittlichen Vorstellungen der Epoche geprägt ist. Ein Hermann Klencke hat in seinem fünfhundert Seiten starken Lehrbuch «Das Weib als Gattin» die «psychischen, seelischen und sittlichen Pflichten, Rechte und Gesundheitsregeln der deutschen Frau im Eheleben» abgehandelt. Es ist ihm offensichtlich peinlich, umschreiben zu müssen, «welche körperliche Lage für den Menschen bei der Begattung die natürliche und darum auch gesundheitsgemäße sei», wo doch «schon der Sprachinstinkt durch die allgemein verständliche Bezeichnung ‹eheliche Umarmung› hinreichend Auskunft darüber gibt, wie Menschen sich bei einer Umarmung, die Brust auf Brust legt, zu gebärden haben».[229]

Der Vorwurf gegen des Ehemanns angebliche Lustpraktiken belegt aber vor allem, dass Stauffer in denselben Konventionen denkt wie Lydia Welti-Escher.

Lydia Welti-Escher mag gewusst haben, dass Stauffer das ausplaudern wird, dass auf den Liebesentzug die Beschimpfungen folgen werden. Später wird sie einen überraschenden Grund anführen, der zu ihrem harschen Bruch mit Stauffer geführt habe. «Rücksicht auf gesellschaftliche Vorurteile hielt mich gewiss nicht ab, zu ihm zu stehen», wird sie dem Buchautor Brahm erklären, «sondern – gerade um unseren langjährigen Beziehungen einen Hauch von Poesie zu retten – glaubte ich, die Frau müsse ihnen ein Ende machen: vor dem Ende.»[230] Eine poetische Erklärung. Diesmal ein Versuch Lydias, sich zurechtzulegen, wie die Wirklichkeit gewesen sein könnte.

Mythos Königsfelden

Lydia Welti-Escher ist nicht mehr in Rom. Karl hat sie dort nicht angetroffen. Der Künstler kehrt in die Schweiz zurück. Aber wo ist Lydia?

Am 16. November 1974 wird die Uraufführung des Dramas «Stauffer-Bern» stattfinden – verfasst von Herbert Meier –, auf einer Studiobühne des Zürcher Schauspielhauses. Eindrücklich darin ist für viele Zuschauer jene Szene, wo Lydia Welti-Escher in der psychiatrischen Klinik Königsfelden sitzt.

Auftritt Ehegatte Friedrich Emil Welti.

Ehegatte: «Du nimmst auch brav deine Medizin?»

Lydia: «Wie du siehst.»

Kurz danach, der Ehegatte. «Ich denke, du bleibst in Königsfelden, bis unsre Scheidung ausgesprochen ist.»

Bevor er abtritt: «Ein Objekt der Spekulation warst du ihm, und weiter nichts.»

Das Stück beeindruckt. Einmal gibt es bei der Premiere gar Beifall auf offener Szene, als nämlich Stauffer verkündet, man müsse den Geldfluss von den Verwaltungsräten zu den Künstlern umlenken.

Ein Großereignis. Nicht nur sind alle Vorstellungen ausverkauft. Wie Autor Meier erzählt, hätten sich selbst die Feuerwehrmänner Abend für Abend darum gestritten, bei der Aufführung des «Stauffer» Dienst tun zu dürfen.[231]

Lydia Welti-Escher in Königsfelden, das ist in den Köpfen haften geblieben. Es ist in der Erinnerung zur Schlüsselszene geworden, die einen Mythos begründet hat.

Meier sagt heute, dass das Stück nicht in jedem Detail historisch sei: «Dialog und Dramaturgie der Szenen sind poetische Fiktion.»[232] Die Kritik hat es anders gesehen: Das Stück halte sich «eng ans Quellenmaterial», urteilt die NZZ,[233] und die damals angesehene Zeitung «Tat» bezeichnet das Werk als «dokumentarisch».[234]

Dieses Urteil ist in die Literaturgeschichte eingegangen: «Herbert Meier wurde zum herausragenden Vertreter des Schweizer Dokumentartheaters und schuf mit ‹Stauffer-Bern› einen ungestümen kleinen Klassiker der poetischen Systemkritik», schreibt der ehemalige Literaturprofessor Peter von Matt.[235]

Die literarische Episode interessiert, weil Lydia Welti-Escher nie in Königsfelden gewesen ist. Zumindest gibt es keine Quelle dafür.

Der Chefarzt der Klinik teilt auf Anfrage mit: «Wir bedauern, Ihnen mitteilen zu müssen, dass wir keine Unterlagen über einen Aufenthalt von Frau Lydia Welti-Escher in der Psychiatrischen Klinik Königsfelden finden konnten.»[236] Eindringliche Nachfragen an derselben Stelle fördern keine anderen Erkenntnisse zu Tage.[237]

Wie ist denn Theaterautor Meier zur Szene gekommen? Den damaligen Berichten zufolge hat er sich auf das Buch von Bernhard von Arx, «Der Fall Karl Stauffer», gestützt.[238] Darin schildert der Autor, wie Stauffer im April 1890 in Rom erfolglos nach seiner Lydia gesucht hat. «Währenddessen saß Frau Welti-Escher in der aargauischen Heilanstalt Königsfelden», schreibt von Arx, allerdings ohne eine Quelle anzuführen. Er fährt fort: «Gestützt auf das vorgedruckte Entlassungszeugnis» – ausgestellt von der psychiatrischen Klinik in Rom –, «ließ Emil seine Gemahlin in der Schweiz neuerdings internieren.»[239]

Belegt ist, dass Friedrich Emil Welti eine solche Absicht geäußert hat: «Sobald es irgendwie geht, werde ich Lydia nach Königsfelden bringen lassen», hat er vor ihrer Internierung in Rom, im Dezember 1889, einem Freund angekündigt.[240]

Aktenkundig aber befindet sich Lydia Welti-Escher in Erwartung jener Scheidung, die Friedrich Emil im Theaterstück ankündet, an einem anderen Ort. Ihr erstes Testament, ein gewichtiges Dokument, datiert vom 20. Mai 1890. Es ist vor einem Notar als Zeugen unterschrieben worden. Und zwar in Heidelberg.[241]

Nicht in Rom und nicht in Königsfelden. Frau Welti-Escher ist – jedenfalls als dieses Testament aufgesetzt wird – in Heidelberg, wo sie im Hotel Europa wohnt.[242]

Warum also der Glaube, sie sei in der aargauischen Irrenanstalt? Der Irrtum ist verbreitet worden durch eine Zeitungsente. Ihr zu Grunde liegt möglicherweise eine gezielt gelegte falsche Spur, die dem Interesse von Ehemann Welti entspricht: «Frau Dr. Welti-Escher soll sich gegenwärtig als geisteskrank in Königsfelden befinden», haben Presseberichte schon gestreut, kurz nachdem sie in Rom ins Manicomio eingeliefert worden ist.[243] Warum könnte Welti, was er einem Freund angekündigt, nicht auch einem Journalisten gesteckt haben? Und in den folgenden Monaten hat

Welti gewiss kein Interesse, den Irrtum aufzuklären, weiß er doch, dass Karl Lydia gerne gefunden hätte – der auch tatsächlich in Königsfelden und bei Binswanger in Kreuzlingen Nachforschungen nach ihr angestellt hat; vergeblich.[244]

Schließlich ist die Falschmeldung zur falschen Wirklichkeit geworden. Dass die Daten der Falschmeldung und die biografische Realität Lydia Welti-Eschers nicht übereinstimmten, ist offenbar später nicht aufgefallen. Frau Welti-Escher befand sich zum Zeitpunkt der Zeitungsnachricht noch in Rom.

Kleines Versteckspiel

Lydia Welti-Escher hat sich nicht in Königsfelden internieren lassen, selbst wenn dies ihr Ehemann beabsichtigt haben sollte. Sie hat einen Rechtsanwalt genommen und sich als Person selbstständig gemacht. Das gibt der Geschichte einen neuen Dreh: Immer mehr versucht sie fortan, die Souveränität ihres Handelns zurückzugewinnen.

Trotz allem bleibt zwischen der Entlassung aus der Irrenanstalt in Rom (am 22. März 1891) und der Unterschrift unter ihr Testament in Heidelberg (am 20. Mai 1891) eine zeitliche Lücke, die durch die bisher bekannten Quellen nicht erklärt wird. Wo ist sie?

Zu Beginn des Jahres 1891 hat Ehemann Welti noch gedacht, er würde nach der Rückkehr seiner Frau wieder mit ihr zusammenleben – so legt er dem Freund Bavier dar –, nur wisse er noch nicht wo.[245] Die Rede ist von einem «Chalet» in Graubünden oder im Wallis.[246] Doch weniger als eine Woche vergeht seit Lydias Rückkehr aus Rom, und die beiden unterzeichnen einen Vorvertrag, wonach sie sich scheiden lassen werden (am 26. März 1891). Das Papier regelt auch die finanziellen Fragen.[247] Von diesem Moment an kann Lydia Welti-Escher sich wieder als mündige Frau betrachten, auch wenn dieser Status rechtlich noch nicht in Kraft ist.

Wohin wird sie gehen, nachdem so die Scheidung vereinbart ist?

Ins Belvoir zurück kann sie nicht, das Anwesen soll verkauft werden. Nach Baden, wo sie traditionellerweise zur Kur weilt, will sie wohl nicht, da würde Karl Stauffer sie leicht finden. Mit Weltis vollständig brechen – es wird sich noch zeigen –, wird sie ebenfalls nicht. Zudem verlangt die juristische Abwicklung der Scheidung weiterhin einen minimalen Kontakt. Und vermutlich braucht sie auch den Hausarzt Dr. Schaufelbühl noch, der ihre Krankengeschichte am besten kennt.

Wo sind diese verschiedenen Anforderungen an Trennung und Kontakt, an

Nähe und Distanz ideal erfüllt? Überlegt man sich die Beziehungsgeometrie, gelangt man an einen Punkt: Gießbach am Brienzersee. Das Gießbach-Hotel bietet alle Annehmlichkeiten eines Luxushotels und ist zugleich eine mit modernsten Anlagen ausgerüstete Badeklinik. Es ist glücklich gelegen, da keine Reisenden zufällig vorbeikommen können, sie müssten den Ort per Schiff zielgerichtet ansteuern. Die Familie Welti lebt in Bern, nur einige Stunden von Gießbach entfernt. Lydias Gatte Welti liebäugelt mit einem Wohnsitzwechsel von Zürich-Enge nach Thun. Und der Arzt Schaufelbühl scheint gelegentlich aus dem Aargau herzukommen, um die kranke Gattin des Bundesrats in der Waldau zu visitieren.

Ein Aufenthalt unter Kontrolle von Ärzten ist für Lydia Welti-Escher angezeigt. «Über meine sog. Krankheit verliere ich kein Wort. Die geht nur mich und Lydia an», hat Karl Stauffer nach Hause geschrieben.[248] Seinem Freund Mosse berichtet er, er leide an einer «Pseudosyphilis» – an Hautausschlägen, die den Symptomen einer Syphilis gleichen.[249] Lydia hat ein Interesse abzuklären, ob und womit sie angesteckt worden ist. Leider sind die Gästebücher des Gießbach-Hotels verschollen, wie Peter Frey aus der Dynastie der späteren Besitzerfamilie telefonisch mitteilt.[250]

Auf jeden Fall ist Gießbach ein idealer Ort für die Frau, die bald die geschiedene Frau Welti-Escher sein wird. «Bei schweren chronischen und eingewurzelten Leiden, wo ein sehr vorsichtiges Vorgehen geboten ist, sind in der Regel 6–8 Wochen, ja 10 Wochen erforderlich, um ein gutes Resultat zu erreichen», verkündet der Prospekt der Kuranstalt – das ist ungefähr die Zeitspanne, die in den Quellen nicht dokumentiert ist.[251]

Scheiden tut weh

Sie will nicht wieder interniert werden. Lydia Welti-Eschers Anwalt macht ihre geistige Gesundheit im Land der Eschers und Weltis geltend. Ihr Rechtsvertreter stammt aus dem Heimatkanton der Weltis, dem Aargau, und ist in politischen Winkelzügen bewandert, wirkt er doch zuerst als Nationalrat, später jahrzehntelang als Ständerat: Peter Emil Isler. Der gleichen Partei wie Weltis angehörend, den Radikalen. Lydia Welti-Escher freut sich darüber, dass der Jurist sich von ihrer Zurechnungsfähigkeit persönlich überzeugt habe.[252] Ganz sicher, dass wenigstens er davon überzeugt ist, hat sie sich offenbar nicht sein können.

Der Scheidungsvertrag ist allerdings de facto ein Beweis: Einen Vertrag schließt man nicht mit einer Geisteskranken ab.

Der Ehegatte Friedrich Emil Welti hat seine Idee aufgegeben, mit Lydia zusammenzubleiben. Bundesrat Welti, gewohnt, hinter den Kulissen zu handeln, scheint die Trennung befördert zu haben: «... ich atmete auf bei dieser Nachricht», berichtet er Bavier.[253]

Glücklich ist Lydia Welti-Escher nicht darüber. Doch nun wartet sie in Heidelberg, in sicherer Distanz zu Ehemann, Geliebtem und Bundesrat, auf das Scheidungsurteil. In Heidelberg kann kein von Friedrich Emil Welti organisierter Arzt sie internieren. Nachher ist sie endgültig frei.

Das deutsche Städtchen ist in der guten Gesellschaft der Schweiz bekannt. Dort gibt es einen Kreis von Emigrierten aus vornehmen Familien. Dort empfing einst Gottfried Keller Bildungseindrücke. Dort weilte Ehegatte Friedrich Emil Welti ein Semester zum Studium. Und schließlich hat sich Lydia Welti-Escher in Heidelberg schon einmal von einem Spezialisten wegen unerträglicher Ohrenschmerzen operieren lassen.

Am 7. Juni 1890 wird auf Grund der Akten das Scheidungsurteil gefällt. Das Bezirksgericht der Stadt Aarau – wo die Weltis das Bürgerrecht haben – stellt fest: «Die Beklagte wird als der schuldige Teil erklärt und ihr eine Wartezeit von 3 Jahren auferlegt.» Der Ehegatte Friedrich Emil hat den von seiner Frau eingebrachten «Stammbetrag» ohne Errungenschaft an seine Frau zurückzuerstatten. Lydia hat umgekehrt eine Entschädigung von 600 000 Franken zu zahlen.[254]

Eine horrende Summe. Das Allgemeine bürgerliche Gesetzbuch für den Kanton Aargau aus dem Jahr 1867 sieht bei Scheidungen eine Entschädigung vor, die nach Verschulden, Vermögen und entgangenen Erbansprüchen zu berechnen sei. Gemessen an einem Vermögen von rund 3 Millionen Franken, das Lydia Welti-Escher in den kommenden Monaten nachweislich besitzt, muss sie also einen Fünftel Entschädigung bezahlen. Das scheint, formal betrachtet, nicht übertrieben.

Friedrich Emil Welti wird 1897 einen prächtigen Landsitz erwerben, den «Lohn» im bernischen Kehrsatz, der heute dem schweizerischen Bundesrat als Unterkunft für Staatsgäste dient. Da werden im 20. Jahrhundert Winston Churchill, Pandit Nehru, Konrad Adenauer übernachten. Welti bezahlt dafür Fr. 57 500.–,[255] einen Zehntel dessen, was er von Lydia bei der Scheidung erhalten hat. Die Errungenschaft auf dem Vermögen, die er behalten darf, nicht eingerechnet. Der Financier Friedrich Emil Welti und sein bundesrätlicher Vater haben gut kalkuliert: zehn herrschaftliche Landsitze als Abfindung – zehn «Löhne»!

Schwamm über die Rechentafel.

Der Gesandte Simeon Bavier wird die Geschehnisse aus der Ferne verfolgt haben. Man kann sich vorstellen, wie schrecklich sich ihm alles darbietet. Ein Ehepaar geschieden, der Gatte verletzt und empört, dessen Vater erschüttert, die einstige Gattin kränkelnd und nervenschwach, ihr Liebhaber vom Gefängnis traumatisiert.

«Von einem unerhört harten Schicksal betroffen», zieht sich Friedrich Emil mit seiner Mutter nach Thun zurück, «lebt dort sehr einsam seinen Geschichtsstudien u. histor. Arbeiten», wie in einem handschriftlichen Lebenslauf zu lesen ist, möglicherweise einer Vorarbeit zu einem Nachruf.[256]

Einige Zeit nach der Scheidung stattet Bavier den Weltis einen Besuch ab. Er berichtet seiner Frau darüber. «Mein teures Herz», es ist ein persönlicher Brief: «Ich war also mit Welti bei seinem Sohne in Thun.» Was er angetroffen hat, hat ihn überrascht: «Die alte Frau Welti» – die Frau des Bundesrates – «hat sich fast ganz erholt», schreibt er; «sie war gesprächig u. heiterer als je.» Allen geht es ganz gut: «Auch Lydia Escher sei nicht mehr verrückt», erfährt er. Und «Stauffer sei nicht mehr irrsinnig», heißt es. Bavier muss sich gewundert haben. Wozu denn zuvor all die Anwälte und Gutachten und Diagnosen, die Beschimpfungen und pathetischen Klagen? «Es sind dies alles doch ganz merkwürdige Geschichten», schließt er seinen Brief, «die ich übrigens dich bitte, so wie alles, was ich dir schrieb, für dich zu behalten.»[257]

Ein zarter Mann

Friedrich Emil Welti ist seiner ersten Ehe ledig. Er ist schockiert, empört, leidend. Wirklich nur das? Ist er auch befreit?

Welti ist eine fesselnde Persönlichkeit, die eigentümlicherweise entschwindet, wenn man sie fassen möchte. Es gibt nur wenige persönliche Briefe aus Weltis Hand, die Historikern zugänglich sind.

Angehörige der geschichtsschreibenden Zunft haben die Möglichkeit, sich Dinge vorzustellen, die nicht in den Quellen stehen, und zu fragen: Könnte es sein, dass…? So lange, bis die Quellen ihnen widersprechen.

Warum ist Weltis Verhalten manchmal schlicht unverständlich? Was geht in ihm vor, als er seine Gattin wenige Tage nach der gemeinsamen Übersiedlung nach Italien wieder verlässt? Wie kommt es, dass er seine Frau während der Kur in Baden rührend umsorgt und ihr gleichzeitig Vorwürfe wegen ihrer Krankheiten macht? Dass er seiner Frau gegenüber herzlich wirkt und zugleich distanziert? Dass er sich offenbar vor allem an seine Hunde hält? («Felix hat mich heute zu Maggi begleitet und nachher auf die Rückversicherung ...»[258])

Dieser Welti ist eine komplexe Persönlichkeit. Er ist musikalisch. Im Geschäft erfolgreich, wenn man etwa an seine gute Nase im Maggi-Handel denkt. Als Finanzkapitalist optimistisch investierend. Aber häufig deprimiert. Zeitweise auf Heilkuren angewiesen wie seine Gattin. Persönlich liebenswürdig gemäß verschiedensten Schilderungen. Weich, feinsinnig, oft abwesend. Noch mehr dem Nebulösen des *Fin de Siècle* angehörend als Lydia Escher.

Könnte es sein, dass Friedrich Emil Welti homosexuelle Neigungen besaß? Autor von Arx deutet solches in seinem Buch an und greift es im Gespräch wieder auf: Er erwähnt, dass Lydias Gatte mit einem Freund eine mehrwöchige Norwegenreise unternommen habe, während Stauffer auf Belvoir weilte.[259]

Vorneweg: Es gibt keinerlei hartes Indiz, das diese Vermutung stützen würde. Es gibt nur eine Überlegung: Wenn Welti von solchen Neigungen geleitet wird, mit denen er allenfalls kämpft, würde manches in seinem Verhalten verständlicher. Vor allem, dass er unter den herrschenden Moralvorstellungen nicht seine ganze Persönlichkeit entfalten kann. Dann würde uns Welti junior, der Mann im Schatten seines Bundesratsvaters und seiner energischen Mutter, auch menschlich näher kommen. Er, dessen offizielle Biografie aus einer Liste formeller Tätigkeiten in Gremien der Versicherungsbranche besteht: «... wirkte mit größtem Erfolg auf dem Gebiet des Versicherungswesens, zuerst in der Geschäftsleitung, später als Mitglied des Ausschusses der Unfallversicherungsgesellschaft Winterthur (...) gehörte er als eines der geistig führenden Mitglieder während über 50 Jahren dem Verwaltungsrat der Schweizerischen Rückversicherungsanstalt in Zürich an». So wird in einem Nachruf im «Bund» aufgelistet.[260] Nach diesen Stationen allerdings wird Weltis Kunstsinnigkeit ausgiebig gewürdigt. Wenn Friedrich Emil zum gleichen Geschlecht hingezogen war, kann er das kaum ausgelebt haben. Lydia Welti-Escher hätte es Stauffer bei jenem Gespräch verraten, in dem sie von ihres Ehemanns ekelhaften Wünschen sprach. Es wäre ein Scheidungsgrund par excellence gewesen.

Totentanz

Mag Stauffer auch nicht mehr irrsinnig sein, die Welt kommt ihm weiterhin so vor. Zum Heiteren hat sich bei dem sensiblen Wesen, das Stauffer trotz seinen aufgesetzten Grobheiten besitzt, nichts gewendet.

«Aus dem schauerlichen Trümmerfall dieses Lebens» – gemeint ist das Leben von Karl Stauffer – ist noch «eine wundersame, fremdartige Blume» hervorgewachsen, wie ein Zeitgenosse formuliert; Stauffers Lyrik.[261]

Wie ein Irrer hat er geschrieben: An die 200 Blätter mit dem Stempel «Direzione delle carceri di Firenze» sind überliefert, teilweise in Spiegelschrift; Stauffer spricht von 300 Druckseiten. Erst allmählich erblicken die Gedichte das Tageslicht. Das eine oder andere habe ich im Laufe der Erzählung zitiert.

«Lieder des Narren von San Bonifazio» hat Stauffer sie betitelt.[262] Er hat sie veröffentlichen wollen, sobald er frei sein wird. «Ich schrieb, weil ach, mein Herz mir brannte», erklärt er in einem als «Nachwort» vorgesehenen Gedicht.[263] Und er sieht schon eine zweite und dritte Auflage vor. Für welche er ein «Vorwort» verfasst als «Kupferstecher, Maler, Bildhauer und Ehebrecher». Signiert mit «Carlo Corradino de Stauffer».[264]

In den Versen gestattet sich Stauffer die Freiheit, die er in den Gemälden nicht zugelassen hat. Die Schriftstellerin Isolde Kurz, zu der die Gedichte vor Stauffers Abreise aus Florenz nach vollbrachter Kerkerhaft gelangt sind, urteilt: «Stauffers Verse sind wilde, tobende Gebirgswasser, die alles mit sich führen, was ihnen im Lauf begegnet: Anklänge und Reminiszenzen von da und dort her, Berner Deutsch, Berliner Deutsch, Wörter aus fremden Sprachen, selbst ganze Strophen Italienisch ins Deutsche eingeflochten …»[265]

Eine sorgfältige Edition und eine vertiefte literarische Analyse der Stauffer'schen Gedichte stehen bis heute aus.

Nebst Reflexionen über sein eigenes Schicksal findet sich eine Serie, die einem Totentanz gleicht, wie schon die Gedichttitel künden: «Der Tod und die Mutter», «Der Tod und die Jungfrau», «Der Tod und der Esel», «Der Tod und der Philosophieprofessor», «Der Tod und der Verfasser».[266]

Es braucht ein Gehör für Schweizerdeutsches, um etwa folgende Zeilen aus der grauslichen Dichtung «Der Tod und der Ritter» zu verstehen:

«Isch das dy Frau dert uf em Zelter?
Si gfallt mir bas, gieb mir das Wybli
Ich machen druus ein chaltes Chybli
I ha hüt no kei Frau vergraben
Channst sie verlochen hüt am Aben.»[267]

Jetzt mache er keine Verse mehr, sagt Stauffer nach seiner Rückkehr aus Rom.[268] Jetzt habe er auch den Traum von der Plastik aufgegeben, schreibt er ein halbes Jahr später.[269]

Der Gefängnisaufenthalt hat Stauffer zugesetzt. Das Liebesdrama hat ihn aufgewühlt, seine lockeren Sprüche vermögen nicht zu täuschen.

Über das kommt einer, der so grübelt wie Stauffer, so wenig hinweg, wie sein Vater das eigene vermeintliche Ungenügen hat verkraften können. Das frisst in einem und verwüstet die Seele. Vom «cholerischen Temperament der Stauffers» hat sein Nachkomme Hans Krähenbühl einmal zum Autor gesprochen.

«Sie haben mich gebrochen
In meiner besten Kraft,
Nach wenig kurzen Wochen
Man mich zum Kirchhof schafft»[270]

Der Speerwerfer, den er angefangen hat, ist im Römer Atelier zerfallen. Das Atelier geräumt, weitervermietet. Das hat Stauffer bei einer Blitzvisite in Italien festgestellt. Er kehrt in die Schweiz zurück und räsoniert über die Trümmer einer Künstlerkarriere.

Er könnte Arbeiter werden in einer Porzellanmanufaktur, «dort kennt mich niemand.»[271] Oder wenigstens Journalist, «die nötige Galle würde mir nicht fehlen.»[272]

Oder ins Kloster eintreten. Es ist nicht nur ein romantischer Gedanke. Stauffer schreibt ans Kloster Beuron in Süddeutschland, in dem, wie er erfahren hat, eine Künstlerkolonie tätig ist. Er strebt gar an, zum katholischen Glauben überzutreten. «In Italien, angesichts der grandiosen Werke, welche ihre Existenz der katholischen Kirche verdanken, fing ich an, über religiöse Dinge nachzudenken und überzeugte mich von der Größe und Wahrheit dieser Lehre.»[273]

Zuletzt erscheint ihm alles hoffnungslos. Am 3. Juni 1890, im Botanischen Garten in Bern, greift er zur Pistole, auf einer Bank nahe der Aare. Schießt sich in die Brust. Gartenarbeiter und Studenten finden ihn in seinem Blut.

Adrian von Bubenberg

Zwei Wochen später, am 19. Juni 1890, publiziert das Gericht in Florenz sein Urteil über den Schweizer Maler. «In Nome di Sua Mestà Umberto I°» steht am Anfang des Dokumentes. Noch einmal nennt es die Anklage: fleischliche Gewaltanwendung gegen eine Frau, die keinen rationalen Willen und kein Bewusstsein mehr hatte, da sie von einer «follia sistematizzata» besessen war.[274]

Jetzt kommt der Bescheid. Das Gericht «dichiara non farsi luogo a procedere per inesistenza die reato».[275] Es erklärt, einem Prozess nicht stattzugeben, weil der Tatbestand nicht bestehe.

Anfang Juni ist das medizinische Gutachten über Lydia Welti-Eschers Geisteszustand bekannt geworden, das im Gerichtsverfahren gegen Karl Stauffer eine Rolle spielt. Die Ärzte bestätigen die «völlige Gesundheit» der Frau, wie in die Schweiz berichtet wird.[276] Mit der Bestätigung der Gesundheit ist die Anschuldigung des Missbrauchs einer Kranken vom Tisch.

Das alles ist mehr als ein Freispruch: Die Anklage ist auf Luft gebaut. Ein sensationelles Ergebnis. Bildhauer von Hildebrand, der Stauffer aus dem Gefängnis geholt hat, ist begeistert. Es erscheine ihm nun absolut dringend, schreibt er an den Anwalt Eduard Stauffer, «dass diese Entscheidung veröffentlicht wird, um den Verleumdungen gegen Ihren Bruder den Mund zu stopfen u. seinen ehrlichen Namen herzustellen».[277]

Keine große Zeitung interessiert sich dafür. Stauffer? Das ist doch jener Maler, der sich so unmöglich betragen hat. Der eine Millionärin entführt und sich dann mit dem Bundesrat angelegt hat. Lassen wir die Finger davon.

Nur das «Journal du Jura», das sich Organ der Jurassischen Liberalen nennt – «Organe des Libéraux Jurassiens» – und offensichtlich direkte Verbindungen zu Eduard Stauffer in Biel pflegt, kommentiert die Meldung: «In einem monarchischen Staat hätte diese Affäre eine Regierung zu Fall gebracht.» So zitiert das Blatt einen Nationalrat. Nur in der Republik sei alles möglich. Ohnehin komme der Nichteintretensentscheid zu spät: «Vor einigen Tagen hat Herr Stauffer einen Selbstmordversuch unternommen und befindet sich derzeit im Inselspital in Bern, zwischen Leben und Tod.»[278]

Da hat ihn der NZZ-Redaktor Albert Fleiner besucht. Er hat ihn körperlich genesend gefunden, «aber mit halb ergrauten Haaren». Stauffer habe wiederholt gesagt: «Man hat mich gebrochen, rack», – und habe dabei eine Bewegung vollführt, wie man mit zwei Händen eine Stange bricht.[279]

Nur wenige Millimeter unter dem Herzen ist die Kugel durchgegangen. Stauffers starke Natur bäumt sich noch einmal auf. Und noch einmal eröffnet sich eine Chance. In Bern soll ein Denkmal für Adrian von Bubenberg errichtet werden. Am 7. Juli 1890 wird ein Wettbewerb ausgeschrieben.

Adrian von Bubenberg ist jedem Berner Buben und Mädchen ein Begriff. Das war der Mann, der Murten verteidigt hatte, als das Städtchen vom Burgunderherzog Karl dem Kühnen belagert wurde, und fast jedes Schulkind konnte früher hersagen, dass das 1476 geschah. Das Rundpanorama dieser Schlacht war eine Attraktion der schweizerischen Landesausstellung Expo.02, für diese wurde es 2002 noch einmal aufgespannt im Metallkubus des Architekten Jean Nouvel im Murtensee.

Stauffer beschafft sich eine Rüstung, die er für sein Modell braucht. Er hat das Angebot Hildebrands angenommen, in dessen Atelier in Florenz zu arbeiten, und ist erneut nach Italien zurückgekehrt.

Drei Meter fünfzig Zentimeter hoch soll der Ritter werden, nur 55 Zentimeter misst die Wettbewerbsfigur, die Stauffer entwirft. Unter seinen Fingern entsteht ein Mann in Eisen, aber kein klirrender Operettenheld: Schnörkellos steht er da, ein fester Führer, die eine Hand auf dem Schwertknauf, in der anderen eine Pergamentrolle, im Moment erfasst, wo er sich an seine Leute wendet.

Die Jury soll nicht merken, dass Stauffer der Urheber des Werkes ist. Der Bildhauer vermutet, dann würden alte Rechnungen beglichen werden. Immer noch glaubt er, dass ihm das Stipendium nicht bloss entzogen wurde, weil das Reglement eine weitere Zahlung nicht zuließ. Für ihn gibt es so etwas wie eine Berner Kunstmafia, und deren Haupt ist Gottlieb Trächsel, der nicht nur Professor für Kunstgeschichte ist, sondern auch in der Berner Kunstgesellschaft sitzt, der in dieser Eigenschaft über das Schicksal der Kunstschule bestimmt und an der Entwicklung der öffentlichen Kunstsammlung entscheidenden Anteil hat.

In die Konventionen solcher Kunstexperten passe er nicht, glaubt Stauffer-Bern.

Auch sein Ritter steht im Widerspruch zu überlieferten Vorstellungen von prächtigen Helden.

Sollte sich gar Vater Welti, der Bundesrat, einmischen, dann bestünde ohnehin keine Aussicht auf eine Prämierung.

Emmy Vogt-Hildebrand, die Schwester des Bildhauers Hildebrand und Stauffers Vertraute in diesen Monaten, soll die zwei Kisten mit Statue und Podest abschicken. Ein Motto draufpinseln, «Adrian» etwa. Und ein versiegeltes Couvert mit demselben Kennwort beilegen. Am 1. Dezember 1890 müssen die Entwürfe eingereicht sein. So geschieht es.

Ein unpathetischer Held

Dann die Mitteilung, die Jury habe sich bis August des kommenden Jahres vertagt. Noch drei viertel Jahre, das wird Stauffer nicht ertragen.

«Aus unbegreiflichen Gründen» sei der Termin der Ablieferung hinausgeschoben worden, klagt Karls Mutter.[280]

Die Vermutung, die Jury habe von vornherein verhindern wollen, dass Stauffers Entwurf in die Kränze komme, ist nahe liegend, scheint aber falsch zu sein.

Man hat die Konkurrenz offensichtlich deshalb aufgeschoben, um einem bekannten Bildhauer – Alfred Lanz – die Gelegenheit zu geben, daran teilzunehmen. Da dieser erkrankt ist, hat er den ersten Termin nicht einhalten können, und da er sich schon einmal mit einem Bubenberg-Standbild beschäftigt hat, will man nicht auf ihn verzichten.

Stauffers Trübsinn wird nach dieser Entscheidung wachsen, seine Arbeitskraft weiter schwinden, seine Schlaflosigkeit sich steigern, Stauffer nimmt Medikamente.

Die Pläne für einen Klostereintritt sind gescheitert. Zuerst hat der Abt des Klosters Beuron sich zögerlich gezeigt. Er habe Bedenken, jemanden mit so bewegtem Vorleben aufzunehmen. Immerhin möge Stauffer einige Monate zur Selbstprüfung im Klosterinnern verbringen. Dann haben sich die Zweifel bei Stauffer selbst gemehrt. Schließlich hat er den Glauben an seinen Glauben verloren: «Trotz eifrigen und anhaltenden Gebetes ist meine Arbeit nicht gesegnet …»[281]

In Byrons dramatischem Gedicht «Manfred» verläuft die Geschichte am Schluss nicht viel anders. Der Abt von St. Maurice tritt auf und bietet dem unglücklich verliebten Manfred an:

«Söhn' dich aus
Mit uns'rer Kirche, und durch sie mit Gott!»

Doch Manfred kann nicht:

«Es ist zu spät!», ruft er.
Und der Abt seufzt: «Ein edles Wesen konnte dieser werden.»[282]

Was Stauffer wirklich gehindert hat, ist wohl der drohende Bruch mit seiner Mutter. Sie hat erklärt, «sich von mir lossagen zu wollen, falls ich in ein Kloster gehe».[283]

Als die Jury schließlich über die 21 eingegangenen Entwürfe zum Bubenberg-Denkmal tagt, wird weder das Werk des Bildhauers Lanz noch Stauffers Arbeit prämiert werden. Obwohl Stauffers schlichte, kraftvolle Gestalt in der Ausführung die billigste gewesen wäre. In die Schlacht schreitet heute am Berner Hirschengraben, zwischen unermüdlich durch die Stadt kreuzenden Straßenbahnen, ein martialischer Krieger, entworfen vom Solothurner Max Leu.

Jahrzehnte später, zum hundertsten Geburtstag von Karl Stauffer, wird dessen Entwurf doch noch ausgeführt werden. Das Modell wird vergrößert, gegossen und 1958 aufgestellt: auf der Kastanienterrasse vor dem Schloss in Spiez (siehe Abb. 24).

Der Kunsthistoriker Adolf Reinle sieht in Stauffers Bubenberg «ein letztes Aufblühen seiner plastischen Kraft» und gibt zu bedenken: «Man muss sich das ganze Helden- und Theaterpathos der gängigen Denkmalkunst des 19. Jahrhunderts vor Augen halten, um sich des schlichten Adels dieses Standbildes von 1890 bewusst zu werden.»[284] Eine hohe Anerkennung.

Am Ende der Welt

Die einstige Belvoir-Herrin zieht von Heidelberg nach Genf, sobald die Scheidung ausgesprochen ist. Kann sein, dass sie ihren Hausrat mit den Fourgons von Welti-Furrer an der Zürcher Bärengässe hat dahin spedieren lassen, dem «Pferdeverleiher», wie es im damaligen Adressbuch heißt. Man betrachtet ihn als «Vetter», als einen der Zurzacher Weltis eben und damit als entfernten Verwandten, so wie seinen Sohn, den Kunstmaler Albert Welti.

Gemäß Aargauer Recht behält Lydia nach der Scheidung den Familiennamen des Mannes bei, gemäß Zürcher Recht hätte sie ihn verloren und den Mädchennamen wieder angenommen; in den Quellen tritt sie künftig auch nicht einheitlich auf. In Rom hat sie Stauffers Briefe mitunterzeichnet mit «Lydia Escher». Jetzt unterschreibt sie wieder mit «Lydia Welti-Escher». Dritte bleiben beim Mädchennamen, wie etwa Simeon Bavier im Brief an seine Frau: «Lydia Escher».[285]

Auch ich nenne sie künftig so, um sie im Text von Friedrich Emil Welti klar zu unterscheiden. Für Genf also hat sich Lydia Escher entschieden. Wieder zieht es sie zu einem der Kurorte, die für die Belle Epoque prägend sind. Heute stehen auf dem Hügel über dem Steilufer der Arve die Blöcke des Kantonsspitals, und nicht mehr viel erinnert daran, dass da einst eine vermögende Klientel verkehrt hat: Um 1870 ist hier die Station Champel-les-Bains gegründet worden.

Wo die eigentliche Badeeinrichtung gestanden hat, am Wasser unten, steht inmitten des Uferwäldchens ein mehrstöckiger moderner Wohnbau. Doch wer gerne Landschaften liest, wundert sich ob des gotisierenden Turms neben dem Spital und entdeckt im Garten vor der Mensa eine alte steinerne Säulenbrüstung. Reste einer großen Zeit. Da hat sich einmal das «Grand Hôtel Beau-Séjour» breit gemacht.

Ein untergegangener Ort der Belle Epoque in der Schweiz und ein Platz für Archäologen, die sich für die Vorgeschichte der ständig vorwärts wandernden Gegenwart interessieren.

Eine der ersten elektrischen Straßenbahnlinien der Schweiz ist 1894 von der Genfer Innenstadt nach Champel hinaus geführt worden.

Das Wasser der Arve, wirblig in einer Nacht vom Montblanc bis Genf hinunter strömend, sei elektrisch aufgeladen, verkündet der übliche Badeprospekt. Und nicht nur das allgemeine Wohlbefinden profitiere davon; ein Arzt soll erklärt haben: «... selbst die Intelligenz hat an diesem glücklichen Einfluss teil.»[286]

Genf ist mondän, Genf ist weit von Zürich, und Lydia Escher ist durch Heirat auch Bürgerin von Genf geworden, was sie mit der Stadt der Rhone und der Arve verbunden haben mag. Obgleich Champel, genau genommen, damals noch Teil der selbstständigen Gemeinde Plainpalais ist.

Vom Grandhotel aus muss Escher nicht weit spazieren, um vor einem Schlösschen zu stehen, das ihr sofort gefallen haben dürfte: dreistöckig, mit einem Türmchen obenauf, wirkt es rokokoartig, verspielt und verträumt. Es dominiert heute noch – rosa gestrichen – ein ganzes Quartier zu seinen Füßen.

Erbaut wurde es 1873 von jener Unternehmerschaft, die auch die Bäder erstellt hat. Zu Lydia Eschers Zeiten heißt es Château Ashbourne. Warum, weiß man nicht mehr. Im englischen Ashbourne lebte der Poet Tom Moore, der eine begeisterte Biografie seines Freundes Lord Byron verfasst hatte.

In dieses Schlösschen zieht Lydia ein. Kurz vor ihrem Tod wird sie es gar kaufen.

Heute ist es eine Station für Alkoholkranke und wird Villa Rhéa genannt. Niemand vom Personal im Pflegeumhang kennt die tragische Geschichte seiner einstigen Besitzerin. Niemand weiß etwas vom Château Ashbourne.

Drei weibliche Bedienstete hat Lydia Escher mitgenommen: eine Haushälterin, mit der sie vertrauten Umgang pflegt, sowie vermutlich – so entspricht es jedenfalls der Konvention – eine Köchin und ein Zimmermädchen. Ein Mann, wohl der Gärtner, wird wegen Veruntreuung bald entlassen.

Freundschaften pflegt sie kaum, sieht man ab vom Kontakt zu einem Nachbarn, Carl Vogt, Naturwissenschaftler und Nationalrat. Neben dem Dienstpersonal sind die alten Dichter ihre Begleiter: Sie liest viel und gern.

Ein Spazierweg am Ufer des Flusses führt zu einem verträumten Parkrestaurant mit dem Namen Bout-du-monde – zum Ende der Welt.

Die Lesende

Wechseln wir noch einmal kurz die Szenerie. Besuch im «Lohn», der späteren Residenz des geschiedenen Ehegatten Friedrich Emil Welti. Es ist ein herrschaftliches Gebäude, am Fuß eines Hanges gelegen, mit Blick in ein breites Tal und – heute – auf den Flughafen Belpmoos. Der Hauswart, eine witzige Persönlichkeit, führt mich durch die Räume und zum Ziel meiner Reise. Im ersten Stock hängt es, das Gemälde aus der Hand von Louise Breslau. Es ist kleiner, als ich gedacht habe, aber auch leuchtender, als es im Katalog zu einer Ausstellung 2001 in Lausanne erscheint.[287]

Das 37,1 auf 26,7 cm kleine Bild ist nur eines jener vielen Mosaiksteinchen, aus denen das Leben der Lydia Escher zusammengesetzt werden muss.

Es zeigt eine Lesende. In einem knöchellangen blauen Kleid sitzt diese im Korbsessel in einem Zimmer. Das Gesicht der Person liegt im Schatten.

Das Mosaiksteinchen belegt, dass Lydia Escher die Beziehung zu ihrer Freundin Louise Breslau nicht abgebrochen oder nach langen Jahren wieder aufgenommen hat. Und dass sie sich weiter dem Künstlerinnenmilieu ihrer Jugend verbunden fühlt. Mehr nicht. Immerhin das.

Ich habe mich über dieses Werk mit der Breslau-Spezialistin Anne-Catherine Krüger in Hamburg ausgetauscht, die ihre Informationen bereitwillig zugänglich gemacht hat. Das Gemälde ist Eigentum der schweizerischen Eidgenossenschaft – des Bundesamtes für Kulturpflege – und in einem Werkverzeichnis als Nr. 281 aufgeführt. «Die Inventarkarte dieses Bildes sagt leider über dessen Geschichte gar nichts aus», bemerkt die Kunstwissenschafterin; «es ist nicht signiert.» Ein früherer Ausstellungskatalog datiere die «Lesende» in das Jahr 1891. Indes mache ein Vergleich mit einer seit kurzem aufgetauchten «Jeune femme lisant» aus dem Jahre 1889 «eine etwas frühere Datierung wahrscheinlich, also 1889/90».[288]

1889 ist Lydia noch im Belvoir, 1890 zieht sie im Château Ashbourne ein. Wie kommt das Bildchen in den «Lohn»? Ich vermute, es ist durch Lydia Eschers Hände gegangen. Doch warum, so fragt Krüger, «sollte Lydia das kleine, private, fast intime Bildnis einer Fremden besitzen»? Und sie zieht in einer ersten Überlegung in Erwägung, «dass Louise Breslau hier die Freundin gemalt hatte, um es ihr möglicherweise anschließend zur Erinnerung zu überlassen». Nach einer Sichtung der Fotos von Lydia kommt sie zum Schluss, dass es sich nicht um ein Porträt Eschers handeln kann.[289]

Das Gesicht ist zwar leicht pausbäckig wie jenes von Lydia, aber der Mund spitzer als auf den Fotos der einstigen Belvoir-Herrin. Vielleicht ists eine vage Impression, bloß eine von Breslau beobachtete lesende Gestalt.

Aber es ist eine Lesende, wie Lydia Escher im Belvoir eine war und in in Genf eine ist. Hat das Bild im Château Ashbourne gehangen? Erzählt es, dass Lydia in den letzten Monaten die Beziehung zu Lulu wieder gesucht hat? Dass Lulu in Genf gewesen ist? Dass die beiden verglichen haben, was sie einander früher schrieben und seither erlebten? – Auch Louise Breslau könnte erzählen.

Im Rücken der Lesenden öffnet sich ein Fenster. Der Blick erhascht einige vage Eindrücke, und die Fantasie kann im Freien schweifen.

Chloral

Karl Stauffer ist tot. Er hat kaum mehr Schlaf gefunden, seit die Jurierung der Entwürfe fürs Bubenberg-Denkmal verschoben worden ist. Hat immer stärkere Dosen des Schlafmittels Chloralhydrat eingenommen. Am Samstag, den 24. Januar 1891 – so die Presse –, findet ihn seine Wirtin sterbend im Bett;[290] am 25. Januar – laut der von der Mutter Louise Stauffer-Schärer signierten Todesanzeige – soll er verschieden sein.[291] Dem Hausarzt zufolge hat er eine zu hohe Dosis Chloral zu sich genommen. Sein Körper ist aufgeschwollen. Der Tod sei eingetreten durch Herzlähmung.

«Da er» – Stauffer – «kurz vorher noch fröhlich schrieb und keinen Abschiedsbrief oder dergleichen zurückließ, ist anzunehmen, es liege ein unbeabsichtigter Vergiftungsfall vor», stellt die NZZ am 3. Februar 1891 fest, «trotz der gegenteiligen Berichte der italienischen Zeitungen.»[292] Ein Unfall.

Nicht nur die «italienischen Zeitungen» haben anderes geschrieben. In der NZZ selber war wenige Tage vorher zu lesen: «Leider scheint es keinem Zweifel zu unterliegen, dass Stauffer in einem neuen Anfalle jener unheimlichen Krankheit selbst Hand an sich gelegt hat.»[293]

Ein Selbstmord. Das hat auch Karls Bruder Eduard zuerst angenommen, der nach Florenz geeilt ist. Dann rückt er von dieser Ansicht ab: «An uns hätte er» – Karl – «doch gewiss eine Zeile des Abschiedes hinterlassen.»[294] Die Redaktion der NZZ muss korrigieren: «Nachträglich erst ging uns in später Abendstunde, als unsere Auflage schon versandt war, ein Telegramm der in Biel lebenden, schwergeprüften Mutter Karl Stauffers zu», wonach der Sohn «an einem Herzschlag verschieden» sei.[295]

Ein Herzschlag.

Dass es ein «Herzschlag» gewesen sei, steht allerdings in Widerspruch zur medizinischen Diagnose der «Herzlähmung» auf Grund von Chloralhydrat. Der Bildhauer Hildebrand, der Stauffer in den letzten Wochen nahe stand, glaubts ohnehin nicht: «Er hat zu viel Chloral genommen, jedenfalls absichtlich, da er schon einige Tage früher einen Versuch gemacht.»[296]

Einige Tage danach berichtet allerdings auch er, es sei alles «gar nicht sicher», doch sei die Vermutung, Stauffer habe Selbstmord verübt, jedenfalls verschwiegen worden, «weil das Begräbnis auf dem protestantischen Kirchhof hier sonst Schwierigkeiten gehabt hätte».[297]

Die Familie Stauffer wird energisch intervenieren, wenn derartige Vermutungen weitergetragen werden: «Keine Zeile seiner Hand, keine Äußerungen von ihm geben irgend jemandem das Recht zu behaupten, Karl sei infolge Selbstmordes gestorben», schreibt Stauffers Schwester Amalie Krähenbühl am 3. November 1904 dem Präsidenten der Gottfried-Keller-Stiftung.[298]

Auf dem protestantischen Friedhof also, wo die Ausländer liegen, wird Stauffer begraben. Es ist derselbe Friedhof, auf dem zehn Jahre später der von ihm bewunderte Arnold Böcklin seine Ruhe finden wird.

«Hier liegt gebrochen nach schwerem Kampf, Karl Stauffer-Bern, Maler, Radierer und Bildhauer», wird auf dem Grabstein stehen.[299]

Wieder findet das Ereignis wenig Nachhall in der Schweizer Presse. Ein paar Kurzmeldungen. Nur die NZZ, die einen vom Bundesberner Filz unabhängigen freisinnigen Kurs steuert, zeichnet in einer dreiteiligen Artikelserie ein Lebensbild des Verstorbenen. Verfasser ist Redaktor Albert Fleiner, der entgegen den landläufigen Urteilen seiner Zeit zu Stauffer hält. «Glänzend wie ein Meteor ist er aus der Dunkelheit aufgestiegen», heißt es in seinem biografischen Text, «er hat hell geleuchtet, und rasch ist er wieder untergegangen und in der Nacht versunken.»[300] Auch wenn Stauffers Name zeitweilig erlöschen werde, «… nach hundert Jahren und mehr wird man vielleicht seine Werke noch zu bewundern und zu würdigen wissen und seinen Namen in die Reihe der ersten Porträtkünstler aller Zeiten versetzen.»[301]

Unter den Kränzen auf dem Friedhof trägt einer die Inschrift: «Den Manen meines unvergesslichen Freundes».[302] Er stammt von Lydia Escher, derselben Frau, die dem Maler zu Lebzeiten «weitere Zuschriften» untersagt hat.[303]

Sie habe nicht gewusst, dass er leide. «Bittere Vorwürfe mache ich mir darüber», jetzt, da es zu spät ist, «die letzte Zeit seines Lebens nicht mit ihm verbracht zu haben», schreibt sie dem Stauffer-Biografen Brahm.[304]

Vom «teuren Toten» spricht sie, vom «Geliebten» gar und von ihrem eigenen «tiefen Gram».[305]

Von einer «innerlich haltlosen Frau» sprechen einige.[306] «Der Direktor Fior di Spina hat vollkommen recht, wenn er solche Weiber als flatterhaft bezeichnet», hat Eduard Stauffer seinem Bruder Karl geschrieben.[307] Der Dichter Conrad Ferdinand Meyer verkündet, sie sei eine «Puppe», «eine Puppe, sage ich Ihnen».[308]

Ist Lydia Escher haltlos? – Warum nicht, wenn damit eine existenzielle Unsicherheit gemeint ist. Sicher ist sie kein leichtsinniges Wesen.

Die existenzielle Unsicherheit verbindet sie mit Stauffer. Würde einer schreiben, der Maler sei haltlos gewesen? Er gilt – zu Recht – als ein Suchender.

In einem Brief an Stauffer hat Lydia Escher geäußert, er gehöre zu den «wenigen Menschen», denen sie «im Leben näher gekommen» sei.[309] Gegenüber Brahm formuliert sie dramatisch: «Ich danke Ihnen, dass, während fast die ganze Welt meinen Geliebten steinigte, Sie ihn zu verteidigen, zu ihm zu stehen den Mut und die Freundschaft hatten.»[310]

Ihren Geliebten.

Sie habe «durch diesen grausamen Tod all ihr Glück auf immer verloren».[311]

Was wäre wenn?

Was wäre wirklich aus Stauffer geworden, wenn sein Leben nicht nach 33 Jahren zu Ende gegangen wäre? Sein «Weltruf» werde sich noch einige Jahre hinausziehen, hat Stauffer in seinen großen Zeiten verkündet, «weil ich als Maler, Kupferstecher und Bildhauer zugleich mich präsentieren will».[312]

«Es gibt in Deutschland gegenwärtig nur sehr wenige, gewiss kein halbes Dutzend, die das können, was unser junger Landsmann kann», hat der spätere Zürcher

Literaturprofessor Adolf Frey in der NZZ geschrieben, «und wenn er sich seinem vielverheißenden Anfang entsprechend weiter entwickelt, so wird er bald keinen mehr neben sich sehen.»[313]

Was wäre gewesen wenn? «Dass Stauffer zerbrach, bevor er sein Werk vollendet, ist der größte Verlust, den die neuere Schweizer Kunst zu beklagen hat», meint der Kustos des Kunstmuseums Bern 1956.[314]

Andere sind skeptischer: «Was Stauffer in der Schweizer Kunst geleistet hat, hat solide Qualität, aber es ist nichts Revolutionäres», sagt Cäsar Menz, der als wissenschaftlicher Mitarbeiter im selben Kunstmuseum Bern über Stauffer publiziert hat und heute als Direktor der Genfer Museen wirkt.[315]

Für die Malerei möge das wohl zutreffen, antwortet indirekt der Kunsthistoriker Adolf Reinle, aber: «Wäre Karl Stauffer nicht untergegangen, so hätte die Schweiz in ihm wohl einen hervorragenden Bildhauer ungefähr in der Richtung Hildebrands gewonnen.»[316] Gemeint ist Adolf von Hildebrand, der Freund der letzten Monate in Florenz.

Und die Kunsthistorikerin Sara Stocker präzisiert: «Das Spannende bei Stauffer ist, dass er immer wieder neue Schritte gewagt hat.» Vor allem in der Plastik habe diese Bewegung keinen Abschluss gefunden, wo Stauffer auf Grund der griechischen Klassik eine neue wahre Form suchte: «Ich könnte mir vorstellen, dass er tatsächlich nicht bei der Antike, sondern bei einer modernen Plastik geendet hätte.»[317]

Was wäre also, wenn Stauffers Talent noch Jahrzehnte hätte reifen können?

Vielleicht wäre er bald in die nächste Krise gestrauchelt. In eine seiner künstlerischen Krisen, aus denen er sich jedesmal durch einen Satz nach vorne befreit hat. Vielleicht hätte sich gezeigt, dass seine ewigen Zweifel über sein Ungenügen die fruchtbare Grundlage für eine künstlerische Entwicklung waren, die ihn immer weiter von Akademismus und Konvention entfernten, weg sowohl von der Naturähnlichkeit wie von der pathetischen Stilisierung.

Ich glaube, Stauffer hätte, im Kontakt mit Künstlern, die solche Wege haben beschreiten können, den Anschluss an die Moderne gefunden.

Sklavenarbeit

Die Beziehungen zur Familie Welti sind nicht abgerissen, Lydia Escher unterhält einen lockeren, etwas formellen Briefkontakt mit ihr. Sie schickt der Schwiegermutter Karoline Welti, die einst die Heirat so intensiv betrieben hat, ein nützliches Geschenk zum Geburtstag, wofür sich diese herzlich bedankt: «Ich werde jedesmal an Dich denken, wenn ich davon Gebrauch mache.»[318] Und ihrem Ehemann, dem guten alten Ponks – er ist ebenfalls 33-jährig, wie Karl Stauffer es beim Tod war – schenkt sie ein Thermometer; vielleicht hat er sich darüber beklagt, dass es in seinen Räumen zu kalt sei und er rheumatische Schmerzen habe. Immer noch hegt er Vorwürfe gegen Lydia, doch verpackt er diese in seinem Briefchen sorgsam: «Ramass ist ein gutes, liebes Tier» – Welti spricht von seinem Hund –; «er macht mir viel Vergnügen», schreibt er, «und das kann ich bisweilen wohl brauchen.»[319]

Trotzdem schließt er seine Botschaften auch einmal mit dem Wunsch: «Schreib mir bald wieder einmal. Dein Emil.»[320]

Nach Lydia Eschers Tod wird sich zeigen, dass sie die Briefe ihres Vaters mit nach Genf genommen hat. Vielleicht blättert sie diese von Zeit zu Zeit durch. Immer sind die Eschers am Rande der Gesellschaft gestanden. Bei allem eigenen Schicksal ist Lydia eine typische Escherin geblieben. Oder geworden. So reich sie ist, sie steht am Schluss wieder am Rand der Gesellschaft.

Sie ist die letzte in einer Dynastie, die von Tragödien gezeichnet ist. Und muss sich fragen, ob sie an einem Familienschicksal leidet. Vielleicht gar, ob sie Schuld trägt wegen eines Geschehens, das in der Vergangenheit liegt. Weil ihr Luxus aufgebaut ist auf unredlich erworbenem Vermögen. Weil auch sie keine Sühne geleistet hat. Mystisches liegt in der Familie. Lydias Großmutter, die Aristokratin Lydia Zollikofer von Altenklingen, hatte Halluzinationen und besaß hellseherische Fähigkeiten. Sie soll ihren eigenen Todestag vorausgesagt haben.[321]

Man erinnert sich an den Escher'schen Konkurs. Den größten Bankkrach Zürichs. Die verlorenen Guthaben. 1788 wars. Der Sohn des Konkursiten, Alfred Eschers Vater Heinrich, war als junger Spund außer Landes gegangen, wurde gleichsam zum Wirtschaftsflüchtling in Paris und Übersee, wo er es wieder zu Reichtum brachte. Allerdings auf fragwürdige Weise.

«Auf teilweise äußerst abenteuerlichen Fahrten durchstreifte er während langer Jahre Nordamerika in allen Richtungen, um als Agent holländischer Gesellschaften ausgedehnte Landkomplexe anzukaufen, zur Bebauung einzurichten und wieder zu verwerten, sowie um auf eigene Rechnung Geschäfte in Ländereien, Baumwolle, Farbhölzern und Kolonialwaren zu machen.» So heißt es in der schon fast offiziellen Würdigung der Centralkommission zur Errichtung des Alfred-Escher-Denkmals.[322]

Doch Heinrich Eschers geschäftlicher Wiederaufstieg wurde von der Zürcher Gesellschaft nicht gewürdigt. Er habe es mit Sklaven gemacht, unkten die Demokraten, und selbst Konservative schlossen sich dem an. Der Vorwurf wird Lydia beschäftigt haben. Alles gerichtlich widerlegte Anschuldigungen, mag sie sich auch gesagt haben.

Ob man Nachfahre eines Sklavenhändlers ist oder aber eines moralisch untadeligen Geschäftsmannes, kann das Selbstbewusstsein verändern. Baute die Existenz der idealistisch gesinnten Lydie Escher auf der Ausbeutung Unschuldiger?

Dass Großvater Escher mit Sklaven gehandelt hätte, dafür gibt es keine Beweise. Wahrscheinlich aber hat er welche besessen, auf seinem landwirtschaftlichen Gut in Pennsylvanien und auf der Kaffeeplantage Buen Retiro in Kuba, die er für zwei seiner Brüder erwarb – und entgegen anderen Angaben nicht so bald wieder verkaufen sollte. Dass die Kaffeeproduktion in jenen Jahrzehnten allgemein auf Sklavenarbeit beruhte, gilt heute als gesichert.[323]

Escher betrieb in Georgia Ansiedlungsunternehmen und kaufte Land.[324] Berichtet wird von einem besonders kühnen Handel an einem Ort namens White Oak Creek in Camden County. Im Gebiet lebten Jäger und Fischer, und zwar «elk met een of zwoo negers vor primitieven landbouw» – jeder mit einem oder zwei Schwarzen für einfache Landwirtschaft, erzählt eine niederländische Wirtschaftsgeschichte. Die Volkszählung von 1800 registrierte hier 946 Freie und 735 Sklaven.[325] Wer Land an einen Farmer weiterverkauft, erhält Geld von einem Sklavenbesitzer.

Erstaunlicherweise reiste Großvater Escher – im Februar 1804 – genau in einem Moment nach Süd-Carolina, als dort der Sklavenmarkt, der in den Vereinigten Staaten weit gehend abgeschafft war, eben wieder eröffnet worden war.[326] Er braucht nicht Sklaven gekauft zu haben: Ein Freund berichtet, dass Escher dort «große Geschäfte in Tabak, Reis und Kaffee abschloss.»[327]

Doch beim Kolonialwarenhandel hat Escher indirekt von der damals üblichen Sklavenarbeit profitiert.

Selbst beim Pelzhandel, in dem er mitmischte, haben Sklaven eine Zudienerrolle eingenommen. Escher war mit dem legendären Geschäftsmann J. Jacob Astor befreundet, der Schiffe nach den Nordwestküsten Amerikas schickte, wo seine Agenten «von den Eingeborenen Pelze gegen Waren eintauschten».[328] Auch da wirkten Sklaven mit. Es gab nämlich Sklavengesellschaften bei den Natives der Nordwestküste. So wird von den Häuptlingen der «Tsihshian» berichtet, dass sie «auf Sklaven und andere Jäger vertrauen konnten, die für sie sorgten».[329] Und sei es nur, dass jene ihnen die Pfeile anfertigten, wie der Indianerforscher Franz Boas berichtet.[330]

Heinrich Escher kehrte jedenfalls als Millionär in die Schweiz zurück, erbaute das Belvoir und wies jede Anschuldigung, er habe sich an Sklaven bereichert, empört von sich.

Zurück in der Schweiz, erschien er wie gewandelt: Nicht mehr Materielles interessierte ihn, sondern Naturwissenschaft. Er widmete sich mit der Begeisterung des Privatgelehrten der Welt der Insekten und legte eine Sammlung an, die 22 280 Arten umfasste. Er schubladisierte und katalogisierte 66 300 Exemplare. 1858 schenkte er die bedeutende Sammlung dem Eidgenössischen Polytechnikum, der heutigen ETH.

Hat die letzte Escherin an die Familiengeschichte gedacht, bevor sie ein großes Werk in die Welt setzt?

Ein großes Werk

Bei Reclam erscheint 1890 Ibsens Theaterstück über Hedda Gabler, die schönheitstrunkene, von starken Gefühlen getriebene Generalstochter.

Hedda Gabler ist vielleicht haltlos: «Was sie am höchsten, wenn auch nur heimlich, bewundert, ist der Mut zur Maßlosigkeit, zum genießenden Sichgehenlassen», kommentiert eine Publizistin der Jahrhundertwende, eine der frühen Intellektuellen: Lou Andreas-Salomé, die sich mit Ibsens Frauengestalten auseinander gesetzt hat. Gabler empfinde klar, dass die Maßlosigkeit, das Sich-gehen-lassen «ihrem Ideal vom Leben wohl entsprechen würde, wenn sie nicht zu ‹entsetzlich feige› wäre, um sich ein solches zu gestatten.» Ja, wenn sie doch den Mut hätte, «all das zu verachten und abzustreifen, worin ihr ganzes Leben steckt wie in einem beengenden Schnürleib», interpretiert Lou Andreas-Salomé, «das korrekte Maß, der tadellose Anstand, der ästhetische Schein der gesellschaftlich sanktionierten Form».[331]

«Heiß und voll Freude», zudem «mit Weinlaub im Haar» erscheint der Hedda Gabler der Rivale ihres Mannes. So erscheint der Lydia Escher ihr Maler Stauffer. «Ja Mut – ja. Wer den hätte!», stammelt Gabler.[332]

Nun, da Stauffer tot ist, fasst Escher endlich Mut. «Ich habe jetzt ein teures Grab zu hüten», deklamiert sie gegenüber Otto Brahm, dem sie Stauffers Briefe anvertraut hat.[333]

Seit der Scheidung ist sie wieder handlungsfähig, und sie verfügt über Vermögen. Jetzt kann sie anknüpfen an ihre Träume von früher. Dank ihrer Jugendfreundin Lulu ist sie in den Siebzigerjahren in Berührung mit der Kunst gekommen. Mitte der Achtzigerjahre hat sie zum ersten Mal daran gedacht, eine Kunstsammlung zu errichten, «als mir die Verfügung über das Vermögen nicht allein zustand…»[334] Das Gemälde von Anselm Feuerbach «Gastmal des Agathon» hätte den Grundstock bilden sollen.

In Heidelberg hat sie ihren Willen niedergelegt: «Ich Endunterzeichnete vermache meinen ganzen einstigen Nachlass der Schweizerischen Eidgenossenschaft zum Zwecke der Errichtung einer Stiftung unter dem Namen ‹Welti-Escher-Stiftung›.» Die Erträgnisse der Stiftung sollten – so ihr weiterer Wille – zur Anschaffung von Werken der bildenden Kunst verwendet werden.[335]

Doch genügt es ihr nicht, ein solches Werk testamentarisch zu verfügen. Sie will dessen Realisierung selber anleiten. Sie fühlt sich fähig dazu, weiß sie doch aus dem Hause Belvoir, wie man große Unternehmen tätigt: «In den meisten Verwaltungen –

das hatte ich als Kind und junges Mädchen schon, allerdings auf ganz anderem Gebiete, bei den Unternehmen, an denen mein Vater tätig war, vielfach zu beobachten Gelegenheit – ginge alles einfacher u. besser von statten, wenn zwei Drittel der jeweiligen Verwaltungsräte nicht dabei wären ...»[336]

Sie braucht nicht viele Verwaltungsräte.

Geradezu «staatsmännisch» – das Wort ist in der Escher'schen Epoche beliebt – trifft sie ihre Dispositionen. Sie erwähnt, dass «Intriguen» sie der Möglichkeit berauben könnten, «unserem Lande auf einem Gebiete zu nützen, wo es hinter anderen so weit zurück steht».[337] Welcher Art diese «Intriguen» sind, sagt sie als diplomatische Staatsfrau nicht. Vermutlich denkt sie an Erfahrungen, die sie mit ihrem Schwiegervater gemacht hat.

Doch eben um interessierte Mitspieler unter Kontrolle zu halten, bezieht sie ihren Gatten in die Ausarbeitung der Details mit ein: «Er» – Friedrich Emi Welti – «hat mir gegenüber stets alle Pflichten erfüllt», begründet sie, «und ist mir auch, nachdem ich die meinigen gegen ihn verletzt, ein teilnehmender Freund geblieben.»[338] Und der zum Mitarbeiter Auserwählte ist glücklich über die Aufgabe. «Ich spiele sehr viel Geige, aber nichts freut mich so sehr, als mit Dir an Deinem schönen Werk zu arbeiten.»[339]

Fürs Vaterland

Rund vier Millionen Franken – damaligen Wertes – habe sie noch in Wertpapieren und Bodenbesitz. Diese Schätzung teilt Lydia Escher ihrem Rechtsanwalt mit.[340]

Ehemann Welti, der neue Mitarbeiter, gibt ihr den guten Rat: «Du solltest in einem besondern Buch Contocorrente aufstellen über den Verkehr mit den beiden Banken, damit Du jeden Tag weißt, wie viel Du von denselben zu gut hast, oder wie viel Du ihnen schuldest.»[341] Und er zeichnet auch gleich die Kolonnen auf: «Die Differenz der Summen von Soll und Haben gibt dann den Saldo zu Deinen Gunsten oder Ungunsten.»[342]

Die Stiftungsurkunde wird ausgearbeitet. Ein Komitee zusammengestellt, das die Geschäfte tätigen soll. Lydia Escher legt Wert darauf, dass Professor Arnold Böcklin mitmacht – der Freund des verstorbenen Gottfried Keller –, der zwar zusagt, aber nur einmal an einer Sitzung wird erscheinen können. Dass die Westschweiz und das Tessin mit je einem Vertreter dabei sein sollen, scheint ihr bei diesem nationalen Werk unerlässlich.

Sie selber will an den Tagesgeschäften mitwirken, möchte den Kommissionssitzungen mit beratender Stimme beiwohnen und ein «Initiativrecht» bei Erwerbungen sowie ein «Vorschlagrecht» für die Einsetzung von Kommissionsmitgliedern ausüben.[343] Sie erklärt sich bereit, persönlich das Amt einer Aktuarin zu übernehmen, «falls die Herren mir die Befähigung dafür zutrauen», und verweist darauf, dass ihr Vater sie «oft als Sekretär» gebraucht habe.[344]

All das erweckt nicht den Eindruck, als ob sie ans Sterben dächte. «Der Gedanke, selbst an der Gestaltung dieses Zweckes mitzuwirken und mich an der Entwicklung des Werkes freuen zu können, ist mir besonders teuer ...», teilt sie dem Bundesrat mit.[345] Ausdrücklich erklärt sie, dass sie glaube, «im Geiste meines verewigten Vaters zu handeln, wenn ich sein Vermögen einem öffentlichen Zwecke dienstbar mache».[346]

Wohl abgemessene Sätze wählt sie, als sie die Stiftung der Eidgenossenschaft übereignet, sei die Idee doch «dem Verlangen entsprungen, dem Vaterlande auf einem Gebiete nützlich zu sein, dessen Pflege geeignet ist, den Sinn für das Schöne und Edle zu wecken und zu bilden».[347]

Lydia Escher ist nämlich der Ansicht, dass dies Vaterland in der Pflege der Kunst «verglichen mit anderen Culturländern» schlicht zurückgeblieben sei – was sie allerdings auf Anraten ihres einstigen Ehegatten im Brief an den Bundesrat weniger drastisch formuliert.[348]

Sie ist Patriotin, und Patriotismus ist für sie das Gegenteil jenes «Provinziellen», das sie stets abgelehnt hat. Sie sieht eine «Mission» der Stiftung darin, dem «zu unserem Nachteil in unserem Lande so stark vorherrschenden Kirchturmgeist entgegenzuarbeiten». Glaubt sie doch, dass die drei «Rassen», welche das Land prägen, sich «brüderlich zu lieben» hätten, statt «Vorurteile und Abneigung» gegeneinander zu hegen.[349]

In neuen Darstellungen heißt es, dass die Schweiz Ende des 19. Jahrhunderts «einen Schub nationalistischer Ideologiebildung» erlebt habe.[350] Es ist die Zeit, da die Gründung des eidgenössischen Landesmuseums vorbereitet wird. Dessen Kerngut bilden kürzlich entdeckte Pfahlbaufunde, die von helvetischen Ahnen mit sonderbar abgehobener Lebensweise zu zeugen scheinen. Es ist die Zeit, da der Bau der Gotthardfestung beschlossen wird, die zum Nucleus einer umfassenden Alpenverteidigung und Sinnbild der wehrhaften Schweiz werden wird. Die Zeit, da der Bundesrat beschließt, zum 600. Geburtstag der Eidgenossenschaft 1891 eine Jubiläumsfeier anzusetzen, am Ersten August, dem späteren Nationalfeiertag.

Lydia Eschers Kunststiftung reiht sich in diese patriotische Strömung; sie ist ein Beitrag zur Erfindung der modernen Schweiz.

Bundespräsident Emil Welti wird es sein, noch einmal er, bevor er abtritt, der am ersten Ersten August 1891 sprechen und verkünden wird: «Es werden die künftigen Geschlechter unser Jahrhundert zu den glücklichsten unserer Geschichte rechnen …» Seine Ankündigung bricht er auf wehmütige Weise: «… einem großen Jahrhundert gehören wir deshalb nicht an.»[351] In seinen späten Lebensjahren – er ist 75-jährig – verfällt der Mann, der stets an Fortschritt geglaubt hat, in die Endzeitstimmung des *Fin de Siècle*. Die neue Zeit kommt doch zum Durchbruch. Die *Belle Epoque*.

Feministisches Vermächtnis

Zuerst wird der Name der Stiftung geändert. In ihrem Testament hat Lydia Escher festgehalten, dass die geplante Stiftung «Welti-Escher-Stiftung» heißen soll.[352] In einem Entwurf zur Stiftungsurkunde betont sie, dass das Werk jedenfalls «unter einer den Namen der Schenkerin führenden Bezeichnung» gegründet werden solle.[353] Als *ihre* Stiftung soll sie dastehen, die Stiftung einer Escher oder – es ist auch eine Konzession an den Ehemann – der Welti-Escher. Doch Friedrich Emil Welti kommt bald zur Ansicht, dass sein Familienname in diesem Werk, zu dem er keinen finanziellen Beitrag geleistet hat, deplatziert wirken könnte. Darum schreibt er der Ex-Gattin: «Du hast früher einmal zu mir bemerkt, es sei Dein Wunsch, aus der Stiftungsurkunde alles Persönliche zu verbannen, die Sache sei allein maßgebend, nicht die Personen.» Er hat einen neuen Vorschlag: «Geben wir der Stiftung einen Namen, der ebenso schön ist als Deine Tat selbst.» Seine Idee: «Dieser Name ist gegeben, er heißt Gottfried Keller.» In Erinnerung an den großen Freund und Dichter solle die Stiftung «Gottfried-Keller-Stiftung» heißen. Wie würden die Zürcher «Geldprotzen» staunen, «dass es möglich ist, sein Vermögen einem edlen Zwecke zu weihen, und zwar ohne dass dem Vermögen die Visitenkarte des Gebers aufgeklebt ist».[354]

Friedrich Emil Welti ist sich ihrer Zustimmung sicher: «Ich will gleich in diesem Sinne das Schreiben umarbeiten» – das Begleitschreiben an den Bundesrat, in dem die Stiftung der Eidgenossenschaft anvertraut wird. Er fügt hinzu: «Telegraphiere mir morgen Dein Einverständnis, ich weiß, Du bist einverstanden.» Welti kann sich kaum fassen: «Ich bin ganz begeistert.»[355]

Tatsächlich wird sich der Name als unglücklich gewählt erweisen, nicht nur für die Stifterin, sondern auch für die Stiftung selbst. Wer vermutet hinter einer Gottfried-Keller-Stiftung eine Institution der bildenden Kunst? Heute noch erreichen die Stiftung Gesuche um literarische Förderbeiträge.

So verschwindet der Name der Stifterin vollständig aus dem Titel des Werkes. Dieses erhält den Namen eines Mannes, «um einen persönlichen Wunsch Herrn Dr. Emil Weltis zu erfüllen», wie Lydia Escher sagt, und weil sie dem großen Dichter ein Denkmal habe errichten wollen, «u. nicht mir selbst».[356] Die Formulierung wirkt säuerlich.

Ein Museum, wie Lydia Escher es sich in ihrem Testament ausgemalt hat, kommt ebenfalls nicht zu Stande. Sie hat ihre Stiftung testamentarisch an die «Bedingung» geknüpft, dass die angeschafften Werke «in einem eidgenössischen Museum der Landeshauptstadt aufgestellt werden».[357]

Mitte der Achtzigerjahre ist in der Schweiz durch den Vorstoß eines Malers, Frank Buchser, eine Debatte über staatliche Kunstförderung entbrannt. Debattiert wird zur selben Zeit auch die Einrichtung eines «Nationalmuseums» für die Pflege der Historie.

Escher knüpft kreativ an die Diskussionen an und tritt für ein nationales Museum der Künste ein. Ihre Bestände sollen den Grundstock dafür bilden oder in ein solches eingegliedert werden. Es soll in Bern entstehen, der Bundeshauptstadt.

Dieser Gedanke wird schon früh verwässert.

Ob die Stifterin nur vorläufig auf diese Idee verzichten muss, weil kein geeigneter Ort gefunden wird, ist nicht auszumachen. Jedenfalls steht in der Stiftungsurkunde später nur der Satz: «Der Bundesrat hat den Ort und das Institut zu bezeichnen, wo die Kunstwerke aufzustellen sind.»[358] Von einem «Museum» wird nicht gesprochen.

Dahinter steht möglicherweise wieder ein Gerangel. Nämlich darüber, wo ein nationales Kunstmuseum stehen könnte. In Bern scheint sich kein Standort angeboten zu haben. Und der Standort, der sich angeboten hätte, das Belvoir, wurde nicht genutzt. Das Palais gehörte zu Lydia Eschers Schenkung an den Bund, seine künftige Nutzung war unklar. Doch war es von der Stifterin selber nicht als Standort vorgesehen. Vielleicht weil es von vornherein unerwünscht war angesichts der föderalistischen Rivalitäten Berns mit dem mächtigen Zürich. Aller Wahrscheinlichkeit nach hat Bundesrat Welti realpolitisch wieder an den Formulierungen geschraubt. Welti junior berichtet seiner Ex-Gattin einmal, er habe mit dem Bundes-

163

ratsvater «4 Stunden lang» über den Entwurf der Stiftungsurkunde beraten; «dass Vater das Hauptverdienst an der Redaktion zukommt, brauche ich nicht zu sagen.»[359]

Es ist jedenfalls ein Mythos, wenn die Gottfried-Keller-Stiftung heute der Meinung ist, ein Museum sei nie beabsichtigt gewesen und eben in der freien Platzierung der Werke schweizweit liege die große Idee der Stiftung.

Auch Lydia Eschers feministisches Vermächtnis löst sich auf dem Weg vom Gedanken zum Paragrafen auf. Sie hat mündlich klar gemacht – und sie formuliert den Wunsch in einem Schreiben an ihren Rechtsanwalt –, «dass meine Stiftung der Entwicklung und Selbständigmachung des weiblichen Geschlechtes – wenigstens auf dem Gebiete des Kunstgewerbes – förderlich sein werde».[360] Wobei nicht ausgeführt wird, wie sich Lydia Escher diese Förderung konkret vorstellt. Vermutlich durch die Ankaufspolitik, die zentrale Tätigkeit.

Es ist geradezu abenteuerlich zu verfolgen, wie der Wunsch nach «Frauenförderung» in der Geschichte der Stiftungsgründung abtemperiert und schließlich kaltgestellt wird.

Der ehemalige Gatte rät ihr zunächst davon ab, das feministische Anliegen in der Urkunde selbst niederzulegen: «Den Passus wegen Förderung der weibl. Interessen wollte Vater nicht in die Urkunde selbst aufnehmen, damit niemand auf den Gedanken komme, die Realisierung dieses Wunsches liege dir ebenso sehr am Herzen wie die Förderung der Kunst selbst ...» Das Anliegen könne durchaus im Begleitschreiben an den Bundesrat zum Ausdruck kommen.[361]

Als es um die Abfassung dieses Begleitschreibens geht, bemerkt derselbe Welti, er würde die Worte «Entwicklung und Selbständigmachung (an sich schon ein schlechtes, unschönes Wort) des weiblichen Geschlechts» nicht brauchen. Nicht weil er dagegen wäre: «Ich verstehe Deinen Gedanken sehr wohl ...» Aber «andere könnten ihn leicht missdeuten und glauben, Du wolltest Dich hier als Apostel der Frauenemanzipation aufspielen ...»[362]

Doch Lydia will einfach nicht abrücken davon. Wieder zehn Tage später argumentiert der Ex-Gatte: «Den Gedanken der Selbständigmachung würde ich an Deiner Stelle nicht betonen.» Der sei ja im ganzen Werk nebensächlich: «Du willst für die Kunst etwas tun» und nicht in erster Linie «für Mädchen einen Ersatz für den Gatten creieren». Ohnehin sei Lydia «im Irrtum», wenn sie glaube, dass für die Bildung des weiblichen Geschlechtes auf diesem Gebiete noch nicht viel getan sei: «Die Kunstgewerbeschulen werden auch von jungen Mädchen stark besucht ...»[363]

So heißt die Formulierung in Lydia Eschers Begleitschreiben an den Bundesrat schließlich: «Ich darf vielleicht hoffen», dass die Stiftung «auch dem weiblichen Geschlechte Anregung und Belehrung verschaffen und dazu beitragen wird, seine Weiterbildung und damit seine Selbständigkeit zu fördern».[364] Das Wort Selbstständigkeit ist immerhin geblieben.

Der Bundesrat nimmt die Schenkung am 16. September 1890 offiziell zur Kenntnis und dankt wärmstens «für das großartige Opfer».[365] Nur der «Berliner Börsen-Courier», ein ausländisches Blatt wieder, ist so pietätlos und erinnert an die Entstehungsgeschichte: «Also vor weniger als einem Jahr wurde dieselbe Frau, welche jetzt für geistig vollberechtigt angesehen wird, sodass sie frei über Millionen verfügen darf zu Stiftungszwecken, für geistesgestört angesehen und auch tatsächlich in einer Irrenanstalt untergebracht.»[366]

Todeslust

Der Selbstmord Lydia Eschers wird in der Presse sogleich ausgebreitet. Am Samstag, dem 12. Dezember 1891, geht sie ins Badezimmer ihrer Villa. Sie öffnet den Hahn der Gasleitung. Setzt sich davor. Zwei Stunden später wird sie von einem Hausmädchen tot aufgefunden. So berichtet der «Bund».[367]

Sie war 33-jährig. Praktisch gleich alt wie Stauffer. Wenige Monate nach seinem Tod ist sie aus dem Leben geschieden.

Dass sie Selbstmord begangen hat, scheint festzustehen: Nicht zum ersten Mal hat sie die Gasleitung geöffnet. Dennoch überrascht die Handlung, hat die Mäzenin doch die Absicht geäußert, die von ihr ins Leben gerufene Gottfried-Keller-Stiftung begleiten zu wollen, um sie aufblühen zu sehen.

Escher war leidend, wie ein Brief des von ihr unterstützten Künstlers Hegi bestätigt.[368] Anfang des Jahres ist sie «wegen Krankheit» auf ärztliche Anordnung hin nach Nizza gereist.[369] Offenbar hat sie sich «in hochgradiger nervöser Erregung» befunden, laut Ärzten an der Grenze zur «geistigen Verwirrung», was immer das sei.[370]

Um diese Zeit hat sie auch niedergelegt, was mit ihren persönlichen Dingen – Mobiliar, Schmuck, Gemälden, Geld – geschehen soll. Und so lauten ihre Anordnungen: Das Tee- und Kaffeeservice dem Gatten Friedrich Emil. Perlenschmuck für dessen Schwester. Die Inneneinrichtung des Salons für Bundesrat Welti. Die Bibliothek für den Verwalter des Gottfried-Keller-Nachlasses. Unter den Begünstigten ist die Mutter Stauffer, sie erhält Fr. 5000.–.

Es gibt keine einfache Erklärung für Lydia Eschers Suizid. Die Gründung der Stiftung und die Schwierigkeiten bei der Realisierung, der unerwartete Tod Stauffers, die lange anhaltende Einsamkeit, die Erinnerungen und der Eindruck, ihr ganzes Leben sei verpfuscht, haben sie belastet. Dass ein einzelnes Erlebnis den Ausschlag gegeben hätte, ist nicht ersichtlich. An Sitzungen der Stiftungskommission im Jahr 1891 nimmt die Gründerin nicht teil, obwohl sie ihre aktive Mitwirkung an den Arbeiten angekündigt hat. Als der Literaturkritiker und Buchautor Brahm sie Anfang Oktober in Champel bei Genf besucht, wird er nicht empfangen, da die Herrin erkrankt sei.

Er erfährt den Grund: Die Herrin sei in die kalte Arve gesprungen – deren Wasser so schnell vom Montblanc herunterrauscht –, liege angeschlagen und fiebernd im Bett und habe wiederholt den Wunsch geäußert zu sterben.

Ich nehme an, dieser Selbstmordversuch sei etwas abseits der Badeeinrichtungen am Flussufer ausgeführt worden, der Stadt abgewendet, in der Nähe jener Örtlichkeit, wo heute noch eine Haltestelle des Busses mit der Nummer 21 Bout-du-monde heißt.

Auf die Frage Brahms, ob er Madame Escher eine Woche später sehen könne, antwortet diese – durch eine Hausangestellte – verneinend; «in einer Woche hoffe sie nicht mehr unter den Lebenden zu sein».[371] Doch das Leiden am Leben wird noch zwei Monate anhalten.

Sorgfältig trifft sie allerletzte Dispositionen. Übergibt die Briefe von Gottfried Keller dem Verwalter eines geplanten Gottfried-Keller-Archivs. Regelt schriftlich mit Otto Brahm den Abdruck der Stauffer-Briefe. Spricht den Wunsch aus, es möge ein Gottfried-Keller-Monument in Gestalt einer Büste im Belvoir-Park errichtet werden – was erst Jahrzehnte später geschehen wird: 1964 wird ein von Otto Charles Bänninger geschaffener Keller-Kopf am Mythenquai eingeweiht.

Ein letztes Mal scheint sich ihr Lebenswille aufzubäumen. «Eine Hoffnung auf Vereinigung mit ihrem Gatten gewann Macht über sie», berichtet Brahm. Mit den Stadtbehörden von Zürich ficht sie noch einen Strauß wegen Nachsteuern – aus der Zeit des Belvoir-Lebens – aus. Drei Wochen vor dem Ende betont sie die Absicht, «mich so viel als möglich bei den Stiftungsarbeiten zu beteiligen», zum Beispiel «das Protokoll führen, um den vielbeschäftigten Herren Mühe zu ersparen».[372]

In ihrer letzten Willensanordnung vom 1. Dezember 1891 erklärt sie: «Ich sterbe, da mein ehemaliger teurer Gatte Friede in den neuen Verhältnissen gefunden hat und die Gottfried-Keller-Stiftung geordnet ist.»[373]

Darin könnte der wahre Grund für den Todesentschluss ausgesprochen sein: Eineinhalb Jahre später wird sich Friedrich Emil Welti verloben. Lydia mag erfahren haben, dass ihr einstiger Mann die Helena Emilia Louisa Kammerer schätzen gelernt hat – sie ist in einer Diplomatenfamilie aufgewachsen und steht der Familie des Bundesrates Welti seit längerem nahe. Damit ist ihr selber die Rückkehr definitiv verbaut. Welti und Kammerer werden heiraten, im Landsitz «Lohn» ein neues herrschaftliches Leben führen, Künstler empfangen – und keine Kinder in die Welt setzen.

Lydia Escher ist gescheitert. Sie hat ausbrechen wollen aus ihrer gesellschaftlichen Klasse wie Stauffer aus der seinen. Ihr Ausbruch sollte zu Höherem führen, in die Sphäre der Kunst. Mit ihrer Standesherkunft hat sie dabei nicht brechen wollen.

Mutter Stauffer hat einmal in heiligem Zorn Lydia Escher so beschrieben: «Wenn der Glanz des Kunsthauses sie nicht umgäbe, so erschiene sie als eine ‹graue Libelle›.» Und dann in pietistischem Furor: Solche Frauen seien «Irrlichter für die Herren» und machen sie «blind gegen wahre weibliche Tugenden». Die kultivierte Mutter schreibt: «Eine solche Person kann mir gestohlen werden!»[374]

Einsam geworden, hat sich die Libelle für einen Ausweg entschieden, an den sie wiederholt gedacht hat: «Man denkt an jede Art von Lustbarkeit; aber man denkt nicht genügend an die Lust, die der Tod bereitet», so hat sie in ihren Römer Notizen festgehalten.[375] Der Patrizierin graut nur vor der schlechten Gesellschaft, in der sie sich auf dem Friedhof befinden wird, wie Brahm berichtet.[376]

Der Rücktritt

Die Landesregierung bestellt für die Verstorbene ein Begräbnis, zweite Klasse genügt, und schickt einen Kranz.

An der Trauerfeier auf dem alten Friedhof in Plainpalais finden sich Vertreter von Gemeinderat, Stadtrat und Kantonsregierung ein sowie Anwalt Emil Isler als Vertreter des Bundesrates. Reden werden keine gehalten. Unter den nicht eben zahlreichen Trauergästen sieht man den Nachbarn Professor Carl Vogt, den ehemaligen Gatten der Verstorbenen und das markante Gesicht eines von Sorgen beschwerten Mannes: Bundesrat Emil Welti hat sich herbemüht, um von der Frau Abschied zu nehmen, die er einst als Tochter angesehen hat. «Das Elend, das sie über uns gebracht hatte, machte mich hart», schreibt er seinem Freund Bavier. «Nun hat sie mich durch ihren Tod entwaffnet, und an ihrer Bahre kam das ganze Elend ihres traurigen Lebens über mich.»[377] Vielleicht auch sein eigenes.

Bundesrat Emil Welti? Er ist vor wenigen Tagen überraschend zurückgetreten. Jetzt ist er alt Bundesrat. Die Demission hat internationales Aufsehen erregt.

Offiziell ist der Rücktritt im Zusammenhang mit einer verlorenen Abstimmung erfolgt. Die Misswirtschaft der privaten Eisenbahnunternehmen schien dem Politiker Welti seit langem nach Sanierung zu rufen. Für den überzeugten Freisinnigen ist ein privates Bahnunternehmen im Dienst der Öffentlichkeit ohnehin eine Fehlkonstruktion: Was der Öffentlichkeit dient, muss öffentlich verwaltet werden, und so hat Bundesrat Welti vertreten, die Bahnen seien durch den Bund zurückzukaufen. Im Laufe der vergangenen Monate ist ein Vertrag zu Stande gekommen, der dem Bund den Ankauf der «Centralbahn» ermöglicht. Dieser ist dem Volk vorgelegt worden – die Abstimmung gilt als entscheidend für die weitere Nationalisierung der Eisenbahnen.

Doch das Volk hat am 6. Dezember 1891 Nein gesagt, und Welti hat das Resultat zum Anlass genommen, um noch am gleichen Tag den Rücktritt aus dem Bundesrat zu erklären.

Simeon Bavier, der Gesandte in Rom, kommentiert, Welti – sein Nachfolger im Bundesrat – habe die Verstaatlichung der Bahnen zu forsch angegangen: «Hätte er einen anderen, langsameren, aber sichereren Weg eingeschlagen, wäre sehr wahrscheinlich das Ziel erreicht worden.» So seien weiterum unbegründete Ängste ausgelöst worden, etwa «dass man den Juden einige Millionen schenke und dass das Volk dies bezahlen müsse». Wozu Bavier korrigierend anmerkt: «Ersteres, nämlich dass die Juden profitierten, ist richtig, nicht richtig aber ist, dass das Volk auch nur einen Centime davon zu bezahlen gehabt hätte.»[378] Ein weiterer Ausdruck des Antisemitismus einer Epoche.

Doch tritt ein Bundesrat wie Emil Welti wegen einer verlorenen Abstimmung zurück? Freund Bavier kann es «nicht fassen, dass Sie nicht mehr auf Ihrem Posten, den Sie so würdig bekleideten, sind».[379] Tatsächlich widerspricht der Rücktritt politischen Grundsätzen, die Welti selbst verkündet hat. In einer Redeschlacht um eine Revision der Bundesverfassung hat Bundesrat Welti im Parlament Standfestigkeit markiert und erklärt, dass ein Steuermann das Ruder nicht in dem Moment verlasse, «wo der Sturm loszubrechen drohe».[380] Immer hat er betont, Dienst am Staat sei eine Pflicht. Und nun schreibt er seinem Freund Bavier, dass er es nicht hinnehmen müsse, sich «wie einen Dienstmann» behandeln zu lassen.[381]

Es hat auch die anderen, die privaten Gründe gegeben.

Schon seit einiger Zeit hat Welti einen Rücktritt erwogen, als die Volksabstimmung noch bevorstand, wie er seinem Biografen Hans Weber anvertraut hat.[382]

Die Familienkrise zehrt an seinen Nerven: «Das unabwendbare Schicksal», auch das schreibt er an Bavier, «trifft mich und die Meinen mit furchtbaren Schlägen und lässt kaum eine Wunde vernarben, bevor es die andere aufreißt.»[383]

Weltis Briefe in dieser Zeit sind von einer Schwere, die an Deklamationen aus einer griechischen Tragödie denken lässt: «Ermanne Dich und kämpfe den schweren Kampf durch», schreibt er seinem Sohn, nachdem die «Affäre» bekannt geworden ist; «ich werde Dir mit gutem Beispiel voraus gehen und nicht klagen.»[384]

Es scheint, dass der einst so machtbewusste Bundesrat im Alter vermehrt Trost sucht bei einem Pfarrer, den er seit der Schulbank kennt: Jakob Müri aus Schinznach. Von ihm aufgerichtet, verströmt er pietistisch angehauchte Selbsttröstungen: «Meine lieben Kinder, wir feiern das neue Jahr in schwerer Not, aber mit dem Bewusstsein, dass wir keine Schuld haben.» So der greise Politiker am Jahreswechsel 1889/90 zu seinen Angehörigen.[385] Mit Würde sollen sie die Geschehnisse ertragen.

Das ist leichter gesagt als getan; im Juni 1890 schreibt der alte Welti angesichts der zähen Bemühungen des Rechtsanwalts Eduard Stauffer um offizielle Aufklärung der ganzen Geschichte: «Es scheint, ich müsse förmlich tod gehetzt werden.»[386] Im Februar 1891 resümiert er gegenüber Pfarrer Müri: «Unruhe und Qual war während der letzten Jahre mein Leben.»[387]

Dies Leiden wird beigetragen haben zu seinem Aufsehen erregenden Rücktritt, der in der Geschichtsschreibung dargestellt werden wird als eine Krisenerscheinung der bürgerlichen Gesellschaft am Ende des 19. Jahrhunderts.

Welti zieht sich zurück und versenkt sich in seine Antike. Jetzt findet er Zeit, die «Ilias» durchzulesen. Kurz vor seinem Tode noch wird er sich mit dem Drama der «Antigone» befassen, der Tochter des Ödipus, die der inneren Stimme folgt und nicht dem Befehl des Staatsoberhauptes, als sie ihren gefallenen Bruder begräbt und deshalb lebendig eingemauert wird. Zurück bleibt im Stück ein gebrochener, einsamer König: Kreon.

Fehlspekulationen

Das größte imaginäre Museum der Schweiz. Es ist weiterhum unbekannt. Die Gottfried-Keller-Stiftung ist ein Museum, das Werke sammelt, aber sie nicht in eigenen Räumen ausstellt. Mit der Annahme durch den Bundesrat hat das Werk rechtliche Geltung erlangt; der 6. September 1890 gilt als Geburtstag der Stiftung. Seither hat die Stiftungskommission Tausende von Bildern, goldene Becher und geschnitzte Altäre, Teppiche, Möbel, Medaillen und Münzen angekauft, Keramik, Porzellan, Schmiedearbeiten, Öfen und Wappenscheiben. Zum Sammlungsgut gehören das Kloster St. Georgen in Stein am Rhein und Zimmereinrichtungen im Freuler-Palast in Näfels oder im Schloss Wülflingen. Prunkstück ist das Chorgestühl von St. Urban, im Kanton Luzern, das in Schottland aufgefunden und repatriiert wurde.

Viele Gemälde, die als Dauerleihgaben in den Museen im Land hängen, sind Eigentum der Gottfried-Keller-Stiftung. Unter ihnen populäre Werke, die zum nationalen Bildschatz Helvetiens gehören und die manchen schon vor Augen aufblitzen, wenn nur schon deren Titel genannt wird: Das Alpentriptychon von Giovanni Segantini mit den Bildern «Werden», «Sein», «Vergehen». «An der Tränke» vom selben Maler. «Die Pest» und «Die Toteninsel» von Arnold Böcklin. Zwei Schulszenerien von Albert Anker: die «Kleinkinderschule auf der Kirchenfeldbrücke» und die «Dorfschule im Schwarzwald». Und schließlich die «Gotthardpost» von Rudolf Koller – ein Bild, das als Geschenk einer Eisenbahngesellschaft für Alfred Escher entstanden ist und ins persönliche Eigentum von Tochter Lydia überging.

Ein Stock von mehr als 500 Grafiken Picassos gehört zum modernen Sammlungsgut.

Als eine «Geld und Tat gewordene Wiedergutmachung am Unrecht, das die Heimat Stauffer angetan hat», bezeichnete der Schriftsteller Paul Nizon die Stiftung in einem 1970 erschienenen Werk «Diskurs in der Enge».[388] Sie ist jedenfalls der Tatbeweis dafür, dass Lydia Escher eine herausragende Kulturförderin gewesen ist. Der Zürcher Frauenzunft sei empfohlen, die Gestalt der Lydia Escher in ihr Figurenrepertoire aufzunehmen.

So großartig das Werk im Entwurf ist, so kleinlich mutet der Umgang damit an. Aus dem vorgesehenen nationalen Kunstmuseum ist nichts geworden. Dabei hätte sich ein Ort dafür geradezu aufgedrängt: die Villa Belvoir. Diese wurde anderweitig verkauft. «Die Landesregierung hat der Gottfried-Keller-Stiftung die Möglichkeit einer eigenen Kunstgalerie genommen und den Bund um die einzigartige Gelegenheit eines Eidgenössischen Kunstmuseums gebracht», urteilt der Buchautor Joseph Jung, ein Kenner der Escher'schen Familie und Chefhistoriker der von Alfred Escher begründeten Kreditanstalt (heute Credit Suisse Group). Er hat eine Studie über die Anfänge der Gottfried-Keller-Stiftung verfasst.[389]

Jung kritisiert «fragwürdige Entscheide» und «Fahrlässigkeiten» des Bundesrates, dem die Stiftung übereignet worden ist – sie bildet noch heute einen «Spezialfonds des Bundes».[390] Im Portefeuille von Lydia Escher, das in die Stiftung eingeht, befinden sich die Aktien der «Fabrik von Maggi's Nahrungsmitteln Actiengesellschaft». Das Ehepaar Welti-Escher hat mit klugem Sinn für den Trend des Massenkonsums bei Maggi investiert, als das Unternehmen die Instant-Suppe auf den Markt brachte. 1890 wird das Unternehmen aus einer Kommanditgesellschaft in eine Aktiengesellschaft umgewandelt, Weltis sind wieder mit ihrem Geld dabei. Just in dieser Zeit gerät das Maggi-Unternehmen in Turbulenzen, weil die neu investierten Mittel nicht so schnell rentieren wie erhofft. Zwar kann der Absatz der Suppenprodukte gesteigert werden, doch bleibt per saldo ein Betriebsverlust.

Der Bundesrat, der mit der Gottfried-Keller-Stiftung Hauptaktionär von Maggi geworden ist, will sich an einer vom Management vorgeschlagenen Sanierung nicht beteiligen, sondern beschließt, seinen Anteil zu verkaufen. Um eine Nachinvestition von einigen Zehntausend Franken zu vermeiden, verzichtet er auf die langfristig zu erwartenden Gewinne. Im selben Moment, wo die Schweizerische Kreditanstalt den entgegengesetzten Beschluss fasst und ihr Engagement bei Maggi bestätigt. Eine Marktanalyse zeigt den Bankverantwortlichen, dass die Volksnahrung einen Wachstumsmarkt mit riesigem Potenzial erschließt; und der bald eintretende Aufschwung von Maggi wird die Richtigkeit dieser Prognosen beweisen. Allein aus dem Verkauf der Maggi-Papiere zu schlechten Konditionen, so gibt der Bundesrat Jahrzehnte später bekannt, habe ein Verlust von Fr. 342 500.– resultiert.[391]

Buchautor Jung bilanziert: «Die Maggi-Aktien und die Genussscheine hätten jedoch die finanzielle Basis dargestellt, welche die Gottfried-Keller-Stiftung gebraucht hätte, um die ursprüngliche finanzielle Potenz in den Ausschüttungen zu erhalten.»[392] Als die Aktien verkauft werden, ist der PR-Texter Frank Wedekind nicht mehr bei Maggi. Er nähert sich seiner Berufung an, Schriftsteller zu werden. In den Neunzigerjahren reist er als Bühnenkünstler durch Schweizer Städte und rezitiert Ibsen: «Meine Hauptnummer war die vollkommen freie Rezitation der ‹Gespenster›», schreibt er in seinen Tagebüchern, «indem ich durch mein Spiel in jeder Szene hauptsächlich die jeweilige Hauptperson darstellte.»[393]

Nachdem der Bundesrat die zukunftsträchtigen Maggi-Papiere abgestoßen hat, weil sie ihm zu unsicher scheinen, kauft er hochriskante Papiere der Ersparniskasse des Kantons Uri, von der seit Jahren bekannt ist, dass sie «durch unseriöse Beteiligungen und dubiose Beziehungen» in großen Schwierigkeiten steckt.[394] Die Ersparniskasse hat ihrerseits mehrere Millionen in eine junge Firma investiert, die seit kurzem ihren Betrieb in den Kanton Uri verlegt hat: die Schweizerischen Draht- & Gummiwerke AG Zürich (heute Dätwyler AG in Altdorf im Kanton Uri). Diese junge Firma sieht die Zukunft in Isolierdrähten, wie sie etwa für das neue Telefon gebraucht werden, oder in Seilen, Rohren und Gummiwaren, und baut ihre Produktionskapazitäten massiv aus.

Die öffentlich zugänglichen Geschäftsunterlagen geben keinen genauen Aufschluss darüber, auf welche Märkte die Unternehmensleitung hofft. Angesichts der Kriegsrüstung aller Nationen ist aber nahe liegend, dass an den Absatz bei den Militärs der Nachbarländer gedacht wird, wo für Feldtelefone oder Gasmasken derartige Draht- und Gummiprodukte benötigt werden. Der Geschäftsbericht für das Jahr 1912 teilt nebulös mit: Die «Einführung neuer Auslandsqualitäten» habe «neue Opfer erfordert», doch seien diese «Versuche» nun abgeschlossen.[395] Die ausländischen Käufer können kommen. Doch sie kommen nicht. Die Nachbarländer haben nicht auf die Altdorfer Fabrik gewartet. Selbst bei Beschaffungen der Schweizer Armee kommen regelmäßig traditionelle Lieferanten zum Handkuss.

Offenbar sind die «neuen Auslandsqualitäten» und «Versuche» nicht erprobt genug. Als die Draht- und Gummiwerke 1918 die Chance erhalten, bei der Entwicklung von Gasmasken für das Eidgenössische Militärdepartement mitzuarbeiten, zeigt sich, dass der Gasmaskenstoff zwar «hinreichend geruchundurchlässig», aber «steif und entschieden zu wenig elastisch ist und infolgedessen ein ganz erheblich schwieriges Atmen bedingt», wie der Bericht einer Chemikerkommission für Gasmasken feststellt.[396]

Da ist der Krieg allerdings praktisch vorbei und das Unglück längst geschehen. 1914 sind die Draht- und Gummiwerke in Konkurs geraten, eine Nachlassstundung ist beschlossen worden, und eine neue Equipe – ein Unternehmer namens Adolf Dätwyler geht das Wagnis ein – muss das Unternehmen auf eine neue Grundlage stellen. Der Kauf von Papieren der Urner Bank sei «fahrlässig» gewesen, urteilt Jung, wenn auch der Schaden für die Stiftung nicht beziffert wird.[397]

Die Serie von Fehlentscheidungen habe dazu geführt, «dass das hohe Ertragspotential» der Gottfried-Keller-Stiftung schließlich «auf ein kümmerliches Niveau gedrückt» worden sei, schreibt Jung, sodass «der Stiftungszweck in der von Lydia Welti-Escher vorgegebenen Weise bereits nach wenigen Jahren faktisch nicht mehr erfüllt werden konnte».[398]

Heilige Cäcilia

Er verpflichte sich «zur genauen Befolgung der Bestimmungen Ihrer Stiftung», betont der Schweizerische Bundesrat gegenüber Madame Escher, als er die Gründung der Stiftung verdankt.[399]

Auch der zum ersten Präsidenten der Stiftung gewählte Carl Brun versichert an der ersten Sitzung nach Lydia Eschers Tod, dass es jetzt «doppelt unsere Pflicht und eine Rücksicht der Pietät sei, im Sinn und Geist der Stifterin zu handeln ...»[400] Zum Gedenken erheben sich die Mitglieder von den Sitzen.

Zwar sind die Stiftungsverantwortlichen durch keine konkrete Formulierung verpflichtet, Frauen zu fördern. Indes müssen ihnen Lydia Eschers feministische Ideen durch persönliche Kontakte, Briefe und das öffentliche Wissen über die Stifterin bekannt sein. Über die Ansichten und Absichten der Verstorbenen könnte Ehemann Welti-Escher weiterhin Auskunft geben.

Wie wird die Kommission in der Ankaufspolitik – ihrer zentralen Tätigkeit – dem Geist des Vermächtnisses nachkommen?

Mit gespannter Neugierde habe ich die Ankaufslisten durchgeblättert, in die mir die Eidgenössische Kommission der Gottfried-Keller-Stiftung Einsicht gewährt hat. Das Ergebnis ist erschütternd. Jahr für Jahr. In der ganzen Amtszeit von Präsident Brun, die von 1891 bis 1922 dauern wird, in rund drei Jahrzehnten Sammeltätigkeit, hat die damalige Stiftungskommission ein einziges Werk einer namentlich bekannten einzelnen Künstlerin angekauft! Hinzu kommen einige Werke, die sich unter En-bloc-Ankäufen von Sammlungen befunden haben. Und es gibt eine nicht bestimmbare Anzahl kunsthandwerklicher Objekte – Wandteppiche etwa –, von denen auf Grund der allgemein bekannten Produktionsbedingungen angenommen werden darf, dass Frauenhände an ihnen mitgewirkt haben.[401]

Das 1894 angekaufte Werk ist ein Gemälde aus der Hand von Angelika Kauffmann, es zeigt die heilige Cäcilie an der Orgel. Dafür sind Fr. 3500.– bezahlt worden.[402] Die Künstlerinnen der Werke in Gruppenankäufen sind: Anguisciola Sofonisba («Bildnis einer alten Dame») aus dem 16. bis 17. Jahrhundert; Barbara Dietsch («Veilchen mit Schmetterling») um 1750. Hinzu kommt ein Gemälde, das

Elisabeth Vigée-Lebrun gemeinsam mit zwei Malerkollegen 1808 gemalt hat («Das Alphirtenfest in Unspunnen»).

Auf 9871.80 Franken nominal errechnet die Gottfried-Keller-Stiftung die Ankaufssumme für diese Werke von Frauen. Zählt man die Wandteppiche hinzu, vermehrt sich der Betrag um 105 109.00 Franken. Insgesamt wurden in der Zeit aber 4060 Werke angekauft, für die 3 552 881.95 Franken ausgelegt wurden.[403]

Hätte bei der damaligen Stiftungsleitung der Wille bestanden, Frauen zu fördern, hätte man auf dem Markt dank gutem Preisangebot vielleicht ein zweites, ein drittes Werk von Angelika Kauffmann finden und erwerben können (wie es später getan wurde).[404] Es hätte weitere Künstlerinnen gegeben, schon im engeren Umkreis dieser Geschichte: die jung verstorbene Marie Bashkirtseff, Breslaus Rivalin aus dem Pariser Künstlerinnenkreis. Lydias verstorbene Tante Clementine Escher-Stockar, die Malerin von Stillleben und Genreszenen. Karl Stauffers Jugendfreundin Anna von Erlach, die 1906 in der Waldau verstarb.

Warum erwirbt die Kommission keine Werke von Louise Breslau, der in Frankreich um die Jahrhundertwende gefeierten Schweizer Künstlerin und innigen Freundin der Stifterin? Erst nach dem Tod des ersten Präsidenten der Gottfried-Keller-Stiftung wird 1925 ein Gemälde von Louise Breslau erstanden werden: «Le thé de cing heures».

Im Wissen darum, dass nicht eben viele Frauen in den Olymp der Kunst gelangten, hat Lydia Escher in ihrem Vermächtnis neben der «Kunst» auch dem «Kunstgewerbe» Gewicht gegeben, wo Frauen zu ihrer Zeit mehr Handlungsmöglichkeiten fanden, und sie blieb bei dieser Bestimmung, als ihr Ehemann und ihr Schwiegervater das «Kunstgewerbe» der schwierigen Eingrenzung wegen fallen lassen wollten.

Gewiss bleiben die Möglichkeiten für die Stiftungsverantwortlichen eingeschränkt durch eine Klausel Lydia Eschers, wonach zeitgenössische Kunstwerke nur in Einzelfällen berücksichtigt werden sollten. Womit die Stifterin offenbar Günstlingswirtschaft und die Bevorzugung einzelner lebender Künstler hat verhindern wollen. Die Kommission beschließt zudem gleich am Anfang ihres Wirkens, Werke von Künstlern, deren Todestag weniger als 50 Jahre zurückliegt, nur ausnahmsweise zu erwerben; bei Frauen hätte sie eine solche Ausnahme machen können, wenn ihr das Marktangebot älterer Werke als zu gering erschienen wäre. Oder wo die staatliche Kunstförderung Frauen vernachlässigte. Von Karl Stauffer werden sinnvollerweise schon ein Jahr nach seinem Tod Werke angekauft. Und trotz der Bestimmungen über die 50-Jahr-Frist wird Louise Breslaus «Fünf-Uhr-Tee» in den Zwanzigerjahren zu Lebzeiten der Künstlerin angekauft! Da ist Breslau Mitglied der französischen Ehrenlegion und unübersehbar.

Breslau hat wiederholt über die Schwierigkeiten berichtet, denen sie als Frau in der Kunstwelt begegnet ist. Lydia Escher dürfte es gewusst haben: Die Lage der Frau in der bildenden Kunst war obsolet. Und blieb es weit über die Jahrhundertwende hinaus. 1925 stellte eine Autorin fest: «In der fast komisch antifeministischen Schweiz herrschen in der Beziehung heute noch Zustände wie kaum sonstwo, entscheidet doch hier in extremem Maß oft das Geschlecht und nicht die Leistung.»[405]

In diesem Geist wurde hier zu Lande das Werk einer Louise Breslau denn auch gering geschätzt: 1893, zwei Jahre nach Lydia Eschers Tod, begründet der Präsident der Eidgenössischen Kunstkommission, Oberst Emil Rothpletz, warum er einen Ankauf von Werken der Breslau für seine Institution ablehnt: «Das Verdienst der Bilder der in Paris sehr beweihräucherten Malerin besteht darin, dass es nur die zur Zeit an der Seine herrschenden Unsitten in der Malerei mit aller Deutlichkeit vor Augen führt.» Rothpletz weiter in markigen Worten: «Frl. B. ist offenbar ein Fanatiker der ‹neuen Mode›, die mit Absicht allen Grundsätzen der Kunst ins Gesicht schlägt.» Eine Komposition bestehe in ihren Werken nicht, und überhaupt: «Die Farbengebung, das Colorit, die Zusammenstellung der Farben ist geradezu ekelhaft zu nennen und rufen das Gefühl hervor, als ob ein Process der Verwesung in der Gruppe oder im ungelüfteten Zimmer herrsche.»[406]

Das ist kein einzelnes Erlebnis: Breslau registriert einen «Rückschlag» – «neben manchen anderen Anfechtungen» –, als Anfang Jahrhundert die Gesellschaft schweizerischer Maler und Bildhauer bei ihrer Gründung in einem ihrer ersten Statutenpunkte die Frauen ausdrücklich von der Mitgliedschaft ausschließt, beeindruckt durch die Einwände des Malers Ferdinand Hodler.[407]

Lydia Eschers feministisches Vermächtnis wurde missachtet.

Gedanken einer Frau

Ehegatte Friedrich Emil Welti ist kein Bösewicht, sein feinfühliger Charakter ist bekannt. Er will seine einstige Gattin Lydia nur vor dem bewahren, was ihm als Falle des Feminismus erscheint. Das Ergebnis seiner Handlungen ist das Gegenteil seiner Bestrebungen. Schrittweise ist Lydias Wille untergraben worden.

Mehr noch, schrittweise wird die Erinnerung an Lydia Escher demontiert. Und damit eine bedeutende Persönlichkeit aus dem kollektiven Gedächtnis getilgt.

Statt einer Stiftung mit dem Namen der Gönnerin ist die Stiftung zur Erinnerung an den Dichter Keller entstanden. Ähnliches geschieht bis in die Niederungen unscheinbarer Details: Das bekannte Gemälde von Rudolf Koller, die «Gotthardpost» – im Besitz des Kunsthauses Zürich –, gilt als ein «Geschenk von Dr. Emil Welti», so liest es das Publikum auf dem zugehörigen Schildchen. Dass das Gemälde für Alfred Escher gemalt worden ist und nach dessen Tod Lydia Escher gehörte, erfährt das Publikum nicht. Ob es je in Friedrich Emil Weltis rechtmäßiges Eigentum gelangte, ist fraglich. Es war ursprünglich eingebrachtes Frauengut.

Das Gemälde der weißen Dame aus der Hand von Stauffer-Bern ist offenbar zu Friedrich Emil Welti in den Landsitz «Lohn» gebracht worden, wo es ein halbes Jahrhundert der Öffentlichkeit vorenthalten wird, und nicht weil es seine Repräsentationspflichten in einem Privatsalon zu erfüllen hätte. Nach Weltis zweiter Heirat mit einer ehrbaren Dame darf die unmoralische Lydia gewiss keine Wand zieren.

Lydia Eschers Briefbesitz geht verloren. Wie das hat geschehen können, deutet ein Schreiben vom 5. Januar 1892 an den Bundesrat an. Der von der Eidgenossenschaft mit der Sichtung des Nachlasses beauftragte Genfer Staatsrat und spätere Bundesrat Gustave Ador erstattet Bericht: Er hat die Papiere von Lydia Escher durchgesehen und kann «nichts Wichtiges» anzeigen; Jugendbriefe an Freundinnen, eine Korrespondenz mit Gottfried Keller und einen umfangreichen Briefwechsel mit Alfred Escher. «Alle diese Papiere, so scheint mir, sollen zerstört werden.»[408]

Der Bundesrat wagt aber nicht, den ganzen persönlichen Nachlass Lydia Eschers in den Ofen zu werfen, und ersucht Ador, ihm die Briefe zuzustellen. Dennoch wird ein Großteil der aufgeführten Korrespondenz heute vermisst. Und mit der – vermutlich trotzdem angeordneten – Vernichtung der Briefe werden die Gedanken getilgt, die darin ausgedrückt waren. Und damit erneut ein Teil dieser Persönlichkeit aus dem kollektiven Gedächtnis gelöscht.

«Gedanken einer Frau», heißt eine Schrift, die Lydia Welti-Escher im Römer Irrenhaus verfasst und die sie «den Manen» Karl Stauffers widmet – den Geistern des Verstorbenen, die weiter da sind als feinstoffliche Wesen.

Die Autorin hat beim Schreiben offenbar an ein breiteres Publikum gedacht. «All ihr Interesse ist auf ihr Werk gerichtet, das sie durchaus drucken lassen will», wundert sich Ehemann Friedrich Emil.[409] Die Verfasserin besitzt das Manuskript noch in den letzten Monaten vor ihrem Tod und denkt weiterhin an eine Veröffentlichung, wie sie äußert.

Was die «Gedanken» ungefähr enthalten haben, ist dank dem Stauffer-Biografen Otto Brahm bekannt: «In deutscher, französischer, italienischer Sprache» habe Lydia Escher über Philosophie und Religion, über Natur und Kunst und Literatur, über Sittlichkeit, Liebe und Leidenschaft reflektiert.[410] Auch diese «Gedanken» sind verschollen. Es ist allerdings denkbar, dass sie in den Händen Brahms gewesen sind, als Escher stirbt, und dann keinen Weg zu einem zuverlässigen Nachlassverwalter mehr gefunden haben.

In diesem literarischen Vermächtnis wendet sich Lydia Escher gegen eine Erziehung im Korsett der Konventionen, wie zumal die Mädchen sie erlebten. Sie vertritt das Recht auf eine eigene Individualität und zeigt sich darum skeptisch gegen das Gelübde ewiger Treue zwischen zwei Menschen. Sie beschäftigt sich mit der Frauenbildung und der Stellung der Frau in der Gesellschaft. «Die schweizerische Gattin auch der höheren Stände ist durchschnittlich nichts anderes als eine Haushälterin, die den Zweck ihres Daseins erfüllt, wenn sie wenig Geld braucht.» So hat Lydia Escher laut Brahm geschrieben; «ein glänzendes Wesen, Charme, feinere Bildung würden ihr» – einer Ehefrau – «von ihrem Gatten und ihrer Umgebung als Kriminalverbrechen vorgeworfen».[411]

Das Manuskript Eschers hat auch Jakob Baechtold gesehen, Redaktor der «Neuen Zürcher Zeitung», der sich als Biograf Gottfried Kellers einen Namen machen wird – als «Hüter der gleichsam von ihm gepachteten Domäne Gottfried Keller», wie der Feuilletonredaktor Widmann kritisch sagt.[412] Baechtold hat die «Gedanken» über einen befreundeten Maler zugeschickt erhalten und ist offenbar gebeten worden, sein Urteil abzugeben. Dass das Manuskript von Lydia Escher stammt, soll er nicht wissen. Er weiß es trotzdem, wie aus seiner Beurteilung hervorgeht, die er an den Mittelsmann schickt: «Man erhält beim Lesen den Eindruck, dass sie» – die drei Hefte mit sittlich-philosophischen Betrachtungen – «von jemandem herrühren, der jedenfalls bemüht ist, über Dinge, an denen der Durchschnittsmensch vorbeigeht, mit sich ins Reine zu kommen.» Zugleich sei klar, «dass hier noch viel Leidenschaft zur Ruhe zu kommen hat».[413]

Baechtold wählt anfänglich zurückhaltende Formulierungen: «Manche dieser Aphorismen enthält weder Neues, noch Ungewöhnliches, vieles ist geistreich forciert.» Er sieht in einigem eine «vornehme, selbstlose edle Natur» zum Vorschein kommen. «Anderes klingt mir, der ich hinsichtl. Ehesachen & dergl. zu den altmodischen Leuten gehöre, zu sehr emanzipiert.» Und das ist dann auch das Schlussurteil des Keller-Kenners: Der Text ist zu emanzipiert. «Ich halte ein solches Wühlen in sittl. Problemen für ergebnislos.»[414]

Narben und Legenden

Karl Stauffer wird weiterleben, sosehr auch die «Welti-Partei», die sich allmählich herausbildet, ihn zu vergessen wünscht. In der Königlichen Nationalgalerie in Berlin wird schon kurze Zeit nach seinem Tod – vom 4. Dezember 1891 bis zum 14. Januar 1892 – eine Werkschau präsentiert.[415]

Lydia Escher wird in ihrer Stiftung überdauern, die vielleicht eines Tages doch noch umbenannt werden wird, sodass auch der Name an die Stifterin erinnert. Die Neubenennung wäre eine notwendige historische Korrektur.

Beide – Karl und Lydia – hinterlassen keine Kinder. So stirbt mit Lydia der Zweig der Escher zum Glas in der Schweiz aus; nur eine entfernte Linie wird sich in Deutschland fortpflanzen. Im alten Friedhof von Plainpalais in Genf ist die letzte Escherin zur Ruhe gelegt worden. Ihr Grabstein steht heute noch beim Eingang direkt neben der Kapelle. «Ici repose …» steht auf dem Grabstein und der Hinweis, dass sie Gründerin der Gottfried-Keller-Stiftung war.

Der Vater, Alfred Escher, wird keine Ruhe finden. Er ist im Friedhof der Gemeinde Enge unterhalb der Kirche begraben worden, wird aber dem von ihm selbst geförderten Verkehr weichen müssen. Für einen weiteren Ausbau der linksufrigen Seebahn muss das Friedhofsgelände angeschnitten werden, um einem neuen Bahnhof Enge Platz zu machen.

Eschers Reste werden auf den Friedhof Manegg transportiert, wo eine schmucklose Bodenplatte an ihn erinnert; in einer schmiedeisernen Einfriedung neben dem Haupteingang.

Auch sein Standbild vor dem Hauptbahnhof wird vom Verkehrsfluss – dem von Automobilen verursachten – gefährdet werden. Die städtische Bauverwaltung fasst 1930 eine Verschiebung ins Auge und stellt am Seeufer beim Mythenquai schon eine Kartonsilhouette in natürlicher Größe hin. Der Zürcher Ingenieur- und Architektenverein dagegen verlangt, dass er auf die Terrasse vor der Eidgenössischen Technischen Hochschule gebracht werde, jener Schule, die er begründet hat.

Tatsächlich wird Escher nur einmal, 1964, um zwei Meter verschoben, um den Strömen von Autos und Fußgängern Platz zu schaffen, wenn auch unsinnige Gerüchte behaupten, er sei dabei umgedreht worden; er habe nämlich einst Richtung Bahnhof geblickt. Indiz für diese These: Es sei unwürdig, dass der Jüngling zu Eschers Füßen dem großen Mann den Ehrenkranz von hinten zum Gesäß reiche. Selbst das Stadtparlament muss sich mit dem angeblich umgedrehten Eisenbahnmagnaten beschäftigen, da ein Vorstoß verlangt, ihn wieder um 180 Grad zu wenden.[416] Die alten Stiche im Zürcher Baugeschichtlichen Archiv aber belegen: Escher hat immer zum See geblickt.

Karl Stauffers Bruder Eduard, der Fürsprecher, wird im Jahr 1901 in Biel Stadtpräsident werden, der letzte bürgerliche, bevor die Sozialisten das «rote Biel» begründen. 1907 wird in Biel nach Eduard Stauffers krankheitsbedingtem Tod das erste sozialistische Stadtoberhaupt der Schweiz gewählt.

Die Schwester Amalie wird in Steffisburg bei Thun leben und unter dem Drama um ihren Bruder furchtbar leiden. Ihr Mann Johannes Krähenbühl wird noch ein halbes Jahrhundert später eine heftige Presseauseinandersetzung mit der «Welti-Partei» über Schuld und Unschuld in dieser Affäre führen. «Es ist ja tatsächlich aus dem Tierbuch, was geboten wurde», sagt ihr Enkel, der in den Regierungsrat aufgestiegen ist, zum Verfasser, und er erzählt, wie es war, wenn man zu Hause Stauffers Radierungen betrachtete: «Wenn die Ansicht der Lydia kam, hat man weitergeblättert.»[417]

Auch bei Weltis wird die Empörung weiter schwelen. Auch hier werden sich Nachkommen noch ein Jahrhundert später erinnern, wie ihre Eltern und Großeltern die Darstellung der Affäre durch die «Stauffer-Partei» in Büchern und Artikeln als ungerecht empfanden und sich bemühen, das Geschichtsbild zu korrigieren.[418]

Friedrich Emil Welti wird sich 1893 ein zweites Mal verheiraten und zunächst den Sommer, dann das ganze Jahr über im Landsitz «Lohn» bei Kehrsatz verbringen. Er wirkt während Jahrzehnten als führender Kopf der schweizerischen Versicherungsbranche. Mit besonderer Leidenschaft aber gibt er sich seinem kulturellen Lebenswerk hin, der Erforschung schweizerischer Rechtsquellen. So veröffentlicht er Studien über die bernischen Stadtrechnungen des 14. und 15. Jahrhunderts, über die Urkunden des Stadtarchivs Baden und über die wichtigsten alten Berner Rechtsquellen – die so genannte Handfeste, das Satzungenbuch und die Gerichtssatzung von 1539.

Welti und seine Frau werden sich als Mäzenatenpaar für Literaten und Maler betätigen. Der Schriftsteller Hermann Hesse – Verfasser von «Der Steppenwolf»,

«Narziss und Goldmund» und «Das Glasperlenspiel» – verkehrt als eine Art Hausfreund im «Lohn».

Andere Zweige der Weltis werden sich vermehren. Die einschlägigen Bücher zur Geschichte der Arbeiterbewegung erzählen, dass Franz Welti, der erste Präsident der Kommunistischen Partei – es gab einmal eine solche Partei in der Schweiz und sie war nicht ganz unwichtig – ein «Neffe des Bundesrates Emil Welti» gewesen sei.[419] Zehn Jahre lang – 1921 bis 1929 – führte dieser Welti die KPS, bis er durch Moskaus Einfluss von der Parteileitung verdrängt wird. Er bleibt dem Kommunismus treu, auch als er innerlich gebrochen ist. 2000 Personen werden dem Parteiführer und Nationalrat bei seinem Begräbnis 1934 in Basel eine Hommage erweisen.

Er habe Anwalt Franz Welti während eines Prozesses kennen gelernt, erzählt der einstige Revoluzzer und spätere Regierungsrat des Kantons Basel-Stadt, Max Wullschleger; «sein Onkel war der langjährige Bundesrat Emil Welti.»[420]

Leider stimmt es nicht. Gewiss gehörte Franz Welti zu den Zurzacher Geschlechtern der Weltis. Doch sein Vater ist kein Bruder des Bundesrats, wie Konsultationen in den Bürgerregistern in Zurzach ergeben. Wahrscheinlich sind die beiden etwas weiter entfernte Verwandte.

Der oberste Kommunist ein Spross im Familiengarten des schweizerischen Bismarck! Das ist großartig. So will man Geschichte haben, ausgleichende Gerechtigkeit. Doch nicht immer ist die Geschichte so hübsch verspielt.

Weltis und Stauffers gehen ihre Wege: Und wenn auch Generationen sich ablösen, Erinnerungen und Narben werden bleiben.

Pressepolemik III

Der einflussreiche Feuilletonredaktor am «Bund», Viktor Widmann, konnte nicht verhindern, dass die Stauffer-Geschichte immer wieder hervorgekehrt wurde. Schon 1890 kam ein Roman heraus, in dem verfremdet das Ringen eines Schweizer Malers um seine Kunst und um seine Geliebte zur Darstellung gebracht wurde: «Tino Moralt, Kampf und Ende eines Künstlers».[1] Darin findet der Protagonist, einsam in winterlichen Bergen, vom Wahnsinn erfasst, den Tod.

Im Herbst 1892 erschien die Stauffer-Biografie des Berliner Theaterkritikers Otto Brahm.[2] Sie wird im folgenden Vierteljahrhundert eine Vielzahl von Auflagen erfahren.

Eine Oper wurde geschrieben: «Sandro der Narr» (1915);[3] eine fiktive Autobiografie publiziert, in der ein Ich-Erzähler eine «Chronik der Leidenschaft» ausbreitet (1939).[4] Stauffers Gedichte wurden ediert. Noch eine historische Darstellung. Ein Bühnendrama. Ein Festspiel. Noch nach einem halben Jahrhundert wird in der Kulturzeitschrift «du» ein «Memento» zu des Künstlers Todestag erscheinen.

Als sich Stauffers fünfzigster Todestag näherte, stieg die Temperatur. Am 6. April 1941 brachte der «Kleine Bund» – die literarische Beilage zum Berner «Bund» – einen Aufsatz über «Karl Stauffers Künstler-Tragik».[5] Verfasst von Johannes Krähenbühl, Notar in Steffisburg und Ehemann von Karl Stauffers jüngster Schwester Amalie. Der Beitrag muss einigen, die sich an die Sache erinnern konnten, erschienen sein wie eine späte Rache für Widmanns Gefälligkeitsartikel, in denen Stauffer unter Benutzung interner Bundesdokumente als Schurke präsentiert worden war. Krähenbühl gab seinen Text später als Einzelbroschüre heraus.[6]

«Leider werden alle Darstellungen von Stauffers tragischem Untergang den Tatsachen in einem Hauptpunkte nicht gerecht», schrieb der Schwager des Malers aus überquellendem Groll: Nirgends werde festgestellt, dass Karl Stauffer wegen Nichtvorhandenseins eines Verbrechens von den gegen ihn erhobenen Anklagen freigesprochen worden war. Krähenbühl zitierte Stellen aus Briefen und Büchern, aus denen «einwandfrei» hervorgehe, dass Karl Stauffer die Verbrechen, deren man ihn angeklagt hatte – die Unterschlagung und die Entführung einer Geisteskranken –, «nicht begangen hat». Und der Autor bat, einem, der die Tragödie miterlebt habe, nicht übel zu nehmen, wenn er den fünfzigsten

Todestag benutze, um «endlich einmal die Wahrheit festzustellen» und «Stauffers Ehre zu retten».[7] Damit scheuchte er die Welti-Partei auf.

Der Fürsprecher und Notar Krähenbühl erhielt einen Brief von einem Berufskollegen: von Hermann Rennefahrt, Rechtsanwalt der Weltis. Friedrich Emil Welti hatte zwar vor kurzem das Zeitliche gesegnet, noch lebte aber seine zweite Ehefrau. Rennefahrt verlangte eine Berichtigung und legte einen Text vor, der in Krähenbühls Namen als Nachtrag abzudrucken sei. Der lehnte ab. Erklärte sich aber bereit, einen anderen Text zu publizieren. Ein Hin und Her. Rennefahrt – als Professor für bernische Rechtsgeschichte eine gewichtige Persönlichkeit – insistierte auf einer Darstellung, welche «eine der Familie Welti genügende Fassung» geben solle. «Mit kollegialer Hochachtung» Ausrufezeichen![8]

Konkret verlangte die Welti-Partei die Feststellung, dass Stauffers Handlungsweise in Italien «mit den moralischen Begriffen im Widerspruch stand». Stauffer selbst habe eine moralische Schuld empfunden, als er seinem Freund Max Mosse schrieb – und eben das müsse wörtlich abgedruckt werden: «Ich nehme die ganze Chose auf als gerechte Strafe für meine vielen Ehe- und Treubrüche.»[9]

Um jedes Wort wurde gerungen. Schließlich musste Krähenbühl nachgeben. Im «Kleinen Bund» erschien der «Nachtrag». Der Verfasser sei auf Grund neuer Dokumente zum Schluss gekommen, dass die von ihm erhobenen Anschuldigungen – es ging besonders auch um die angebliche Einmischung des Bundesrates Emil Welti in die Affäre – «mit den Tatsachen in Widerspruch stehen und unbegründet sind».[10] Die erwähnten neuen Dokumente wurden nicht publiziert. Die Briefstelle mit den «Treuebrüchen» allerdings auch nicht.

In einem Privatbrief schrieb Krähenbühl dann: «Einzig zur Vermeidung einer Zeitungsfehde musste ich zu Kreuze kriechen.» Und er hielt fest: «Bei der Rehabilitierung des alten Welti bin ich vom direkten Gegenteil von dem, was ich schrieb, überzeugt.»[11]

Der Krach hatte Auswirkungen. Bevor Friedrich Emil Welti, Lydias ehemaliger Gatte, am 8. März 1940 verstorben war, hatte er in einer letztwilligen Verfügung festgelegt, dass Stauffers großes Gemälde der Dame in Weiß aus seinem Besitz an die Gottfried-Keller-Stiftung gehen solle. Allerdings erst nach dem Tod seiner zweiten Frau Helene Welti-Kammerer. Doch hatte diese sofort das Nötige in die Wege geleitet, um das Bild loszuwerden, und die Gottfried-Keller-Stiftung hatte beschlossen, das Bild als Dauerleihgabe ins Kunsthaus Zürich zu bringen.

Plötzlich zog Frau Welti-Kammerer ihre Anordnung zurück. Im «Kleinen Bund» seien Beschuldigungen aus der Feder von Stauffers Schwager erschienen, die «mit den Dokumenten gänzlich im Widerspruch» stünden. «Damit nun das Stauffer-Gemälde der Lydia nicht etwa noch zu weiteren Propagandazwecken benützt wird», sehe sie sich gezwungen, ihren Beschluss zu ändern. Sie ersuchte, «das Porträt Lydia Eschers bis auf weiteres weder im Kunsthaus Zürich noch in einem anderen Museum oder irgendwelcher Bilderschau auszustellen». Mit einem Unterton, der weitere Interventionen versprach, fügte sie hinzu: «Ich weiß mich damit mit der übrigen Familie vollkommen einig.»[12]

Ein veritables Bilderverbot. Als Frau Welti-Kammerer erfuhr, dass die Dame in Weiß für einige Tage im Büro eines Konservators aufgestellt worden war, verschickte sie einen weiteren Brief: «Ohne daran Anstoß zu nehmen, wünschen wir Ähnliches zu vermeiden, um der Möglichkeit unbefugten Photographierens aus dem Weg zu gehen.»[13] Nicht ausgestellt werden sollte das Bild und nicht fotografiert.

So sollte Lydia als Gegenstand der Erinnerung vernichtet werden. Nur ein inhaltsloses Gemälde wollten Weltis offenbar ausgestellt sehen, ein Gemälde von irgendeiner Dame in Weiß. Aber nicht die vom Liebhaber Karl Stauffer gemalte Lydia.

Bei der Gottfried-Keller-Stiftung nahm mans zur Kenntnis und vergaß es. Ohnehin war niemand glücklich über das Geschenk. Stiftungssekretär Hans Meyer-Rahn hatte schon bei dessen Erhalt geschrieben: «Ich weiß nicht recht, welches Museum wir damit beglücken sollten.» Er schimpfte: «Gerade viel Goût ist Stauffer nie eigen, und an diesem Mann-Weib finde ich wenig Gefallen.» Eigentlich störte ihn alles am Werk: «Mich ärgert der geschmacklose Griff des Sonnenschirmes nicht minder als die Ecke des Küchen- oder Gartenstuhls im Rücken der Dame, durch welche deren sitzende Stellung markiert werden soll, damit sie nicht allzusehr im Leeren sitze. Ebenso geschmacklos finde ich den Kopfputz über den Simpelfransen, und die Pose, welche die Dame einnimmt, erweckt den Eindruck, sie sitze vor einem Photografenapparat und warte auf den Moment des Abknipsens.»[14]

Ein Jahr später doppelte er nach: «Mir ist das Bild nicht sympathisch, es erinnert mich unwillkürlich an meine verblichene Schwägerin Frau Caroline Zuber-Rahn.»[15]

Als Weltis zweite Gattin gestorben war, dachten die Stiftungsverantwortlichen nicht weiter ans Ausstellungsverbot. Und im Kunsthaus Zürich hatte bald niemand mehr von einem solchen Kenntnis; die Anordnung war im Leihzertifikat von 1941 nicht einmal eingetragen worden.

Nach der erklärten Absicht der letzten Besitzerin Helene Welti-Kammerer gilt das Verbot, solange das Bild Sympathie für die Protagonisten der Affäre wecken könnte. Formell ist die Anordnung nie aufgehoben worden. So zeugt heute im Kunsthaus Zürich ein mit einem Präsentationsverbot belegtes ungeliebtes Bild von einer ungeliebten Dame und einem gering geschätzten Maler. Und von der großen Tragödie der frühen Schweiz.

Das Bild hat ob der Turbulenzen seine Fassung verloren. Ursprünglich war es umrahmt von einem mächtigen goldenen Schnitzwerk. Aus «Transportschwierigkeiten», wie die Verantwortlichen erklärten, war der Rahmen im Landsitz «Lohn» zurückgelassen worden.[16] Später sei er in Emballage verpackt ins Berner Kunstmuseum nachgeschickt worden, berichtete Weltis zweite Gattin.[17] Heute weiß niemand, wo das Stück sich befindet. Oder vielleicht: zu welchem Gemälde ein solcher Rahmen gehört. Im «Lohn» ist er nicht, ich habe in den Estrichräumen nachgeschaut.

ANHANG

Chronologie

1828–1831	Kaufmann Heinrich Escher-Zollikofer baut die Villa Belvoir in Enge bei Zürich
1. September 1857	Geburt Karl Stauffers in Trubschachen im Kanton Bern
10. Juli 1858	Geburt Lydia Eschers auf Belvoir in Enge bei Zürich
Sommer 1874	Karl Stauffer zieht nach München, wo er Maler werden will
Oktober 1880	Stauffer geht nach dem Entzug des Kunststipendiums nach Berlin
19. Februar 1880	Durchschlag des Gotthardtunnels
Herbst 1881	Stauffer gewinnt für das Porträt seines Freundes Max Klein die kleine Goldene Medaille
6. Dezember 1882	Tod von Alfred Escher, Bundesbaron und Eisenbahnherr
4. Januar 1883	Heirat von Lydia Escher und Karl Welti in Zürich
August 1885	Karl Stauffer besucht erstmals das Ehepaar Welti auf Belvoir
Juli 1886	Stauffer malt Lydia Welti-Escher im Gewächshaus auf Belvoir
August 1886	Stauffer malt den Dichter Gottfried Keller
Weihnachten 1886	Gottfried Kellers Roman «Martin Salander» erscheint in Buchform
Februar 1888	Karl Stauffer zieht von Berlin weg nach Rom
Ende Oktober 1889	Umzug des Ehepaars Welti von Zürich nach Florenz
11. November 1889	Lydia und Karl fliehen zu zweit von Florenz nach Rom
15. November 1889	Karl Stauffers Verhaftung in Rom, später Überführung nach Florenz
17. November 1889	Lydia Welti wird in Rom ins Irrenhaus – Manicomio genannt – eingeliefert

6. Januar 1890	Provisorische Freilassung Stauffers
11. Januar 1890	Karl Stauffer wird nach einem Tobsuchtsanfall in die Heilanstalt San Bonifazio in Florenz verbracht
22. März 1890	Lydia Welti-Eschers Entlassung aus dem Römer Irrenhaus
26. März 1890	Scheidungsvereinbarung zwischen den Ehegatten Welti
20. Mai 1890	Lydia Welti-Escher verfasst in Heidelberg ein Testament
3. Juni 1890	Selbstmordversuch Stauffers im Botanischen Garten in Bern
7. Juni 1890	Offizielle Scheidung des Ehepaars Welti-Escher durch das Bezirksgericht Aarau
19. Juni 1890	Freispruch Karl Stauffers in Florenz von der Anklage des Missbrauchs einer Geisteskranken
Ende Juni 1890	Lydia Escher nimmt Wohnsitz in Champel bei Genf
6. September 1890	Die Gottfried-Keller-Stiftung tritt in Kraft
24./25. Januar 1891	Tod Karl Stauffers in Florenz durch eine Überdosis Chloral
6. Dezember 1891	Rücktritt von Bundesrat Welti nach einer Abstimmungsniederlage
12. Dezember 1891	Selbstmord Lydia Eschers in Champel bei Genf
17./18. Dezember 1891	Otto Brahms Bericht über die Geschehnisse erscheint in der «Frankfurter Zeitung»
31. Dezember 1891	Juristische Intervention des Bundesrats gegen den Publizisten Otto Brahm in Berlin

Die Anfänge der Belle Epoque – eine kulturelle Übersicht

Das Beziehungsdrama zwischen der Zürcher Patrizierin Lydia Welti-Escher und dem Kunstmaler Karl Stauffer-Bern spielte in den Jahren 1885 bis 1891 – einer Übergangszeit, in der die Konturen der aufsteigenden *Belle Epoque* sichtbar werden und zugleich das Gefühl des *Fin de Siècle* präsent ist. Das Drama Escher-Stauffer war ein Teil des krisenhaften Geschehens, das der Belle Epoque unmittelbar vorausging und sie einleitete.

Als Belle Epoque wird die Zeit von etwa 1890 bis 1914 in Frankreich bezeichnet (Brockhaus). Der Eiffelturm, der zur Weltausstellung 1889 errichtet wurde, markierte symbolisch den Beginn dieser Epoche. Allgemeiner wird der Ausdruck verwendet für die gesamteuropäische Geschichte in den Jahren von etwa 1895 bis 1914, in denen das Bürgertum unerschütterlich auf dem Höhepunkt seiner Macht zu stehen schien und dies zelebrierte (Historisches Lexikon der Schweiz).

Die Jahre vor der Jahrhundertwende haben einen ausgesprochen schillernden Charakter. Krisenerscheinungen wechseln mit wirtschaftlichen Aufschwüngen, depressive Stimmungen in Politik und Kultur mit neuen kulturellen Moden und Strömungen.

Nervosität und Fiebrigkeit kennzeichnen die ersten Jahre der Belle Epoque. Da sich viele Menschen vom Fortschrittsglauben der Siebziger- und Achtzigerjahre abwendeten, wird auch vom *Fin de Siècle* gesprochen, oft in Verbindung mit der Bezeichnung «Dekadenz» (Fischer). Die Begriffe beziehen sich vor allem auf den übersteigerten Subjektivismus und die ästhetische Verfeinerung der großbürgerlichen Schichten, die sich bis zur Lust am Untergang steigerten.

Urbanes Zürich

Ein «schönes Zeitalter» war die Belle Epoque vor allem für die Oberschicht, deren Angehörige Wohlstand, Rang und Geschmack demonstrierten und sich gegen unten absetzten. In Städten wie Zürich ballte sich auf der anderen Seite ein wachsendes Proletariat auf engem Raum und in oft elenden Verhältnissen zusammen. Vom Zustand der Ernährung zeugt etwa die Tatsache, dass «Biersuppe» ein verbreitetes Grundnahrungsmittel war.

1891 wurde Zürich zur ersten schweizerischen Großstadt, überschritt sie doch die Grenze von hunderttausend Einwohnern. Doch bestand sie politisch noch aus drei selbstständigen Gemeinden: Altstadt, Aussersihl und Riesbach. Die Gemeinde Enge, wo der Landsitz Belvoir der Familie Escher lag, gehörte noch nicht zur Stadt. Sie stieß 1893 dazu, als das Stadtgebiet ein erstes Mal eine Erweiterung erfuhr; in einer zweiten Eingliederung von Außengemeinden 1934 erhielt die Stadt ihr heutiges Territorium. Bauliches Symbol der neuen Verhältnisse zur Zeit der Belle Epoque war die 1885 eröffnete, für damalige Verhältnisse überaus breite Brücke, die bei der Seemündung über die Limmat geschlagen wurde; die Quaibrücke hatte den wachsenden Verkehr auf Straße und Schiene zu bewältigen.

Die junge Schweiz

Wohlstand, Glanz und innerer Frieden stellten für die Schweiz neue Errungenschaften dar. Ein Großteil der Bevölkerung hatte noch wenige Jahrzehnte zuvor in einfachen ländlichen Verhältnissen gelebt, während erst an einzelnen Orten industrielle Aktivitäten aufblühten. Das Land war politisch gespalten worden durch den Gegensatz von katholischen und protestantischen Kantonen, ein Konflikt, der gar zu einem inneren Krieg führte: Der «Sonderbundskrieg» 1847 verursachte den Tod von über hundert Menschen und hinterließ dreihundert Verwundete. Es war in Ansätzen ein religiös motivierter sozialer Krieg, wie er unter anderen Vorzeichen und in anderer Eskalationsstufe hundertfünfzig Jahre später den Raum von Ex-Jugoslawien erschüttern sollte. Als ein Kompromiss- und Verständigungswerk entstand zu dessen Ende 1848 der schweizerische Bundesstaat, der durch die erste Verfassung besiegelt wurde. Die Schweiz war zum Beginn der Belle Epoque also noch jung und wenig gefestigt. Verfahren der Demokratie waren noch nicht in allen Einzelheiten erprobt und reglementiert.

War die Staatsgründung erfolgt unter dem Banner von Freiheit, Gleichheit, Brüderlichkeit – literarisch idealisiert in Gottfried Kellers «Fähnlein der sieben Aufrechten» –, so setzte sich in den folgenden Jahrzehnten mehr und mehr das Wirtschaftsbürgertum als dominierende Kraft durch. Dieses war eine relativ homogene Gruppe, zu der um 1870 nur rund 300 Männer zählten. Unter den zwölf Millionären in der damaligen Schweiz fanden sich drei Angehörige der Familie Escher.

Bundesrat Welti

Der starke Mann in der schweizerischen Landesregierung in den Jahren bis zum Beginn der Belle Epoque hieß Emil Welti. Als er 1866 in das führende politische Gremium gewählt wurde, war er erst der fünfzehnte Bundesrat, den die junge Eidgenossenschaft kannte.

Welti gehörte dem «Freisinn» an, der damals führenden politischen Strömung des Wirtschaftsbürgertums, und zwar dem Berner Flügel. Zwar bestand der Freisinn als nationale einheitliche politische Kraft noch nicht, er war ein zerstrittener Haufe von Kantonalparteien. So wie die Kantone erst allmählich zur nationalen Schweiz zusammenwuchsen, bildeten sich auch die nationalen Parteien erst im Lauf der Jahrzehnte heraus. Als Landespartei konstituierte sich der Freisinn 1894.

Bundesrat Welti wurde bald «der schweizerische Bismarck» genannt (Altermatt). Er war ein Anhänger der neuen Gotthardbahn, handelte in Absprache mit den Wirtschaftskreisen, die hinter diesem Projekt standen, befürwortete die Verstärkung der Bundesgewalt und positionierte sich als Gegner der direkten Demokratie.

Rivalisierende Nachbarländer

Auch das nördliche Nachbarland Deutschland war ein junges politisches Gebilde. 1871 war in Deutschland das Kaisertum ausgerufen worden; an dessen Spitze stand Wilhelm I., der bis 1888 regierte. Im Süden der Schweiz war 1861 das vereinigte italienische Königreich entstanden, das seit 1882 mit Deutschland verbündet war. Die großen Mächte Deutschland, Österreich-Ungarn, Frankreich, England und Russland maßen sich in Europa wie auch in den Überseekolonien miteinander in mannigfachen Rivalitäten und gingen miteinander zugleich verschiedene Bündnisse ein.

Im republikanischen Kleinstaat Schweiz, gelegen inmitten dieser monarchischen Mächte, wuchs die Angst davor, in mögliche Kriege einbezogen und durch sie zerrissen zu werden.

Große Depression

Ende der Siebzigerjahre setzte in der Schweiz eine wirtschaftliche Krise ein. Der erste Boom der Gründerjahre war vorbei, ihr folgte die «Große Depression». Wenn auch die Konjunktur schon in der Mitte des folgenden Jahrzehnts wieder anzog, blieben die Achtzigerjahre geprägt von einem Gefühl der Krise und der Unsicherheit. So diagnostizierte die NZZ Mitte 1885 eine «dumpfe trübe Stimmung» (Widmer). Die Depression ging einher mit Finanzaffären, in denen die Verschränkung von persönlichen mit unternehmerischen Interessen zur Debatte stand. In der zweiten Hälfte der Achtzigerjahre brach die Solothurnische Bank zusammen, und die Kantonsregierung geriet in den Strudel der Affäre, weil sie private und öffentliche Interessen vermischte und dies zu verdecken versuchte.

Ein Rausch war zu Ende, der Übermut endete – zumindest in Einzelfällen – im Desaster. Melancholie war gleichsam ein kollektiver Zustand. Schon die Zeitgenossen verstanden die Achtzigerjahre als Umbruchzeit (Widmer).

Die Eisenbahnkrise, Alfred Escher

Zum Symbol der Zeit wuchs sich die Eisenbahnkrise aus. Der Bau des Eisenbahntunnels durch den Gotthard, der 1874 in Angriff genommen worden war, geriet wegen massiver Kostenüberschreitungen in Schwierigkeiten. Nun verlangte das Unternehmen, an dessen Spitze Alfred Escher stand, eine staatliche Nachsubvention des Bundes, was heftig umstritten war. Opponenten Eschers waren im Kanton Zürich vor allem die im Raum Winterthur angesiedelten Demokraten im Verbund mit den frühen Sozialisten.

Wenn auch die Gelder in einer Volksabstimmung 1879 schließlich bewilligt wurden, blieb der Eindruck, dass ein paar wenige Mächtige mit Millionen um sich würfen und niemand an die Stunde der Abrechnung denke. Es erschien daher manchen als höhere Strafe, dass der Initiator der Gotthardbahn, Alfred Escher, an der Einweihung seines großen Werkes 1882 wegen seiner Erkrankung nicht teilnehmen konnte.

Der Ausweg aus der Eisenbahnkrise zeichnete sich Anfang Neunzigerjahre ab, als die Landesregierung den Rückkauf der Bahnen durch den Staat betrieb. Die neue Situation führte gleichzeitig zu einer Umstrukturierung und Modernisierung des ganzen Finanzplatzes Schweiz.

Antisemitismus

Über Parteigrenzen hinweg war die Meinung verbreitet, dass Juden in der Wirtschaft eine einflussreiche Stellung hätten. So wurde diesen oft die Verantwortung für Spekulation und Krise zugeschoben. Antisemitismus war eine Grundstimmung, sodass ihn selber kaum wahrnahm, wer etwa daherredete, dieser oder jener Geschäftsmann sei halt ein Jude. Das deutschsprachige Bürgertum des ausgehenden 19. Jahrhunderts war wirtschaftlich zukunftsorientiert, ästhetisch auf die Antike orientiert – und länderübergreifend antisemitisch.

Diese Stimmung sollte den Boden abgeben, auf dem der politisch organisierte Antisemitismus vor allem in Deutschland und Österreich wuchs. 1897 wurde in Wien ein Bürgermeister gewählt – Karl Lueger –, der mit einem antisemitischen Programm vor allem das Kleinbürgertum mobilisierte.

Aufstieg des Sozialismus

Anfang der Fünfzigerjahre hatten erstmals zwei Sozialisten – Robert Treichler und Karl Bürkli – in Zürichs Kantonsparlament Einzug gehalten, was auf bürgerlicher Seite Panik erzeugte, als wären die «Hunnen» eingebrochen; mit diesem Bild wurde das Geschehen in einer Zeitung tatsächlich kommentiert. Die «Linken» gründeten Konsumvereine, die den kapitalistischen Profit ausschalten sollten, da sie als Genossenschaften funktionierten, und schufen um sie herum politische Kerne des Sozialismus.

Nebst dem Kampf ums materielle Überleben beschäftigen sich die Sozialisten mit Themen wie Alkoholismus und Frauennot, sie kämpften für die Sanierung der Wohnverhältnisse, breitere Bildung und eine gesunde Körperkultur.

1867 gehörte Karl Bürkli zu den Mitgründern einer Zürcher Sektion der Internationalen Arbeiter-Association, der von Karl Marx in London angeführten Bewegung. 1893 eröffnete derselbe Schweizer Sozialist in Zürich einen Kongress der Zweiten, sozialdemokratischen Internationale.

Bürgerliches Familienmodell

Die in der Öffentlichkeit handelnden Personen waren meist Männer. Denn das Bürgertum hatte ein strenges Familienideal verinnerlicht: Die Ehefrau galt als die Hüterin des Heims. Und dieses sollte Ruhepunkt des Daseins und Hort der Geborgenheit sein.

Über dem Heim und der Familie aber thronte wiederum der Ehemann, der das Oberhaupt der Familie darstellte. Er war gemäß den vor wenigen Jahren geschaffenen kantonalen Zivilgesetzen Vormund seiner Ehefrau, durfte über das gesamte Vermögen und alle Einkünfte verfügen, bestimmte den Wohnsitz der Familie und vertrat diese gegen außen.

So blieb der Ehefrau im Alltag meist eine dienende Rolle. Sie hatte sich in ihren Bedürfnissen und ihrer Lebensgestaltung weit gehend den Bedürfnissen des Mannes unterzuordnen, wobei Einzelfälle bekannt sind, in denen die Frau den Ton angab, etwa wegen des Vermögens, das sie einbracht hatte.

Die meisten bürgerlichen Frauen führten eine Existenz, die von aufgeklärten Geschlechtsgenossinnen ihrer Zeit als «Drohnen-Dasein» beschrieben wurde. Im besten Fall war die Gattin schmückende Blume am Revers des Mannes, im schlechtesten Fall von Anforderungen belastete Betriebsleiterin, Ehefrau und Mutter, die sich in Krankheit und Hysterie flüchtete.

Seelische und körperliche Krankheiten sind ein Ausdruck dieser Zeit, in der auch die moderne Psychologie erfunden wurde: 1885 wurde Sigmund Freud als Professor an die Universität Wien berufen. Auf Frauen wurden von Kulturanalytikern verschiedenste vieldeutigen Bilder projiziert: *Femme fragile, Femme fatale, Femme incomprise.*

Liebe und Partnerwahl

Die Heirat war nur mit Einschränkungen eine Liebeswahl. Gesellschaftliche Gesichtspunkte spielten bei der Auswahl des Künftigen oder der Künftigen eine wesentliche Rolle, und die Eltern der Heiratsfähigen beteiligten sich an der Entscheidung.

Häufig waren die Ehemänner einige Jahre älter als ihre Gattinnen. Diese wiederum gingen sexuell wenig aufgeklärt in die Ehe, allenfalls von Benimmbüchern beraten. Männer besuchten Bordelle.

Doch wurden diese Verhältnisse in der Praxis nicht klaglos hingenommen, sondern von aufgeklärten Frauen kritisiert und in Einzelfällen durchbrochen. Als Paradebeispiel dafür steht Marie Heim-Vögtlin, die aus Liebe heiratete, eine unkonventionelle Ehe führte, als erste reguläre Studierende an der Universität Zürich anerkannt wurde, 1874 doktorierte und auch als erste Frau in der Schweiz den Beruf der Ärztin ausübte.

Sittlichkeitsbewegung

Nicht nur Frauen stellten das bürgerliche Eheideal in Frage. Die sozialen Verhältnisse in Arbeiterfamilien machten das Ideal durch die Praxis zunichte. Frauen hatten oft mitzuverdienen, Männer waren oft abwesend.

Alkohol schädigte das Familienleben. Ledige Mütter schlugen sich mühsam mit ihren Kindern durch.

In den wachsenden Arbeitervierteln, aber auch in bürgerlichen Caféhäusern zeigte sich immer mehr das Gewerbe der Prostitution. Und um 1880 wurde eine wachsende Zahl von Scheidungen registriert.

Als Antwort darauf bildeten sich Bestrebungen, die bürgerliche Familie und deren Sittlichkeit öffentlich zu verteidigen. 1888 wurde der «Zürcherische Frauenbund zur Hebung der Sittlichkeit» gegründet, der die grassierenden gesellschaftlichen Missstände bekämpfen wollte: Prostitution, Geschlechtskrankheiten und Alkoholismus.

Die Sittlichkeitsbewegung, meist getragen von bürgerlichen Frauen, prägte das öffentliche Klima der folgenden Jahrzehnte.

Nach einer denkwürdigen Volksabstimmung wurden 1897 die Bordelle in der Stadt Zürich verboten, und ein Dutzend bekannter Etablissements musste schließen. Dies, obwohl die Frauen noch nicht mitabstimmen durften.

Briefe und Zeitungen

Zur verfeinerten bürgerlichen Kultur gehörten Gepflogenheiten, die heute aus dem Alltag verschwunden sind, die Gewohnheit, Angehörigen Briefe zu schreiben etwa. Damals gab es weder Schreibmaschine noch Telefon. So war es für Angehörige, die sich auf Reisen begaben, ungefragte Verpflichtung, regelmäßig nach Hause in Briefen über die Befindlichkeit zu berichten. Und selbst in der eigenen Stadt verkehrte man per «Billett», wenn man sich nicht persönlich sprechen konnte.

Bei der Verbreitung von Nachrichten kam den Zeitungen ein ungleich anderes Gewicht zu als heute. Sie besaßen das Monopol im Bereich der öffentlichen Kommunikation. Zudem waren sie parteipolitisch klar gebunden. Regionalzeitungen waren gewichtige Stimmen, und die «Neue Zürcher Zeitung», das Organ des Zürcher Freisinns, erschien in den 1880er-Jahren an jedem Wochentag gleich zweimal.

Kunst als Repräsentation

Mit einer standesgemäßen bürgerlichen Lebensführung verbunden war die Pflege des eigenen Heims. Dieses wurde jedenfalls mit «guten Bildern» ausgestattet. Und gleichermaßen beschäftigte man sich in der «besseren Gesellschaft» mit Büchern und spielte Musik. Ein Ausdruck von Wohlstand und von Bildung war es, sich einer Sammeltätigkeit hinzugeben: Man sammelte Kunst, Käfer, Puppen, getrocknete Blumen. Der Besuch von Theater, Oper und Konzerten war für Angehörige der oberen Schichten Genuss und gesellschaftliche Verpflichtung zugleich. Das Theater war ein wichtiger Ort der Repräsentation eines ganzen Standes. Und letztlich dienten auch Hotelaufenthalte und jegliches Kurleben der Darstellung von Weltgewandtheit und Niveau.

Man zeigte mit derartigem kulturellem Tun, dass man nicht wie der besitzlose Proletarier von der Hand in den Mund lebte, sondern dem Leben einen Sinn zu geben wusste und einen höheren Zweck verfolgte.

Im öffentlichen Raum wurde Kunst oft eingesetzt als Machtzeichen. Ohnehin in den Monarchien der umliegenden Länder. Offizielle Künstler wie Anton von

Werner oder Adolph Menzel in Deutschland waren beauftragt, Generalstäbe oder höfische Zeremonien zu porträtieren.

Kunstakademien

An den europäischen Kunstakademien wurde gelehrt und geliefert, was das gehobene Bürgertum an Bildern und Plastiken, aber auch an Möbeln und sonstigem Schmuck brauchte: Genrebilder für den bürgerlichen Innenraum, Historiengemälde für den öffentlichen Raum, Repräsentativstücke jeder Art. Gerne griff man auf die verschiedensten Stile der Vergangenheit zurück, die den Repräsentationsbedürfnissen der Gegenwart dienstbar gemacht wurden. Diese Bestrebungen werden mit dem Klammerbegriff «Historismus» erfasst. In der Schweiz gab es keine staatlichen Akademien, wohl aber vorwiegend kunstgewerblich orientierte Kunstschulen.

Eingebaut in die bürgerliche Werteordnung blieben auch die Kunstakademien des umliegenden Auslandes lange den Männern vorbehalten, Frauen waren auf die niederen kunstgewerblichen Tätigkeiten verwiesen. Erst 1897 fiel in Paris die Geschlechterschranke, und es wurde Künstlerinnen unter Vorbehalt und erschwerten Bedingungen erlaubt, in die Ecole des Beaux-Arts einzutreten.

Anzeichen der Moderne

Meist außerhalb der Akademien allerdings entstanden Kunstströmungen, die das Gesicht der Moderne mitprägen sollten. Sie kritisierten den Akademismus als formelhaft und als der gesellschaftlichen Realität entfremdete Atelierkunst. Vielfältige Strömungen setzten sich dem Akademismus entgegen.

1874 fand in Frankreich die erste impressionistische Ausstellung statt, organisiert von Malern, deren Werke am offiziellen «Salon» nicht zugelassen worden waren. Manche dieser Neuerer gingen aus den Ateliers hinaus und malten im Freien, bei natürlichem Licht. Hauptvertreter des Impressionismus wurden Claude Monet, Edouard Manet, Auguste Renoir, Edgar Degas, Camille Pissaro, Alfred Sisley oder Berthe Morisot.

1886 erschien im «Figaro» ein «Symbolistisches Manifest», das einer anderen Strömung zum Wort verhalf. Symbolisten bezogen sich auf Traumwelten und gaben irrationalen Mächten wie Tod und Eros gestalterisch Ausdruck. Zu den Exponenten des Symbolismus zählten Odile Redon, Arnold Böcklin, Giovanni Segantini – und als einer der Machtvollsten: Ferdinand Hodler, etwa mit seinen nackten Jünglingen und tanzenden Frauengestalten.

Mitte der Neunzigerjahre revolutionierte der Jugendstil die Innenausstattung; er schuf nach dem Vorbild der Natur oft funktionale und von überflüssigem Zierrat entschlackte Möbel.

Literatur, Theater, Philosophie

Eine kulturelle Revolution spielte sich auch in der Theaterwelt ab, wo ein realistisches, von den Erkenntnissen der neuen Psychologie geprägtes Drama sich Platz schaffte. In einem berühmt gewordenen Artikel forderte 1884 der Berliner Theaterkritiker Otto Brahm – der die Affäre Stauffer mit seinen Zeitungsartikeln publik machte –, die Theaterverantwortlichen möchten den Mut fassen und Henrik Ibsens Stück «Gespenster» spielen, ein «Familiendrama». Zwar verhängten die Behörden in Deutschland über das Stück anfänglich ein Aufführungsverbot. Doch die Aufmerksamkeit war hergestellt. Ibsen hielt auf den deutschen Theaterbühnen Einzug. Ihm folgte kurz danach Gerhard Hauptmann, der Themen der Vererbung und des Milieus auf die Bühne brachte. Die von Brahm gegründete «Freie Bühne» spielte eine entscheidende Rolle in dieser Theaterbewegung.

Eine verwandte Thematik behandelte der französische Schriftsteller Emile Zola, der den naturalistischen Roman begründete. Das 1880 publizierte Werk «Nana», das als Skandalwerk galt, handelte von einer Edelprostituierten und entlarvte die Doppelmoral in der städtischen feinen Gesellschaft.

Friedrich Nietzsches von Irrationalismen geprägtes philosophisches Werk war vielleicht der tiefste Ausdruck einer verunsicherten Epoche.

Wachsender Nationalismus

Gegen Ende des Jahrhunderts nahm die Politik vermehrt Zugriff auf die Kultur, und diese stellte sich ihrerseits in den Dienst der Nation. Die nationalistische Ausrichtung der Großmächte verlangte nach entsprechenden Ideologien.

Wie die umliegenden Mächte erlebte auch die Schweiz einen Schub nationaler Ideologiebildung. In Politik und Kultur setzten sich in wachsendem Maß konservative, zum Autoritären neigende Strömungen durch. Der Tod des Schriftstellers Gottfried Keller 1890 markierte für die Schweiz sinnfällig das Ende des Liberalismus und die «Trendwende» hin zu einem modernisierten Konservativismus.

Patriotische Kulturproduktionen

Festspiele und Festumzüge waren besonders geeignet, patriotische Themen massenwirksam zu gestalten. Erinnerungsfeiern und Staatszeremonien wurden im Überfluss abgehalten. So fand am selben Tag des Jahres 1889, an dem in Zürich das Denkmal zu Ehren Alfred Eschers mit einem Festzug eröffnet wurde, auch eine Feier zur Erinnerung an den einstigen Zürcher Bürgermeister Hans Waldmann statt.

Solche Festivitäten waren Anlass für die Erteilung von Aufträgen an Komponisten, Dichter, Maler. Patriotismus wurde Kulturaufgabe. 1899 wurde der erste August zum schweizerischen Nationalfeiertag erkoren. Es war ein Maler, Rudolf Münger, der durch eine Motion im Berner Stadtparlament den Anstoß zur Schaffung dieses nationalen Feiertages gegeben hatte.

Der Erste Weltkrieg

Der Umbruch in allen Bereichen – Wirtschaft, Gesellschaft, Politik und Kultur – entpuppte sich letztlich als eine umfassende Modernisierungsbewegung. Die Vorgänge mochten im Einzelnen komplex und widersprüchlich sein. Sie mochten die führenden Gesellschaftsschichten verunsichern. Per saldo verstärkten sie die Macht der nationalen Eliten. Auch die Wirtschaft kam wieder in Schwung. Die nationalen Machtkämpfe aber verschärften sich.

In einem Ritual politischer Eskalation setzten die bürgerlichen Eliten schließlich die Welt in Brand. Die Belle Epoque endete mit dem Ausbruch des Ersten Weltkriegs. *(ww)*

Benutzte Literatur, siehe im Quellenverzeichnis: Altermatt; Blosser/Gerster; Fischer; Honegger/Heintz; Jost; Tanner; Widmer.

Anmerkungen

Pressepolemik I

1 Otto Brahm, Karl Stauffer-Bern. Sein Leben, seine Briefe, seine Gedichte, Stuttgart 1892, Vorwort S. IV.
2 Henrik Ibsen. «Ein Reimbrief», in: Derselbe: Sämtliche Werke, Julius Elias und Paul Schlenther (Hrsg.), Band 1, Berlin 1907, S. 107–111, Zitat S. 111.
3 Ohne Autor (Otto Brahm). «Zum Beginn», «Freie Bühne für modernes Leben» Heft 1, Berlin, 29. Januar 1890; Staatsbibliothek zu Berlin – Preussischer Kulturbesitz, Handschriftenabteilung, GHBibl. 209010.
4 «Neue Mitteilungen über das Drama Stauffer-Escher», «Frankfurter Zeitung» Nr. 250, 6. September 1892.
5 Otto Brahm an Lydia Welti-Escher, Berlin, 3. Juli 1891; Bundesarchiv J1.81(-)/1.
6 Siehe: Jakob Baechtold an Bundesrat Carl Schenk, Fluntern bei Zürich, 19. Dezember 1891; Bundesarchiv E4 524.
7 Gesandter Arnold Roth, Berlin, an den Bundesrat, 23. Januar 1891; Bundesarchiv E4 520.
8 Jakob Baechtold an Bundesrat Carl Schenk, Fluntern bei Zürich, 19. Dezember 1891; Bundesarchiv E4 524.
9 Otto Brahm, Karl Stauffer-Bern. Sein Leben, seine Briefe, seine Gedichte, Stuttgart 1892.

Teil I: Belvoir

1 Wilhelm Schäfer. Karl Stauffers Lebensgang. Eine Chronik der Leidenschaft, München und Leipzig 1912, S. 179 f.
2 Karl Stauffer an Adolf Frey, Bern, 27. August 1885; Zentralbibliothek.
3 Gustav Freytag an Otto Brahm, Blankenberghe, 19. September 1892, in: Brahm/Stauffer S. 392–397, Zitat S. 392.
4 Karl Stauffer an seine Eltern, München, 16. Februar 1880; Literaturarchiv Stauffer.
5 Freytag an Otto Brahm, siehe Anmerkung weiter oben, Zitate S. 392 f.
6 Adolf Frey. «Schweizerische Landesausstellung, Kunsthalle» Teil II, NZZ Nr. 186, Erstes Blatt, 5. Juli 1883.
7 Karl Stauffer an Adolf Frey, Berlin, 22. Juli 1882, in: Frey I S. 364 ff., Zitat S. 365.
8 Brahm/Stauffer S. 25 f.
9 Karl Stauffer an Max Mosse, Enge bei Zürich, ca. Mitte Oktober 1889; Literaturarchiv Stauffer.
10 Lydia Escher an Louise Breslau, zitiert ohne Datum (um 1890), in: Max Müller, «Lydia Escher und Louise Breslau II», NZZ Nr. 537, Zweite Sonntagsausgabe (Blatt 3), 29. März 1936.
11 Richard Feller, Alfred Escher (Staatsbürgerlicher Unterrichtskurs der freisinnig-demokratischen Partei der Stadt Bern), Bern 1916, S. 13.
12 Gottfried Keller, «Zürcher Korrespondenz» (vom 15. Oktober), «Der Bund» 19. Oktober 1860, in: Derselbe, Aufsätze, Dramen, Tagebücher, Dominik Müller (Hrsg.), Frankfurt am Main 1996, S. 135–137, Zitate S. 136.
13 Gagliardi S. 689.
14 Gagliardi, Vorwort, S. III.
15 Alfred Escher, Rede gehalten beim Wiederzusammentritt des Nationalrates, 12. November 1849, Separatdruck, ohne Ortsangabe, ohne Datum
16 Konrad Farner. Die tragische Vorgeschichte einer grossen Kunst-Stiftung. Zur Ausstellung: Meisterwerke der Gottfried-Keller-Stiftung, Kunsthaus Zürich (Schreibmaschine, unveröffentlicht), Juni/Juli 1965, S. 1.
17 Ausschuss der Zürich–Bodensee-Bahn an den hohen Regierungsrat des Standes Zürich zu Handen des hohen grossen Rathes dieses Kantons, Zürich, 17. Dezember 1852; Staatsarchiv des Kantons Zürich, O 91.1 «Nordostbahn», Faszikel 1, «Zürich–Bodenseebahn 1845–1853».
18 Beschluss des Grossen Rathes des Kantons Zürich betreffend Ertheilung einer Konzession für eine Eisenbahn von Zürich an die Kantonsgrenze bei Gundetswil, Zürich 21. Dezember 1852; Historic, Stiftung Historisches Erbe der SBB, ZH 103, Band 41, «Original-Konzessionen der ehemaligen NOB».
19 Präsident und Regierungsrat des Kantons Zü-

19 rich an die Direktion der Nordostbahngesellschaft, Zürich, 17. Oktober 1853; Historic, Stiftung Historisches Erbe der SBB, ZH 103, Band 41, «Original-Konzessionen der ehemaligen NOB».
20 (Friedrich Locher). Der Prinzeps und sein Hof, Bern 1867, S. 7.
21 Albert Tanner. Arbeitsame Patrioten – wohlanständige Damen. Bürgertum und Bürgerlichkeit in der Schweiz 1830–1914, Zürich 1995, S. 499.
22 Gottfried Keller, 20. September 1847, in: Ermatinger II S. 159.
23 Lydia Welti-Escher an Gottfried Keller, Enge bei Zürich / Belvoir, 21. Oktober 1886; Bundesarchiv J1.81(-)/1.
24 Nach: Gagliardi S. 4.
25 Hans Conrad Peyer. Von Handel und Bank im alten Zürich, Zürich 1968, S. 117.
26 Tanner S. 497 f.
27 Zitiert bei: Ermatinger I S. 232.
28 Otto Brahm, Gottfried Keller. Ein literarischer Essay, Berlin 1883, S. 28.
29 (Karl Bürkli). «Was ist – was will der Sozialismus, vor allem die rothe oder Volksrepublik», «Freie Stimmen» Nr. 10, 5. März 1851.
30 Ohne Autor. «Zürich», in: «Züricher Freitagszeitung» Nr. 48, 28. November 1851.
31 Erich Gruner. Die Arbeiter in der Schweiz im 19. Jahrhundert. Soziale Lage, Organisation, Verhältnis zu Arbeitgeber und Staat, Bern 1968, S. 465.
32 Notiert in: Gagliardi S. 11, Anm. 1.
33 (Albert Fleiner bzw. redaktioneller Beitrag), «† Karl Stauffer», NZZ Nr. 29, Erstes Blatt, 29. Januar 1891.
34 Karl Stauffer an seine Eltern, Dresden, September 1880; Literaturarchiv Stauffer.
35 Karl Stauffer an seine Eltern, München, 10. März 1880; Literaturarchiv Stauffer.
36 Karl Stauffer an seine Eltern, Berlin, 1. August 1883; Literaturarchiv Stauffer. (Aus dem Französischen; «car je peins mille fois plus facile un portrait fraichement d'après nature que moyennant un apparat photographique…»).
37 Adolf Frey. «Karl Stauffer-Bern. Rückblicke und Briefe», in: «Kunst und Künstler» Teil I, «Monatsschrift für bildende Kunst und Kunstgewerbe», Jahrgang 8, Heft 7, Berlin, April 1910, S. 356–365, Zitat S. 357.
38 Adolf Frey, «Schweizerische Landesausstellung, Kunsthalle» Teil II, NZZ Nr. 186, Erstes Blatt, 5. Juli 1883.
39 Georg Jacob Wolf, Karl Stauffer-Bern, München 1909, S. 18.
40 Karl Stauffer an Peter Halm, Berlin, ohne Datum (1881/82), in: Brahm/Stauffer S. 66 ff., Zitat S. 67.
41 Karl Stauffer an Peter Halm, Berlin, 14. November 1881, in: Brahm/Stauffer S. 64 ff., Zitat S. 64.
42 So: Karl Stauffer an Julius Luz, ohne Datum (ca. Februar 1882); Literaturarchiv Stauffer.
43 (Albert Fleiner bzw. redaktioneller Beitrag). «† Karl Stauffer», NZZ Nr. 29, Erstes Blatt, 29. Januar 1891.
44 Joseph Viktor Widmann. Sommerwanderungen und Winterfahrten, Frauenfeld 1897, S. 286.
45 Karl Stauffer an seine Eltern, Berlin, Dezember 1881 (datiert: «Donnerstag Dez. 81»); Literaturarchiv Stauffer.
46 Karl Stauffer an Bruder Eduard, Berlin, ca. Februar 1882; Literaturarchiv Stauffer.
47 Karl Stauffer an Julius Luz, Berlin, ohne Datum (ca. Februar 1882); Literaturarchiv Stauffer.
48 Karl Stauffer an seine Eltern, Berlin, 1. August 1883; Literaturarchiv Stauffer.
49 Sara Stocker. Vom Handwerker zum Propheten. Zur künstlerischen Entwicklung von Karl Stauffer-Bern zwischen 1881 und 1889 (Lizenziatsarbeit bei Oskar Bätschmann), Universität Bern, Juli 1999, S. 30.
50 Karl Stauffer an seine Eltern, Berlin, 30. Oktober 1881; Literaturarchiv Stauffer.
51 Frey I, S. 359.
52 Karl Stauffer an seine Eltern, Berlin, 29. Januar 1881; Literaturarchiv Stauffer.
53 Karl Stauffer an seine Eltern, Berlin, 5. November 1881; Literaturarchiv Stauffer.
54 Siehe etwa Abbildung in: Fritz Härsch, Rudolf Mosse – ein Verleger revolutioniert das Werbegeschäft. 125 Jahre Mosse Zürich, Zürich 1996, S. 116.
55 Karl Stauffer an seine Eltern, Berlin, 23 Oktober 1880; Literaturarchiv Stauffer.

56 Karl Stauffer an eine Schwester, München, 13. Februar 1879; Literaturarchiv Stauffer.
57 Karl Stauffer an seine Eltern, Berlin, 12. Februar 1881; Literaturarchiv Stauffer.
58 Nach: Karl Stauffer an seine Eltern, Berlin, 1. August 1883; Literaturarchiv Stauffer.
59 Karl Stauffer an seine Schwestern, Tiefhartmannsdorf, Herbst 1882; Literaturarchiv Stauffer.
60 Karl Stauffer an seine Eltern, Tiefhartmannsdorf, Oktober 1882; Literaturarchiv Stauffer.
61 Wilhelm von Bode. «Berliner Malerradierer. Max Klinger, Ernst Moriz Geyger, Karl Stauffer-Bern», in: «Die graphischen Künste» XIII, Wien 1890, S. 45–60, Zitat S. 53.
62 Brahm/Stauffer S. 16.
63 Karl Stauffer an Lydia Welti-Escher, Berlin, 31. September 1886; Literaturarchiv Stauffer.
64 Karl Stauffer an seine Eltern, Berlin, Mai 1882; Literaturarchiv Stauffer.
65 Karl Stauffer an seine Eltern, Berlin, 25. Juni 1885; Literaturarchiv Stauffer.
66 Karl Stauffer an Max Mosse, Tiefhartmannsdorf, 21. Juli 1882; Burgerbibliothek.
67 Zitiert in: Thomas Widmer. Die Schweiz in der Wachstumskrise der 1880er Jahre. Zürich 1992, S. 199.
68 Karl Stauffer an Lydia Welti-Escher, Berlin, 18. Juli 1887; Literaturarchiv Stauffer.
69 Lydia Escher an Louise Breslau, 26. November 1878, in: Max Müller. «Lydia Escher an Louise Breslau», NZZ Nr. 1519, Erste Sonntagsausgabe (Blatt 4, Lit. Beilage), 6. September 1936.
70 Lydia Welti-Escher an Gottfried Keller, Enge bei Zürich / Belvoir, 26. Oktober 1880; Bundesarchiv J1.81(-)/1.
71 Gottfried Keller an Lydia Escher, Zürich, 29. Mai 1882, in: Ermatinger III, S. 391 f.
72 Gottfried Keller an Lydia Escher, (ohne Ortsangabe), 21. April 1881, in: Ermatinger III, S. 349.
73 Alfred Escher an Jakob Dubs, Zürich, 27. September 1861; Zentralbibliothek.
74 Gagliardi S. 320.
75 Alfred Escher an J. J. Blumer, zitiert in: Gagliardi S. 548.
76 Ursula Isler. «Lydia Welti-Escher. Ein Porträt», in: Dieselbe, Nanny von Escher, das Fräulein. Judith Gessner-Heidegger, Barbara Schulthess-Wolf, Lydia Welti-Escher. Frauenporträts aus dem alten Zürich, Zürich 1991, S. 81–121, Zitat S. 84.
77 Joseph Jung zum Autor, 25. Juli 2004.
78 Siehe: E. Sch., «Die Fierzsche Villa zum Freudenberg in Hottingen», NZZ Nr. 2468, 4. Juni 1966.
79 Max Müller. «Lydia Escher und Louise Breslau I», NZZ Nr. 533, Erste Sonntagsausgabe (Blatt 3), 29. März 1936.
80 Lydia Escher an Louise Breslau, 26. November 1878, in: Müller-Breslau III.
81 Lydia Escher an Louise Breslau, zitiert ohne Datum, in: Müller-Breslau II.
82 Gagliardi S. 694.
83 Mündliche Mitteilungen.
84 Brahm/Stauffer S. 375.
85 Brahm/Stauffer S. 34.
86 Lydia Escher an Louise Breslau, um 1880, in: Müller-Breslau II.
87 Lydia Escher an Louise Breslau, August 1879, in: Müller-Breslau III.
88 Lydia Escher an Gottfried Keller, Enge bei Zürich / Belvoir, 1. März 1881; Bundesarchiv J1.81(-)/1.
89 Lydia Escher an Louise Breslau, August 1879, in: Müller-Breslau III.
90 Am selben Ort.
91 Friedrich Emil Welti an Karl Stauffer, Enge bei Zürich / Belvoir, 6. Dezember 1886.
92 Siehe etwa: Isler S. 117.
93 Belial Sauerteig (alias Anton Memminger). De Züri-Herrgott oder die Kunst, ein reicher, hochangesehener und mächtiger Mann zu werden. Colloquia über Leben und Thaten des berühmten Schwarzkünstlers und Doktors der höhern Magie, Alfredi Magni Turicensis. St. Gallen 1877.
94 Belial Sauerteig. siehe oben, S. 8.
95 Gottfried Keller. Das verlorene Lachen, in: Derselbe, Sämtliche Werke, Thomas Böning / Gerhard Kaiser / Dominik Müller (Hrsg.), Band 4, Frankfurt am Main 1989, S. 499–595, Zitate S. 553.
96 Gagliardi S. 696.
97 Lydia Escher an Louise Breslau, 26. November 1878, in: Müller-Breslau III.
98 Lydia Escher an Louise Breslau, August 1879, in: Müller-Breslau III.

99 Lydia Escher an Louise Breslau, 26. November 1878, in: Müller-Breslau III.
100 Lydia Escher an Louise Breslau, 1879/1880, in: Müller-Breslau III.
101 Karoline Welti an ein Fräulein, Bern 22. Januar 1879; Burgerbibliothek.
102 Lydia Escher an Louise Breslau, zitiert ohne Datum (ca. 1880), in: Müller-Breslau II.
103 Lydia Escher an Louise Breslau, August 1879, in: Müller-Breslau III.
104 Lydia Escher an Louise Breslau, zitiert ohne Datum (1879/80), in: Müller-Breslau III.
105 Lydia Escher an Louise Breslau, 26. November 1878, in: Müller-Breslau III.
106 Lydia Escher an Louise Breslau, August 1879, in: Müller-Breslau III.
107 Lydia Escher an Louise Breslau, 26. November 1878, in: Müller-Breslau III.
108 Lydia Escher an Louise Breslau, 26. November 1878, in: Müller-Breslau III.
109 Anne-Catherine Krüger. Die Malerin Louise Catherine Breslau (1856–1927). Biografie und Werkanalyse. Beschreibender Œuvrekatalog des Gesamtwerkes (Diss.), Hamburg 1988.
110 Krüger S. 35.
111 Nach: Krüger S 49.
112 Madeleine Zillhardt. Louise-Catherine Breslau et ses amis, Paris 1932, S. 35. (Übersetzung durch den Autor).
113 Maria Bashkirtseff, Tagebucheintrag vom 21. November 1878, in: Dieselbe, Tagebuch, Lothar Schmidt (Übers.), Teil II, Breslau / Leipzig / Wien 1897, S. 60 f. (zitiert: Bashkirtseff II).
114 Maria Bashkirtseff, Tagebucheintrag vom 2. Januar 1879, in: Dieselbe, siehe oben, S. 67.
115 Pauline Orell, «Les Femmes Artistes», in: «La Citoyenne» Nr. 4, 6. März 1881; nach: Krüger S. 32.
116 Adolf Frey, «Schweizerische Landesausstellung, Kunsthalle» Teil II, NZZ Nr. 186, Erstes Blatt, 5. Juli 1883.
117 Lydia Escher an Louise Breslau, August 1879, in: Müller-Breslau III.
118 Lydia Escher an Louise Breslau, August 1879, in: Müller-Breslau III.
119 Am selben Ort.
120 Brief von Philippe Welti an den Verfasser, Zürich, 31. August 2003.
121 Karoline Welti an ein Fräulein, Bern, 22. Januar 1879; Burgerbibliothek.
122 Karoline Welti an ein Fräulein, Bern, 4. Februar 1879; Burgerbibliothek.
123 Im selben Brief, am selben Ort.
124 Otto Stoll, Georg Stoll. Ein Lebensbild, Zürich. 1904, S. 57.
125 Karoline Welti an Lydia Escher, Bern, 22. Juni 1879; Burgerbibliothek.
126 Gagliardi S. 236.
127 Karoline Welti an ein Fräulein, Bern, 4. Februar 1879; Burgerbibliothek.
128 Karoline Welti an Lydia Escher, Bern, 22. Juni 1879; Burgerbibliothek.
129 Jahrzehnte später ist im Gemeindehaus das Geburtsdatum auf den 15. Juni korrigiert worden, ohne dass der angegebene Grund dafür verifiziert werden könnte. Bürgerregister im Gemeindearchiv Zurzach sowie E-Mail-Austausch zwischen dem Verfasser und den Gemeindebehörden von Zurzach, Januar und Februar 2004.
130 Schulzeugnisse der Gemeindeschule in Aarau, Familienarchiv Welti.
131 Lydia Escher an Gottfried Keller, Enge bei Zürich / Belvoir, 29. Juni 1882; Bundesarchiv J1.81(-)/1.
132 Bundesrat Emil Welti an Lydia Welti-Escher, 29. April 1883; Burgerbibliothek.
133 Verlobungsanzeige, adressiert an Herrn und Frau Carl Fierz-Landis, Bern, im Oktober 1882; Literaturarchiv Stauffer.
134 Gagliardi S. 694.
135 Wilhelm Schäfer. Karl Stauffers Lebensgang. Eine Chronik der Leidenschaft, München und Leipzig 1912, S. 192.
136 J. (Johann Jakob) Sulzer. Lydia Escher, eine historische Schicksalstragödie. Ursprung, Blüthe und Untergang der Escher vom Belvoir, Winterthur 1892, S. 14.
137 Neues Privatrechtliches Gesetzbuch für den Kanton Zürich, mit Inbegriff der einschlägigen Bestimmungen des Eidgenössischen Rechts, Zürich 1883, §70 bzw. §59.
138 Bundesrat Emil Welti an Lydia Welti-Escher, Weggis, 7. Oktober 1884; Burgerbibliothek.
139 Lidia im Original so geschrieben.

140 Lydia Welti-Escher an Bundesrat Emil Welti, Enge bei Zürich/Belvoir, 13. Mai. 1885; Bundesarchiv J1.2(-).
141 Bundesrat Welti an Lydia Welti-Escher, Bern, 15. März 1883; Burgerbibliothek.
142 Livio Piatti an den Autor (Postkarte), 6. Januar 2004.
143 Heinrich Staehelin. «Emil Welti 1825–1899», in: Urs Altermatt (Hrsg.), Die Schweizer Bundesräte. Ein biografisches Lexikon (2 Auflage), Zürich und München 1991, S. 178–183, Zitat S. 183.
144 Peter Welti. «Das Weltbild von Bundesrat Welti», in: «Argovia», Jahresschrift der Hist. Gesellschaft des Kantons Aargau, Band 63, Aarau 1951, S. 5–161, Zitat S. 11.
145 So Ernst Gagliardi, nach: Heinrich Staehelin. «Emil Welti 1825–1899» in: Urs Altermatt (Hrsg.), Die Schweizer Bundesräte. Ein biografisches Lexikon, 2 Auflage, Zürich und München 1991, S. 178–183, Zitat S. 183.
146 Siehe etwa: Hans Weber. Bundesrat Emil Welti. Ein Lebensbild, Aarau 1903, S. 219.
147 Bundesrat Emil Welti an Alfred Escher, 28. Juni 1878, zitiert in: Gagliardi S. 647, Anm. 1.
148 Bundesrat Emil Welti an Alfred Escher, (ohne Angabe eines Ortes), 23. Juni 1879, zitiert in: Gagliardi S. 663 f, Anm. 1, Zitat S. 664.
149 Alfred Escher an Bundesrat Emil Welti, (ohne Angabe eines Ortes), 27. Juni 1879, zitiert in: Gagliardi S. 663 f., Zitat S. 667.
150 Bundesrat Welti an Lydia Welti-Escher, ohne Ort, 29. März 1885; Burgerbibliothek.
151 Karl Stauffer an Lydia Welti-Escher, Berlin ohne Datum, (Frühjahr) 1886; Literaturarchiv Stauffer.
152 Karl Stauffer an Lydia Welti-Escher, Berlin, 29. Juni 1887; Literaturarchiv Stauffer.
153 Karl Stauffer an Max Mosse, Zürich, August 1886; Burgerbibliothek.
154 «Prozess Graef», «Berliner Tageblatt» Nr. 493, 29. September 1885.
155 «Prozess Graef», «Berliner Tageblatt» Nr. 491, 28. September 1885.
156 Karl Stauffer an seine Eltern, Berlin, Oktober 1885; Literaturarchiv Stauffer.
157 Karl Stauffer an Max Mosse (Berlin, 9. November 1885, gemäß Poststempel); Literaturarchiv Stauffer.
158 Karl Stauffer an Lydia Welti-Escher, Berlin, 21. Oktober 1885; Literaturarchiv Stauffer.
159 Diverse Briefe; Literaturarchiv Stauffer.
160 Karl Stauffer an Lydia Welti-Escher, Siebleben, 8. November 1886; Literaturarchiv Stauffer.
161 Karl Stauffer an Lydia Welti-Escher, Rom, 5. Juni 1888; Literaturarchiv Stauffer.
162 Lydia Welti-Escher an Karl Stauffer, Enge bei Zürich / Belvoir, 8. Mai 1888; Literaturarchiv Stauffer.
163 Lydia Welti-Escher an Karl Stauffer, Enge bei Zürich / Belvoir, 30. September 1887; Literaturarchiv Stauffer.
164 Friedrich Emil Welti an Karl Stauffer, Paris, 12. Januar 1886; Literaturarchiv Stauffer.
165 Karl Stauffer an das Ehepaar Welti-Escher, Berlin, 15. Januar 1886; Literaturarchiv Stauffer.
166 Karl Stauffer an seine Eltern, Berlin, August 1881; Literaturarchiv Stauffer.
167 Karl Stauffer an seine Mutter, Berlin, 8. Januar 1886; Literaturarchiv Stauffer.
168 Käthe Kollwitz. Die Tagebücher, Jutta Bohnke-Kollwitz (Hrsg.), Berlin 1989, S. 737.
169 Karl Stauffer an seine Mutter, Berlin, 8. Januar 1886; Literaturarchiv Stauffer.
170 Karl Stauffer an seine Mutter, Berlin, 17. Januar 1886; Literaturarchiv Stauffer.
171 Karl Stauffer an Peter Halm, Berlin, 14. November 1881, zitiert in: Brahm/Stauffer S. 64 ff., Zitat S. 64.
172 Karl Stauffer an Lydia Welti-Escher, Berlin, 29. Juni 1887; Literaturarchiv Stauffer.
173 Karl Stauffer an seine Mutter, Siebleben bei Gotha, 24. Oktober 1886; Literaturarchiv Stauffer.
174 Otto Brahm. «Gustav Freytag», in: Otto Brahm. Kritische Schriften, Literarische Persönlichkeiten aus dem neunzehnten Jahrhundert, Paul Schlenther (Hrsg.), Band 2, Berlin 1915, S. 52–60, Zitat S. 58.
175 Otto Brahm. «Ibsens Gespenster» (aus: «Frankfurter Zeitung», 13. März 1884), in: Brahm. Kritiken und Essays S. 145–152, Zitat S. 147.

176 Karl Stauffer an seine Familie, Fragment, ohne Ort, ohne Datum (ca. Frühherbst 1886); Literaturarchiv Stauffer.
177 Karl Stauffer an Lydia Welti-Escher, Berlin, 29. Oktober 1886; Literaturarchiv Stauffer.
178 Karl Stauffer an seine Mutter, Siebleben, 11. November 1886; Literaturarchiv Stauffer.
179 Karl Stauffer an Lydia Welti-Escher, Rom, 28. April 1889 (datiert: «Sonntag nach Ostern»); Literaturarchiv Stauffer.
180 Karl Stauffer an Peter Halm, Berlin, 7. Juli 1882. in: Brahm/Stauffer S. 69 ff., Zitat S. 73 f.
181 Gustav Freytag an Otto Brahm, Blankenberghe, 19. September 1892, in: Brahm/ Stauffer S. 392–397, Zitat S. 395.
182 Peter Halm. «Stauffer-Bern und sein Berliner Kreis. Erinnerungen», in: «Meister der Farbe», Leipzig 1909 (Teil 1 in Heft 1/1909, S. 1–7; Teil 2 in Heft 2/1909 S. 13–20), Teil I, S. 24.
183 Halm II, S. 18.
184 Karl Stauffer an Lydia Welti-Escher, Siebleben, 8. November 1886; Literaturarchiv Stauffer.
185 Gustav Freytag an Otto Brahm, Blankenberghe, 19. September 1892, in: Brahm/ Stauffer S. 392–397, Zitat S. 396.
186 Karl Stauffer an Peter Halm, Mai 1887, zitiert in: Halm II, S. 19.
187 «Karl Stauffer, Traktat der Radierung» (Entwurf), in: Lehrs S. 113 ff., Zitat S. 116.
188 Wilhelm von Bode. «Berliner Malerradierer. Max Klinger, Ernst Moriz Geyger, Karl Stauffer-Bern», in: «Die graphischen Künste» XIII, Wien 1890, S. 45–60.
189 Bode S. 55.
190 Lehrs S. 10.
191 Lehrs S. 11.
192 Bode S. 54.
193 Karl Stauffer an das Ehepaar Welti-Escher, Berlin, 15. Januar 1886; Literaturarchiv Stauffer.
194 Karl Stauffer an seine Eltern, Berlin, ohne Datum (Frühling 1884); Literaturarchiv Stauffer.
195 Stauffer-Schärer S. 30.
196 Karl Stauffer an seine Eltern, Berlin, 4. Juli 1881; Literaturarchiv Stauffer.
197 Hans Hopfen. Mein erstes Abenteuer und andere Geschichten, Stuttgart, 1886.
198 Lydia Welti-Escher an Gottfried Keller, Enge bei Zürich / Belvoir, 14. Dezember 1886; Bundesarchiv J1.81(-)/1.
199 Gottfried Keller an Lydia Welti-Escher, Hottingen, 17. Dezember 1886, in: Ermatinger III, S. 514 f., Zitat S. 514.
200 Karl Stauffer an seine Eltern, München, 29. Dezember 1878; Literaturarchiv Stauffer.
201 Karl Stauffer an Bruder Eduard, München, 7. September 1874; Literaturarchiv Stauffer.
202 Karl Stauffer an seine Eltern, München, 29. Dezember 1878; Literaturarchiv Stauffer.
203 Karl Stauffer. «An meine Mutter»; Literaturarchiv Stauffer.
204 E. Y. Meyer. Der Trubschachen-Komplex. Ein Roman und eine Erzählung, Zürich 1998.
205 Nach: Ernst Müller. Geschichte der Bernischen Täufer, Nach den Urkunden dargestellt, Frauenfeld 1895, S. 388.
206 (Albert Fleiner bzw. redaktioneller Beitrag), «† Karl Stauffer», NZZ Nr. 29, Erstes Blatt, 29. Januar 1891.
207 Karl Stauffer an Hermann Prell, Bern, 14. August 1885; in: Prell IX, S. 22.
208 Karl Stauffer an Peter Halm, Berlin, 2. Mai 1883, in: Brahm/Stauffer S.79 ff., Zitat S. 80.
209 (Louise Stauffer-Schärer). Einige Notizen über Karl Stauffer, 1891; Literaturarchiv Stauffer; publiziert in: Züricher, S. 17–42, Zitat S. 19.
210 Nach: Von Arx. 1969, S. 14. Der handgeschriebene Lebenslauf von Eduard Stauffer aus der Klinik Rosegg (SO) stand von Arx noch zur Verfügung, wird heute aber von den Psychiatrischen Diensten des Kantons Solothurn als nicht auffindbar gemeldet. (Psychiatrische Dienste des Kantons Solothurn, Rolf Neuenschwander, Direktor, an den Autor, Solothurn, 11. August 2003.)
211 Bericht Dr. Küpfer in Patientenakte Nr. 2051/2772, «Stauffer Eduard», Universitätsklinik für klinische Psychiatrie Bern, «Waldau».
212 Patientenakte Nr. 2051/2772, «Stauffer Eduard», Universitätsklinik für klinische Psychiatrie Bern, «Waldau».
213 Karl Stauffer an seinen Vater, München,

15. April 1879 (handschriftlich datiert: «Dienstag n. O.»); Literaturarchiv Stauffer.
214 Stauffer-Schärer S. 19.
215 Halm II, S. 17.
216 Karl Stauffer an seine Eltern, Berlin, 15. April 1881 (datiert: «Karfreitag»); Literaturarchiv Stauffer.
217 Karl Stauffer an seine Mutter, Thun, ohne Datum (Frühjahr 1878, datiert: «Sonntagnachmittag»); Literaturarchiv Stauffer.
218 (Albert Fleiner bzw. redaktioneller Beitrag), «† Karl Stauffer», NZZ Nr. 29, Erstes Blatt, 29. Januar 1891.
219 Stauffer-Schärer S. 25.
220 (Albert Fleiner bzw. redaktioneller Beitrag), «† Karl Stauffer», NZZ Nr. 29, Erstes Blatt, 29. Januar 1891.
221 Karl Stauffer an seine Eltern, München, 2. September 1874; Literaturarchiv Stauffer.
222 Im selben Brief.
223 Georg Jacob Wolf. Karl Stauffer-Bern, München 1909, S. 10.
224 Karl Stauffer an seine Eltern, München, Juli 1875; Literaturarchiv Stauffer.
225 Karl Stauffer an Julius Luz, Berlin, 18. Oktober 1881; Literaturarchiv Stauffer.
226 Karl Stauffer an seine Eltern, München, 29. Dezember 1878; Literaturarchiv Stauffer.
227 Karl Stauffer an seine Eltern, München, 11. Januar 1879; Literaturarchiv Stauffer.
228 Karl Stauffer an eine Schwester, München, 13. Januar 1879; Literaturarchiv Stauffer.
229 Max Zenger. Geschichte der Münchner Oper, Theodor Kroyer (Hrsg.), München 1923, S. 508f.
230 Karl Stauffer an seine Eltern, Berlin, August 1881; Literaturarchiv Stauffer.
231 Nach: Hermann Hartmann. Das große Landbuch. Berner Oberland in Sage und Geschichte II, Bümpliz 1914, S. 377.
232 Lord Byron. Manfred. Ein dramatisches Gedicht, Joseph Emmanuel Hilscher (Übers.), 2. Akt, 1. Szene; http://gutenberg.spiegel.de/byron/manfred/manfred.htm (28. August 2004).
233 Karl Stauffer an seine Eltern, München, 27. Februar 1880; Literaturarchiv Stauffer.
234 Karl Stauffer an seine Eltern, Berlin, 12. Januar 1881; Literaturarchiv Stauffer.
235 «Für seine Ausbildung an der Münchner Akademie erhielt er 1876: 1000 Fr.; 1877: 1750 Fr.; 1878: 1000 Fr.; 1879: 1500 Fr. und 1880: 1550 Fr.»; Stocker S. 11, Anm. 46.
236 Karl Stauffer an seine Eltern, München, 29. Dezember 1878; Literaturarchiv Stauffer.
237 Karl Stauffer an seinen Vater, München, 2. März 1876; Literaturarchiv Stauffer.
238 Karl Stauffer an seine Eltern, München, 12. November 1877; Literaturarchiv Stauffer.
239 Im selben Brief.
240 Karl Stauffer an Bruder Eduard, München, 7. September 1874; Literaturarchiv Stauffer.
241 Karl Stauffer an seine Mutter, München, 12. September 1878; Literaturarchiv Stauffer.
242 Karl Stauffer an seine Eltern, München, 27. Februar 1880; Literaturarchiv Stauffer.
243 Karl Stauffer an seine Eltern, Berlin, 2. Mai 1881; Literaturarchiv Stauffer.
244 Karl Stauffer an seine Eltern, München, 27. Juni 1880; Literaturarchiv Stauffer.
245 August Schricker. «Karl Stauffer-Bern. Seine künstlerische Lebensarbeit», in: «Nord und Süd», Eine deutsche Monatsschrift Bd. 67, Breslau, Dezember 1893, S. 302–337; Zitat S. 309.
246 Manual der Bibliothekkom. Bd. IX, 12. Juni 1875–27. April 1904, Eintrag vom 27. November 1880, S. 193; Burgerbibliothek.
247 Brahm/Stauffer S. 15.
248 Karl Stauffer an das Ehepaar Welti-Escher Berlin, 15. Januar 1886; Literaturarchiv Stauffer.
249 Im selben Brief.
250 Karl Stauffer an Lydia Welti-Escher, Berlin, ohne Datum (Anfang 1886); Literaturarchiv Stauffer.
251 Karl Stauffer an Max Mosse, Enge bei Zürich / Belvoir, 15. Juli 1886; Literaturarchiv Stauffer.
252 Isler S. 102.
253 Karl Stauffer. «Belvoir», nach: Züricher, S. 356.
254 Friedrich Emil Welti an Karl Stauffer (ohne Ortsangabe), 25. Juli 1887; Literaturarchiv Stauffer.
255 Lydia Welti-Escher an Karl Stauffer, Enge bei Zürich / Belvoir, 8. Mai 1888; Literaturarchiv Stauffer.

256 Karl Stauffer an Max Mosse (ohne Ort), 15. Oktober 1885; Literaturarchiv Stauffer.
257 Karl Stauffer an Max Mosse, Berlin, 9. November 1885 (Poststempel); Literaturarchiv Stauffer.
258 Karl Stauffer an Max Mosse, Enge bei Zürich/Belvoir, 15. Juli 1886; Literaturarchiv Stauffer.
259 Zitiert nach: Frey I, S. 359.
260 Karl Stauffer an Max Mosse, Rom, 11. November 1888; Literaturarchiv Stauffer.
261 Karl Stauffer an Max Mosse, Enge bei Zürich/Belvoir, 16. August 1886; Literaturarchiv Stauffer.
262 Isler S. 81.
263 Gespräch mit Sara Stocker, 8. September 2003.
264 Siehe etwa: Kapitel: «Das Frauenbild des Mannes, das Männerbild der Frau [...] Das männliche Wunschbild von der ‹reinen weißen Frau›», in: Ursi Blosser / Franziska Gerster. Töchter der guten Gesellschaft. Frauenrolle und Mädchenerziehung im schweizerischen Großbürgertum um 1900, Zürich 1985, S. 56 ff.
265 Wilkie Collins. The Woman in White (2 Bände), London 1860.
266 Sabine Vogt. Die Tagebücher der Marie Bashkirtseff von 1877–1885, Dortmund 1997, S. 140. (Den Hinweis verdanke ich Anne-Catherine Krüger.)
267 Karl Stauffer an Lydia Welti-Escher, Berlin, 18. Juli 1887; Literaturarchiv Stauffer.
268 Emile Zola. L'Œuvre, Paris 1983, S. 151 f. (Übersetzung durch den Autor).
269 Karl Stauffer an Lydia Welti-Escher, Berlin, 18. Juli 1887; Literaturarchiv Stauffer.
270 Byron, Manfred, 2. Akt, 4. Szene.
271 Lehrs S. 13.
272 Lydia Welti-Escher an Karl Stauffer, Enge bei Zürich / Belvoir, 16. Juli 1887; Literaturarchiv Stauffer.
273 Adolf Reinle. Kunstgeschichte der Schweiz (Vierter Band). Die Kunst des 19. Jahrhunderts. Architektur / Plastik / Malerei, Frauenfeld 1962, S. 296.
274 Conrad Ferdinand Meyer an Karl Stauffer, Kilchberg bei Zürich, 9. Sept. 1885 (Privatbesitz Thun), zitiert in: Cäsar Menz. Karl Stauffer-Bern und die Photographie, Kunstmuseum Bern (Hrsg.), Bern 1978/79, S. 32.
275 Lydia Welti-Escher an Louise Breslau, 26. November (1878), in: Müller-Breslau III.
276 Lydia Welti-Escher an Gottfried Keller, Enge bei Zürich / Belvoir, 26. Oktober 1880; Bundesarchiv J1.81(-)/1.
277 Gottfried Keller an Lydia Welti-Escher, Enge bei Zürich, 1880, in: Ermatinger III, S. 323.
278 Lydia Welti-Escher an Gottfried Keller, Enge bei Zürich Bevloir, 2. November 1880; Bundesarchiv J1.81(-)/1.
279 Lydia Welti-Escher an Gottfried Keller, Enge bei Zürich / Belvoir, 30. November 1880; Bundesarchiv J1.81(-)/1.
280 Lydia Welti-Escher an Gottfried Keller, Enge bei Zürich / Belvoir, 29. Juni 1882; Bundesarchiv J1.81(-)/1.
281 Lydia Welti Escher an Gottfried Keller, Enge bei Zürich / Belvoir, 21. Oktober 1886; Bundesarchiv J1.81(-)/1.
282 Karl Stauffer an Max Mosse, Zürich, August, 1886; Burgerbibliothek.
283 Gottfried Keller. Martin Salander, in: Derselbe, Sämtliche Werke, Thomas Böning / Gerhard Kaiser / Kai Kauffmann / Dominik Müller (Hrsg.), Band 6, Frankfurt am Main 1991, S. 383–699.
284 Keller. Salander S. 503.
285 Keller. Salander S. 660 bzw. S. 664.
286 Hans-Ulrich Jost. Die reaktionäre Avantgarde. Die Geburt der neuen Rechten in der Schweiz um 1900, Zürich 1992, S. 20.
287 Nach: Adolf Frey. «Erinerungen an Gottfried Keller» (Nachdruck aus der «Deutschen Rundschau»), in: «Schweizerische Rundschau / Revue helvétique / Rivista Elvetica», Zürich und Bern, Band 4, Oktober–Dezember 1891, S. 324–331, Zitat S. 326.
288 Otto Brahm. Gottfried Keller, in: Brahm. Kritische Schriften II, S. 135–235, Zitat S. 212.
289 Lydia Welti Escher an Gottfried Keller, Enge bei Zürich / Belvoir, 3. August 1886; Bundesarchiv J1.81(-)/1.
290 (Albert Fleiner bzw. redaktioneller Beitrag), «† Karl Stauffer», NZZ Nr. 30, Erstes Blatt, 30. Januar 1891 (Fortsetzung).
291 Karl Stauffer an Max Mosse, Enge bei Zü-

rich/Belvoir, 16. August 1886; Literaturarchiv Stauffer.
292 Cäsar Menz. Karl Stauffer-Bern und die Photographie, Kunstmuseum Bern (Hrsg.), Bern 1978/79, S. 37.
293 Friedrich Emil Welti an Karl Stauffer, Enge bei Zürich / Belvoir, 4. März 1887; Literaturarchiv Stauffer.
294 Gottfried Keller an Karl Stauffer, Zürich, 18. Juli 1887 (Privatbesitz), nach: Menz. Photographie S. 38.
295 Zitiert in: Ermatinger III, S. 568, Anm. 651.
296 Karl Stauffer an Schwester Amalie, Berlin, 2. Dezember 1887; Literaturarchiv Stauffer.
297 Karl Stauffer an Lydia Welti-Escher, Berlin, 1. Januar 1887; Literaturarchiv Stauffer.
298 Karl Stauffer an Schwester Amalie, Berlin, 2. Dezember 1887; Literaturarchiv Stauffer.
299 Karl Stauffer (an ungenannt), ohne Ortsangabe, Anfang 1885, in: August Schricker. «Karl Stauffer-Bern. Seine künstlerische Lebensarbeit», in: «Nord und Süd», Eine deutsche Monatsschrift Bd. 67, Breslau, Dezember 1893, S. 302–337, Zitat S. 314.
300 So: Prell X, S. 37; wogegen «Jesus und Maria Magdalena» bei Wolf S. 24 und «Jesus bei Simon» laut Menz. Photographie, S. 21.
301 Prell X. S. 37.
302 Karl Stauffer an Hermann Prell, Schweiz, September 1886; in: Prell X. S. 16 f., Zitat S. 16.
303 Lydia Welti-Escher an Karl Stauffer, Enge bei Zürich / Belvoir, 29. Dezember 1887; Literaturarchiv Stauffer.
304 Friedrich Emil Welti an Karl Stauffer, (Enge bei Zürich / Belvoir), 12. Mai 1887; Literaturarchiv Stauffer.
305 Lydia Welti-Escher an Karl Stauffer, Enge bei Zürich / Belvoir, 8. Mai 1888; Literaturarchiv Stauffer.
306 Lydia Welti-Escher an Karl Stauffer, Enge bei Zürich / Belvoir, 16. Juli 1889; Literaturarchiv Stauffer.
307 Bettina Heintz/Claudia Honegger. Zum Strukturwandel weiblicher Widerstandsformen im 19. Jahrhundert, in: Claudia Honegger / Bettina Heintz (Hrsg.). Listen der Ohnmacht, Frankfurt am Main 1981, S. 7–68, Zitate S. 42 und S. 44.
308 Lydia Welti-Escher an Karl Stauffer, Enge bei Zürich / Belvoir, 8. Mai 1888; Literaturarchiv Stauffer.
309 Karl Stauffer an Bruder Eduard, Rom (11. November 1889, Datum rekonstruiert); Literaturarchiv Stauffer.
310 Karl Stauffer an Bruder Eduard, Rom (11. November 1889, Datum rekonstruiert); Literaturarchiv Stauffer.
311 Lydia Welti-Escher an Karl Stauffer, Enge bei Zürich / Belvoir, 18. März 1888; Literaturarchiv Stauffer.
312 Karl Stauffer an Lydia Welti-Escher, Rom 4. August 1889; Literaturarchiv Stauffer.
313 Lydia Welti-Escher an Karl Stauffer, Enge bei Zürich / Belvoir, 29. Dezember 1887; Literaturarchiv Stauffer.
314 Karl Stauffer an Lydia Welti-Escher, Berlin, 29. Juni 1887; Literaturarchiv Stauffer.
315 Karl Stauffer an Lydia Welti-Escher, Berlin, Dezember 1887 (im Original: «Dienstag Dez 87»); Literaturarchiv Stauffer.
316 Lydia Welti-Escher an Gottfried Keller, Enge bei Zürich / Belvoir, 21. Oktober 1886; Bundesarchiv J1.81(-)/1.
317 Lydia Welti-Escher an Karl Stauffer, Enge bei Zürich / Belvoir, 30. September 1887; Literaturarchiv Stauffer.
318 Karl Stauffer an Lydia Welti-Escher, Berlin, 19. April 1887; Literaturarchiv Stauffer.
319 Karl Stauffer an Lydia Welti-Escher, Berlin, 8. Juli 1887; Literaturarchiv Stauffer.
320 Lydia Welti-Escher an Karl Stauffer, Enge bei Zürich / Belvoir, 16. Juli 1887; Literaturarchiv Stauffer.
321 Friedrich Emil Welti an Karl Stauffer (ohne Ortsangabe), 25. Juli 1887; Literaturarchiv Stauffer.
322 Lydia Welti-Escher an Karl Stauffer, Enge bei Zürich / Belvoir, 16. Juli 1887; Literaturarchiv Stauffer.
323 Karl Stauffer an Lydia Welti-Escher, Romont / Pieterlen, August 1887; Literaturarchiv Stauffer.
324 Karl Stauffer an Max Mosse, Florenz, 5. März 1890, in: Brahm/Stauffer S. 335.
325 Lydia Welti-Escher an Otto Brahm (ohne Ortsangabe), 6. Juli 1891, in: Brahm S. 382 f., Zitat S. 382.

326 Karl Stauffer an seine Mutter, Florenz, 6. Februar 1890; Literaturarchiv Stauffer.
327 Karl Stauffer an Bruder Eduard, Rom, 12. November 1889; Literaturarchiv Stauffer.
328 Nach: Brahm S. 384.
329 Lydia Welti-Escher an Karl Stauffer, Enge bei Zürich / Belvoir, 2. Februar 1889; Literaturarchiv Stauffer.
330 Nach: Benita Eisler. Byron. Der Held im Kostüm (aus dem Amerikanischen), München 2001, S. 631.
331 Lydia Welti-Escher an Karl Stauffer, Enge bei Zürich / Belvoir, 29. Dezember 1887; Literaturarchiv Stauffer.
332 Lydia Welti-Escher an Karl Stauffer, Enge bei Zürich / Belvoir, 8. Mai 1888; Literaturarchiv Stauffer.
333 Lydia Welti-Escher an Karl Stauffer, Enge bei Zürich / Belvoir, 18. März 1888; Literaturarchiv Stauffer.
334 Friedrich Emil Welti an Karl Stauffer, Enge bei Zürich / Belvoir, 30. September 1888; Literaturarchiv Stauffer.
335 Friedrich Emil Welti an Karl Stauffer, Paris, 4. März 1889; Literaturarchiv Stauffer.
336 Lydia Welti-Escher an Karl Stauffer, Enge bei Zürich / Belvoir, 19. Mai 1889; Literaturarchiv Stauffer.
337 So: Widmer S. 120.
338 Emil Frey. Die Schweiz an der Pariser Weltausstellung von 1889. Einige Bemerkungen, Zürich 1889, S. 49.
339 Hartmut Vinçon (Hrsg.). Frank Wedekinds Maggi-Zeit. Reklamen, Reisebericht, Briefe, Pharus IV, Darmstadt 1992, S. 30 und S. 43.
340 Karl Stauffer an Lydia Welti-Escher, Berlin, 18. Juli 1887; Literaturarchiv Stauffer.
341 Lydia Welti-Escher an Karl Stauffer, Enge bei Zürich / Belvoir, 16. Juli 1889; Literaturarchiv Stauffer.
342 Lydia Welti-Escher an Karl Stauffer, Enge bei Zürich / Belvoir, 30. September 1887; Literaturarchiv Stauffer.
343 Lydia Welti-Escher an Karl Stauffer, Enge bei Zürich / Belvoir, 30. Juli 1888; Literaturarchiv Stauffer.
344 Lydia Welti-Escher an Karl Stauffer, Enge bei Zürich / Belvoir, 18. März 1888; Literaturarchiv Stauffer.
345 Karl Stauffer an Lydia Welti-Escher, Rom, 1. April 1888 (datiert: «Ostern»); Literaturarchiv Stauffer.
346 Lydia Welti-Escher an Karl Stauffer, Enge bei Zürich / Belvoir, 3. September 1889; Literaturarchiv Stauffer.
347 Friedrich Emil Welti an Karl Stauffer, Enge bei Zürich / Belvoir, 11. Juni 1888; Literaturarchiv Stauffer.
348 Karl Stauffer an Marie Röhr, 2. Dezember 1886; Gottfried-Keller-Stiftung.
349 Christoph Heilmann (Hrsg.). «In uns selbst liegt Italien». Die Kunst der Deutsch-Römer, München 1987, S. 263.
350 Friedrich Emil Welti an Karl Stauffer, Enge bei Zürich / Belvoir, 6. Dezember 1886; Literaturarchiv Stauffer.
351 Karl Stauffer an seine Familie (Karte), Rom, 29. März 1889; Literaturarchiv Stauffer.
352 Karl Stauffer an Lydia Welti-Escher, Berlin, 19. April 1887; Literaturarchiv Stauffer.
353 Lydia Welti-Escher an Robert Freund, Florenz, 9. November 1889; Zentralbibliothek.
354 Karl Stauffer an Lydia Welti-Escher, Berlin, 12. Januar 1888; Literaturarchiv Stauffer.
355 Karl Stauffer an Lydia Welti-Escher, Berlin, 8. Juli 1887; Literaturarchiv Stauffer.
356 Friedrich Emil Welti an Karl Stauffer, Zürich, 13. September 1888; Literaturarchiv Stauffer.
357 Lydia Welti-Escher an Karl Stauffer, Baden, 16. September 1888; Literaturarchiv Stauffer.
358 Friedrich Emil Welti an Lydia Welti-Escher, ohne Ort, 6. November 1888; Burgerbibliothek.
359 Friedrich Emil Welti an Karl Stauffer, Zürich, 13. September 1888; Literaturarchiv Stauffer.
360 Nach: Louise Stauffer-Schärer an ihre Schwägerin Rosalie, Biel / Terrasse, 1. Mai 1890, (handschriftlicher Vermerk «nicht abgesandt»); Literaturarchiv Stauffer.
361 So: Karl Stauffer an Hermann Prell, Romont, 20. August 1887; in: Prell X, S. 43. Wogegen 10 000 Franken bei: Ferdinand Vetter. Karl Stauffer-Bern. Sein Leben. Seine Briefe. Seine Gedichte. Dargestellt von Otto Brahm (Buchbesprechung), in: «Schweizerische Rundschau, Revue Helvétique, Rivista Elvetica», Band II, Juli–Dezember 1892, S. 624–627, S. 626.

362 Emmy Vogt-Hildebrand. «Erinnerungen an Karl Stauffer-Bern», in: «Kunst und Künstler», «Illustrierte Monatsschrift für Kunst und Kunstgewerbe», Berlin 1911, S. 463–471, Zitat S. 464.

Pressepolemik II

1 Roger Blum. Fridolin Anderwert 1828–1880, in: Altermatt S. 207–211, Zitat S. 207.
2 (Kurzmeldung), «Emmenthaler-Blatt» Nr. 104, Langnau, 28. Dezember 1889; Literaturarchiv Stauffer.
3 Am selben Ort.
4 (Ohne Titel), «Journal du Jura» Nr. 33, Biel, 26. Januar 1890; Literaturarchiv Stauffer.
5 (Ohne Titel), «Il Dovere» Nr. 21, Locarno, 27. Januar 1890; Privatsammlung von Arx.
6 Simeon Bavier an Bundesrat Emil Welti, Rom, 2. Februar 1890 (und Bericht); Nachlass Bavier im Staatsarchiv Graubünden.
7 Am selben Ort.
8 «Encore l'affaire Stauffer», «Le Journal du Jura», 2. Februar 1890; Literaturarchiv Stauffer. (Im Original: «arrestations diplomatiques»)
9 (Ohne Autor), «Die Tragödie Stauffer. Schluss der vorausgegangenen drei Artikel», «Basler Nachrichten» Nr. 266, 2. Oktober 1892; Redaktionsarchiv «Basler Zeitung», Basel.
10 J (Joseph). V. (Viktor) Widmann. Die schweizerischen Behörden in der Angelegenheit Stauffer, «Der Bund» Nr. 259, 15./16. September 1892, 2. Blatt; derselbe Nr. 260, 16./17. September 1892, 2. Blatt; derselbe Nr. 261, 17./18. September 1892, 2. Blatt.
11 «Eidgenossenschaft. Das Stauffer-Escher-Drama», «Aargauer Tagblatt» Nr. 221, 19. September 1892.
12 Otto Weininger. Geschlecht und Charakter. Eine prinzipielle Untersuchung, Wien 1904.
13 Diverse Stellen im erwähnten Buch.
14 Max Widmann. Josef Viktor Widmann. Ein Lebensbild. Zweite Lebenshälfte, Frauenfeld und Leipzig 1924, S. 99.
15 Josef Viktor Widmann. «Zu Dr. Otto Weiningers Buch ‹Geschlecht und Charakter›, I–VI, «Bund» Nr. 253, 2. Blatt, 11. September 1903; Nr. 254, 2. Blatt, 12. September 1903; Nr. 255, 13. September 1903; Nr. 257, 2. Blatt, 15. September 1903; Nr. 258, 2. Blatt, 16. September 1903; Nr. 259, 2. Blatt, 17. September 1903.
16 Widmann. Otto Weininger, Teil I (siehe oben).
17 Widmann. Otto Weininger, Teil IV (siehe oben).

Teil II: Rom

1 Simon Bavier. Lebenserinnerungen von Bundesrat Simon Bavier, Chur 1925, S. 47.
2 Bavier. Lebenserinnerungen, S. 70.
3 Karl Stauffer an Lydia Welti-Escher, Rom, 1. April 1888 (datiert: «Ostern»); Literaturarchiv Stauffer.
4 Karl Stauffer an Peter Halm, Rom, 22. Juni 1888, in: Brahm/Stauffer S. 196 ff., Zitat S. 197.
5 Karl Stauffer an seine Mutter, Rom, 12. März 1888; Literaturarchiv Stauffer.
6 Karl Stauffer an Hermann Prell, Rom / Villa Strohl-Fern, 16. Mai 1888; in: Prell XI, S. 5 f., Zitat S. 6.
7 Karl Stauffer an Max Mosse, Rom, 17. Februar 1889; Literaturarchiv Stauffer.
8 Karl Stauffer an Adolf Frey, Berlin, (Juli 1883, rekonstruiert); Zentralbibliothek.
9 Karl Stauffer an Hermann Prell, Bern, 26. August 1885; in: Prell IX, S. 23.
10 Christoph Heilmann (Hrsg.). «In uns selbst liegt Italien». Die Kunst der Deutsch-Römer, München 1987.
11 Karl Stauffer an Max Mosse, Rom, 1. März 1888; Literaturarchiv Stauffer.
12 Karl Stauffer. «Boecklin»; Literaturarchiv Stauffer.
13 Karl Stauffer an Lydia Welti-Escher, Berlin, 8. Juli 1887; Literaturarchiv Stauffer.
14 Isolde Kurz. «Agli Allori», in: Dieselbe, Florentinische Erinnerungen, München / Leipzig 1910, S. 85–151, Zitat S. 95. f.
15 Bode S. 46.
16 Stauffer-Schärer S. 29.
17 Karl Stauffer (an Friedrich Emil Welti), Rifugio del Gran Sasso d'Italia, 9. Dezember 1888; Literaturarchiv Stauffer.
18 Karl Stauffer an Lydia Welti-Escher, Rom, 1. April 1888 (datiert: «Ostern»); Literaturarchiv Stauffer.
19 Karl Stauffer an Max Mosse, Rom / Villa Strohl-Fern, 17. April 1888; Burgerbibliothek.

20 Karl Stauffer an Peter Halm, Rom, 22. Juni, Fortsetzung am 23. Juni 1888, in: Brahm/Stauffer S. 196 ff., Zitat S. 199.
21 Karl Stauffer an Lydia Welti-Escher, Rom, 2. November 1888; Literaturarchiv Stauffer.
22 Karl Stauffer an Lydia Welti-Escher, Rom, 5. August bzw. 13. August 1888; Literaturarchiv Stauffer.
23 Karl Stauffer an seine Mutter, Rom, 6. Mai 1888; Literaturarchiv Stauffer.
24 Karl Stauffer an Lydia Welti-Escher, Rom, 5. August bzw. 13. August 1888; Literaturarchiv Stauffer.
25 Karl Stauffer an seine Mutter, Rom, 10. Januar 1889; Literaturarchiv Stauffer.
26 Karl Stauffer an Lydia Welti-Escher, Rom, 5. Juni 1888; Literaturarchiv Stauffer.
27 Karl Stauffer, «III Sonett», Florenz / Bonifazio, 30. Januar 1890; Literaturarchiv Stauffer.
28 Karl Stauffer an Max Mosse, Rom, 11. November 1888; Literaturarchiv Stauffer.
29 Welti Welti S. 92.
30 Welti Welti S. 120.
31 Max Klinger an seine Eltern, Rom, 16. Oktober 1888, in: Max Klinger. Briefe aus den Jahren 1874 bis 1919, Hans Wolfgang Singer (Hrsg.), Leipzig 1924, S. 86 ff., Zitat S. 86.
32 Karl Stauffer an Max Mosse, Rom, 17. Februar 1889; Literaturarchiv Stauffer.
33 Lydia Welti-Escher an Karl Stauffer, Enge bei Zürich / Belvoir, 30. Juli 1888; Literaturarchiv Stauffer.
34 Lydia Welti-Escher an Karl Stauffer, Enge bei Zürich / Belvoir, 16. Juli 1889; Literaturarchiv Stauffer.
35 Lydia Welti-Escher an Karl Stauffer, Enge bei Zürich / Belvoir, 29. Dezember 1887; Literaturarchiv Stauffer.
36 Karl Stauffer an Lydia Welti-Escher, Rom, 8. Juni 1889; Literaturarchiv Stauffer.
37 (Anonym), «Enthüllung des Alfred Escher-Denkmals», NZZ Nr. 174, 23. Juni 1889.
38 (Anonym), «Enthüllung des Alfred Escher-Denkmals. Das Bankett». NZZ Nr. 175, Erstes Blatt, 24. Juni 1889.
39 Bundesrat Emil Welti an Lydia Welti-Escher, 14. Juni 1889; Burgerbibliothek. (ohne Ort).
40 Psalmen, 104, 1, nach: Zürcher Bibel, 20. Auflage 1991.
41 Karl Stauffer an seine Familie, Rom, 16. September 1888; Literaturarchiv Stauffer.
42 Karl Stauffer an Lydia Welti-Escher, Rom, 5. September 1888; Literaturarchiv Stauffer.
43 Friedrich Emil Welti an Karl Stauffer, Zürich, 13. September 1888; Literaturarchiv Stauffer.
44 Karl Stauffer an Lydia Welti-Escher, Rom, 1. Mai (und folgende) 1888; Literaturarchiv Stauffer.
45 Karl Stauffer an Lydia Welti-Escher, Berlin, Dezember 1887; Literaturarchiv Stauffer.
46 J. A. Schmoll, genannt Eisenwerth (Josef-Adolf Schmoll-Eisenwerth). «Karl Stauffer-Bern und die Photographie», in: Vom Sinn der Photographie, München 1980, S. 109–113, Zitat S. 113.
47 Karl Stauffer an Lydia Welti-Escher, Rom, 2. November 1888; Literaturarchiv Stauffer.
48 Karl Stauffer an Peter Halm, Rom, 22./23. Juni 1888, in: Brahm/Stauffer, S. 196 ff., Zitat S. 200.
49 Karl Stauffer an Lydia Welti-Escher, Rom, 8. Juni 1889; Literaturarchiv Stauffer.
50 Karl Stauffer an Lydia Welti-Escher, Rom, 4. August 1889; Literaturarchiv Stauffer.
51 Lydia Welti-Escher an Karl Stauffer, Enge bei Zürich / Belvoir, 3. September 1889; Literaturarchiv Stauffer.
52 Karl Stauffer an seine Mutter, ohne Ort (ca. 1890); Literaturarchiv Stauffer.
53 Karl Stauffer, ohne Titel; Literaturarchiv Stauffer.
54 Lydia Welti-Escher an Karl Stauffer, Baden, 16. September 1888; Literaturarchiv Stauffer.
55 Karl Stauffer an Lydia Welti-Escher, Rom, 8. Juni 1889; Literaturarchiv Stauffer.
56 Stauffer-Schärer S. 38.
57 Vogt-Hildebrand S. 464.
58 Lydia Welti-Escher an Karl Stauffer, Enge bei Zürich / Belvoir, 16. Juli 1889; Literaturarchiv Stauffer.
59 Karl Stauffer an Lydia Welti-Escher, Rom, 29. August 1889; Literaturarchiv Stauffer.
60 Karl Stauffer an Lydia Welti Escher, Rom, 2. September sowie 5. September 1889; Literaturarchiv Stauffer.
61 Lydia Welti-Escher an Karl Stauffer, Enge bei Zürich / Belvoir, 3. September 1889; Literaturarchiv Stauffer.

62 Am selben Ort.
63 Karl Stauffer an unbekannt in Rom, Zürich, 27. September 1889; Privatsammlung Matthias Senn, Zürich.
64 Karl Stauffer an seine Mutter, Zürich, 2. Oktober 1889; Literaturarchiv Stauffer.
65 Stauffer-Schärer S. 38.
66 Karl Stauffer an unbekannt in Rom, Zürich, 27. September 1889; Privatsammlung Matthias Senn, Zürich.
67 Im selben Schreiben.
68 Lydia Welti-Escher an Karl Stauffer, Enge bei Zürich / Belvoir, 2. Februar 1889; Literaturarchiv Stauffer.
69 Friedrich Emil Welti an Robert Freund, Enge bei Zürich / Belvoir, 7. Oktober 1889; Zentralbibliothek.
70 Lydia Welti-Escher an Karl Stauffer, Enge bei Zürich / Belvoir, 2. Februar 1889.
71 Nach: Karl Stauffer an Max Mosse, Enge bei Zürich / Belvoir, Oktober 1889; Literaturarchiv Stauffer.
72 Friedrich Emil Welti an Karl Stauffer, Enge bei Zürich / Belvoir, 16. Mai 1889; Literaturarchiv Stauffer.
73 Karl Stauffer an Max Mosse, Enge bei Zürich / Belvoir, 20. Oktober 1889; Literaturarchiv Stauffer.
74 Karl Stauffer an Max Mosse, Enge bei Zürich / Belvoir, ca. Mitte Oktober 1889; Literaturarchiv Stauffer.
75 Lydia Welti-Escher an Karl Stauffer, Enge bei Zürich / Belvoir, 30. September 1887; Literaturarchiv Stauffer.
76 Gemeinde Enge, Niederlassungskontrolle der Schweizer 1881–1892; Stadtarchiv Zürich VI.EN.LB.C.55.
77 (Kurzmeldung), «Oberländisches Volksblatt / Anzeiger von Interlaken» Nr. 137, 15. November 1889.
78 (Kurzmeldung), «Der freie Ämtler», Publikationsmittel sämtlicher Gemeinden des Bezirkes Affoltern, Nr. 94, Affoltern, 23. November 1889; Zentralbibliothek.
79 Friedrich Emil Welti an Robert Freund, Rom / Hotel Continental, 8. Dezember 1889; Zentralbibliothek.
80 Im selben Brief.
81 (Kurzmeldung), «Der freie Ämtler», Publikationsmittel sämtlicher Gemeinden des Bezirks Affoltern Nr. 103, Affoltern, 25. Dezember 1889; Zentralbibliothek.
82 Karl Stauffer an Simeon Bavier, ohne Datum, (15. November 1889?), mitunterzeichnet von Lydia Welti-Escher; Nachlass Bavier im Staatsarchiv Graubünden.
83 Welti Welti S. 137.
84 Karl Stauffer an unbekannt, Briefentwurf (Fragment), ca. Mai 1890; Literaturarchiv Stauffer.
85 Lydia Welti-Escher an Robert Freund, Florenz, 9. November 1889; Zentralbibliothek.
86 Lydia Welti-Escher an Robert Freund, Florenz, 9. November 1889; Zentralbibliothek.
87 Bericht Cornelia Wagners, 2. Dezember 1889 (Begleitbrief); Literaturarchiv Stauffer.
88 Bericht Cornelia Wagners, 2. Dezember 1889; Literaturarchiv Stauffer.
89 Lydia Welti-Escher an Robert Freund, Florenz, 9. November 1889; Zentralbibliothek.
90 Karl Stauffer an Emmy Vogt-Hildebrand, Biel, 3. Mai 1890; Burgerbibliothek; ebenso: Karl Stauffer an «Doctor» (Vogt?) (Briefentwurf), Biel, 3. Mai 1890; Literaturarchiv Stauffer.
91 Lydia Welti-Escher an Robert Freund, Florenz, 9. November 1889; Zentralbibliothek.
92 Karl Stauffer an Bruder Eduard, Florenz / Bonifazio, 10. März 1890; Literaturarchiv Stauffer.
93 Im selben Schreiben.
94 Max Klinger. «Eine Liebe Opus X, Im Park», sowie: «Eine Liebe Opus X, In flagranti», in: Gerhard Winkler. Max Klinger, Leipzig 1984, Bild 117 bzw. Bild 116.
95 Karl Stauffer an «Doctor» (Vogt?) (Briefentwurf), Biel 3. Mai 1890; Literaturarchiv Stauffer.
96 Karl Stauffer an Bruder Eduard, Rom, (11. November 1889, Datum rekonstruiert); Literaturarchiv Stauffer.
97 Karl Stauffer an Bruder Eduard, ca. 12. November 1889; Literaturarchiv Stauffer.
98 Karl Stauffer an seine Familie, Rom, 12. November 1889, in: Brahm/Stauffer S. 323.
99 Bode S. 53.
100 Käthe Kollwitz an ihren Sohn Hans (Angabe ohne Ort), 20. Mai 1911, in: Käthe Kollwitz,

Die Tagebücher, Jutta Bohnke-Kollwitz. (Hrsg.), Berlin 1989, S. 801 f., Zitat S. 802.
101 Karl Stauffer an das Ehepaar Welti-Escher, Berlin, 15. Januar 1886; Literaturarchiv Stauffer.
102 Brahm/Stauffer S. 311.
103 Byron. Manfred, 1. Akt, 4. Szene.
104 Wolf S. 54.
105 Karl Stauffer an Lydia Welti-Escher, Rom, August 1889; Literaturarchiv Stauffer.
106 Siehe: Harald Szeemann. «Vorbereitungen», in: Harald Szeemann (Hrsg.). Der Hang zum Gesamtkunstwerk. Europäische Utopien seit 1800, Aarau und Frankfurt am Main, 1883. S. 16–19.
107 Bazon Brook. «Der Hang zum Gesamtkunstwerk», in: Szeemann, S. 22–39, Zitat S. 25.
108 Karl Stauffer an Max Mosse, Rom, 7. Juni 1888; Literaturarchiv Stauffer.
109 Karl Stauffers Tagebuch, in: Brahm/Stauffer S. 314 ff., Zitate S. 314 und 317.
110 Stocker S. 118.
111 Hans-Ulrich Jost. Die reaktionäre Avantgarde. Die Geburt der neuen Rechten in der Schweiz um 1900, Zürich 1992, zum Beispiel S. 125.
112 Cornelia Wagner an Louise Stauffer-Schärer, Rom, 12. Januar 1890; Literaturarchiv Stauffer.
113 Cornelia Wagner an Louise Stauffer-Schärer, Rom, 12. Januar 1890; Literaturarchiv Stauffer.
114 Nach: Karl Stauffer an Bruder Eduard bzw. Notariatsbüro, Rom, (ca. 12. November 1889), Literaturarchiv Stauffer.
115 Karl Stauffer an Bruder Eduard, Rom, (ca. 12. November 1889), Literaturarchiv Stauffer.
116 Karl Stauffer. «Certosa»; Literaturarchiv Stauffer.
117 Simeon Bavier, Notizen ohne Datum (ein Blatt, vorne und hinten beschrieben); Nachlass Bavier im Staatsarchiv Graubünden.
118 Stauffer-Schärer S. 41.
119 Nach: Vogt-Hildebrand S. 464.
120 Louise Stauffer-Schärer an Rosalie, (Entwurf, nicht abgesandt), Biel / Terrasse, 1. Mai 1890; Literaturarchiv Stauffer.
121 Karl Stauffer an Bruder Eduard, Rom, (11. November 1889, Datum rekonstruiert); Literaturarchiv Stauffer.
122 Karl Stauffer an Bruder Eduard bzw. Notariatsbüro, Rom, (ca. 12. November 1889), Literaturarchiv Stauffer.
123 Friedrich Emil Welti, Telegramm an Simeon Bavier; Rom / Florenz 13. November 1889; Nachlass Bavier im Staatsarchiv Graubünden.
124 Friedrich Emil Welti, Telegramm an Simeon Bavier, Florenz, unlesbares Datum 1889; Nachlass Bavier im Staatsarchiv Graubünden.
125 Karl Stauffer an Simeon Bavier, ohne Datum; Nachlass Bavier im Staatsarchiv Graubünden.
126 Karl Stauffer an Bruder Eduard, Rom, 12. November 1889, und Karl Stauffer an Bruder Eduard bzw. Notariatsbüro, Rom, (ca. 12. November 1889); Literaturarchiv Stauffer.
127 Karl Stauffer an Bruder Eduard, Rom, 12. November 1889.
128 Louise Stauffer-Schärer an Sohn Karl, Biel / Terrasse, 12. November 1889; Literaturarchiv Stauffer.
129 Nachtrag zu: Karl Stauffer an Bruder Eduard, Rom, (11. November 1889, Datum rekonstruiert); Literaturarchiv Stauffer.
130 Lydia Welti-Escher an Louise Stauffer-Schärer, Rom, 11. November 1889, in: Brahm/Stauffer S. 322.
131 (Hans) Barth, Rom, an Max Mosse, Berlin, 24. Dezember 1889; Burgerbibliothek.
132 Brahm/Stauffer S. 321.
133 «Der freie Ämtler», Publikationsmittel sämtlicher Gemeinden des Bezirks Affoltern, Nr. 103, Affoltern, 25. Dezember 1889; Zentralbibliothek.
134 Bernhard von Arx. Der Fall Stauffer. Chronik eines Skandals, Bern und Stuttgart 1969, sowie dasselbe Werk, ergänzte und erweiterte Neuauflage mit Belegverzeichnis, Bern 1992.
135 Eduard Stauffer, An das eidgenössische Departement der Justiz & Polizei in Bern, Biel, Januar 1890; Literaturarchiv Stauffer.
136 Simeon Bavier an Bundesrat Emil Welti, Rom, 2. Februar 1890 (mit Bericht); Nachlass Bavier im Staatsarchiv Graubünden.
137 Eingabe Eduard Stauffer an den Bundesrat und Bericht Simeon Bavier; siehe vorhergehende Anmerkungen.

138 Bericht Simeon Bavier an den Bundesrat; siehe oben.
139 Nach: Brahm S. 313.
140 Karl Stauffer an Simeon Bavier, (15. November 1889), mitunterzeichnet von Lydia Welti-Escher; Nachlass Bavier im Staatsarchiv Graubünden.
141 «Vorwort zur dritten Auflage» (Gedicht); Literaturarchiv Stauffer.
142 Eduard Stauffer an Karl Viktor Widmann, 17. September 1892; Literaturarchiv Stauffer.
143 «Bundesrath ist sein Herr Vater» (ohne Titel); Literaturarchiv Stauffer.
144 Simeon Bavier an Bundesrat Emil Welti, Rom, 2. Februar 1890 (mit Bericht); Nachlass Bavier im Staatsarchiv Graubünden.
145 Simeon Bavier an Bundesrat Emil Welti, Malans, 15. September 1892; Nachlass Bavier im Staatsarchiv Graubünden.
146 Bundesrat Emil Welti an Simeon Bavier, Bern, 21. Januar 1890; Nachlass Bavier im Staatsarchiv Graubünden.
147 Bundesrat Emil Welti an Simeon Bavier, Bern, 5. Februar 1890; Nachlass Bavier im Staatsarchiv Graubünden.
148 Justiz- und Polizeidepartement an Fürsprecher Eduard Stauffer, Bern 24. März 1890; Literaturarchiv Stauffer.
149 Friedrich Emil Welti, Telegramm an Eduard Stauffer, Florenz, 14. November 1889; Literaturarchiv Stauffer.
150 Jost. Avantgarde S. 19, siehe auch: Hans-Ulrich Jost. Gesellschaftliche Rahmenbedingungen zum «Fall Stauffer» (Vortrag in der Matinée des Stadttheaters Bern, Manuskript), 25. September 1977.
151 Jost. Rahmenbedingungen S. 3.
152 Jost. Rahmenbedingungen S. 4.
153 Jost. Rahmenbedingungen S. 3.
154 So der «Landbote», nach: Widmer S. 158.
155 Karl Stauffer an Max Mosse, Florenz / Bonifazio, 5. März 1890, in: Stöckli S. 282 f., Zitat S. 282.
156 Karl Stauffer, «Auf Königs Kosten via Rom–Firenze»; Literaturarchiv Stauffer.
157 Simeon Bavier an Bundesrat Emil Welti, Malans, 15. September 1892; Nachlass Bavier im Staatsarchiv Graubünden.
158 Karl Stauffer. «Traumbilder IV»; Literaturarchiv Stauffer. (Im Manuskript ist die Zeile «Gib Antwort! – Niemand? Ist wer da?» auf unklare Weise gestrichen.)
159 Modula informativa per l'ammissione dei pazzi, Manicomio di Sta Maria delle Pietà in Roma, 16 Nov. 1889 (Aufnahmeblatt o. Nummer, Kopie); Privats. Peter Münger.
160 Robert Binswanger-Kreuzlingen, Karl Stauffer-Bern. Eine Psychiatrische Studie (Sonderdruck aus der Deutschen Revue, Achtzehnter Jahrgang 1894, Januarheft), Breslau 1894, S. 13.
161 Friedrich Emil Welti an Robert Freund, Rom/Hotel Continental, 8. Dezember 1889; Zentralbibliothek.
162 Louise Stauffer-Schärer an ihre Schwägerin Rosalie, Biel / Terrasse, 1. Mai 1890, (handschriftlicher Vermerk: «nicht abgesandt»); Literaturarchiv Stauffer.
163 Friedrich Emil Welti an Robert Freund, Rom/Hotel Continental, 8. Dezember 1889.
164 Lydia Welti-Escher, Testament vom 13. November 1889, nach: Joseph Viktor Widmann. «Die schweizerischen Behörden in der Angelegenheit Stauffer», in: «Der Bund» Nr. 259, 15./16. September 1892, 2. Blatt, (Übersetzung durch Widmann; in Anmerkung: «Io Lidia Welti, nata Escher fù Alfredo di Zurigo, essendo in istato normale mentale e davanti i due testimoni prescritte dalla legge ordino in questo che segue la mia ultima volontà: In caso della mia morte lego tutti i miei beni al Signor Carlo Stauffer pittore e scultore fù Edoardo, parrocho, di Berna.»
165 Friedrich Emil Welti an Robert Freund, Rom/Hotel Continental, 8. Dezember 1889; Zentralbibliothek.
166 Cornelia Wagner an Louise Stauffer-Schärer, Rom, 12. Januar 1890; Literaturarchiv Stauffer.
167 Friedrich Emil Welti an Robert Freund, Rom/Hotel Continental, 8. Dezember 1889; Zentralbibliothek.
168 Friedrich Emil Welti an Eduard Stauffer, Rom 16. November 1889 (handschriftlich datiert: «Samstag»); Literaturarchiv Stauffer.
169 Bundesrat Emil Welti an Simeon Bavier, Bern, 20. Januar 1890; Nachlass Bavier im Staatsarchiv Graubünden.

170 Isolde Kurz. Adolf Hildebrand. Zu seinem sechzigsten Geburtstage, in: Dieselbe, Florentinische Erinnerungen, München / Leipzig 1910, S. 255–320, Zitat S. 259.
171 Adolf Hildebrand. Das Problem der Form in der bildenden Kunst, Strassburg 1908, S. 71f.
172 Karl Stauffer an Max Mosse, Florenz, 5. Januar 1890; Literaturarchiv Stauffer.
173 Karl Stauffer an seine Mutter, Florenz / Bonifazio, 6. Februar 1890; Literaturarchiv Stauffer; zum Duell: Karl Stauffer an «Sehr geehrter Herr», Florenz / Bonifazio, 9. März 1890, (Entwurf); Literaturarchiv Stauffer.
174 Karl Stauffer an seine Mutter, Florenz / Bonifazio, 6. Februar 1890; Literaturarchiv Stauffer.
175 Karl Stauffer an Max Klinger, Florenz Carceri, 18. Dezember 1889, (Entwurf); Literaturarchiv Stauffer.
176 Karl Stauffer an Max Klinger, Rom, (Briefentwurf ohne Datum); Literaturarchiv Stauffer.
177 Bundesrat Emil Welti an Simeon Bavier, Bern, 9. Januar 1890; Nachlass Bavier im Staatsarchiv Graubünden.
178 Eduard Stauffer an seine Mutter, Florenz, 20. Januar 1890; Literaturarchiv Stauffer.
179 Karl Stauffer an Hermann Prell, Florenz / San Bonifazio, 11. März 1890; in: Prell XII, S. 21 f., Zitat S. 22.
180 Brahm/Stauffer S. 332.
181 Friedrich Emil Welti an Simeon Bavier, Rom, 16. Januar 1890; Nachlass Bavier im Staatsarchiv Graubünden.
182 Im Original: «und Ihre Mission».
183 Nach: Brahm/Stauffer S. 314 ff.
184 Friedrich Emil Welti, Telegramm an Eduard Stauffer, Florenz, 14. November 1889; Literaturarchiv Stauffer.
185 Louise Stauffer-Schärer an Sohn Eduard, Biel/Terrasse, 22. November 1889; Literaturarchiv Stauffer.
186 Wilhelm v. Speyr an Eduard Stauffer, 4. Februar 1890; Literaturarchiv Stauffer.
187 Pietro Grilli, Direzione del Manicomio, Florenz, 20. Januar 1890, (Erklärung); Literaturarchiv Stauffer.
188 «Sa santé physique est très bonne», Pietro Grilli an Wilhelm von Speyr, Florenz, 27. Februar 1890; Literaturarchiv Stauffer.
189 Robert Binswanger-Kreuzlingen. Karl Stauffer-Bern. Eine Psychiatrische Studie (Sonderdruck aus der Deutschen Revue, Achtzehnter Jahrgang 1894, Januarheft), Breslau 1894.
190 Binswanger S. 4.
191 Binswanger S. 4–13.
192 Binswanger S. 16.
193 Daniel Hell an den Autor, Zürich, 5. Dezember 2003.
194 Vgl. Wottreng. Hirnriss. Wie die Irrenärzte August Forel und Eugen Bleuler das Menschengeschlecht retten wollten, Zürich 1999.
195 Eugen Bleuler. Dementia praecox oder Gruppe der Schizophrenien, (Nachdruck der Ausgabe Leipzig/Wien 1911). Mit einem Vorwort von Manfred Bleuler, Tübingen 1988, S. 173.
196 So: Max Klinger an Hermann Prell, Juli 1888; in: Prell XI, S. 7f., Zitat S. 8.
197 Karl Stauffer an Hermann Prell, Rom / Villa Strohl-Fern, 16. Mai 1888; in: Prell XI, S. 5 f., Zitat S. 5.
198 Karl Stauffer an Hermann Prell, Florenz / San Bonifazio, 11. März 1890; in: Prell XII, S. 21 f., Zitat S. 22.
199 Eduard Stauffer an die Familie, Rom, 20. November 1889; Literaturarchiv Stauffer.
200 Eduard Stauffer an seine Mutter, Florenz, 20. Januar 1890; Literaturarchiv Stauffer.
201 Cornelia Wagner an Louise Stauffer-Schärer, Rom, 12. Januar 1890; Literaturarchiv Stauffer.
202 Binswanger S. 4, nach: «Maler Stauffer», «Berliner Tagblatt», 8. Januar 1894 (Meldung); Literaturarchiv Stauffer.
203 Max Klinger an seine Eltern, Rom, 6. Juni 1990, in: Klinger, Briefe S. 93 ff., Zitat, S. 93.
204 «Berliner Tagblatt», 10. Januar 1894; Literaturarchiv Stauffer.
205 Dieter Gleisberg «‹Er war ihr Stolz, ihre Bewunderung.› Max Klinger im Kreise seiner Freunde», in: Max Klinger. Zeichnungen – Zustandsdrucke – Zyklen. Jo-Anne Birnier Danzker / Tilman Falk (Hrsg.). München und New-York 1996, S. 15–30, Zitat S. 21.
206 Karl Stauffer an Emmy Vogt-Hildebrand, Florenz, 4. April 1890 (datiert: «Karfreitag»); Burgerbibliothek.
207 Direzione Medica, Manicomio di Roma,

Akte 31126, 22. März 1890, Escher in Welti Lydia; Privatsammlung Peter Münger.
208 Prell XII, S. 23.
209 Karl Stauffer an seine Mutter, (ohne Ort, ca. Anfang 1890); Literaturarchiv Stauffer.
210 Hiob, 30,20, nach: Zürcher Bibel, 20. Auflage 1991.
211 Karl Stauffer an Lydia Welti-Escher, Florenz, 6. April 1890, in: Brahm/Stauffer S. 371 f.
212 Byron. Manfred, 2. Akt, 4. Szene.
213 Karl Stauffer an Lydia Welti-Escher, Florenz, 6. April 1890, in: Brahm/Stauffer S. 371.
214 Karl Stauffer an Bruder Eduard bzw. Notariatsbüro, Rom, (ca. 12. November 1889), Literaturarchiv Stauffer.
215 Karl Stauffer an seine Mutter, (ohne Ort, Frühling 1890); Literaturarchiv Stauffer.
216 Karl Stauffer an Bruder Eduard, Rom, 22. November 1889; Literaturarchiv Stauffer.
217 Karl Stauffer an «Sehr geehrter Herr», Florenz / Bonifazio, 9. März 1890; Literaturarchiv Stauffer.
218 Karl Stauffer an Bruder Eduard, Florenz Borgo S. Jacopo, 7. April 1890 (handschriftlich verwirrend datiert: «8 / III Ostermontag»); Literaturarchiv Stauffer.
219 Karl Stauffer an Max Mosse, Florenz / Bonifazio, 5. März 1890, in: Stöckli S. 282 f., Zitat S. 282.
220 Lydia Welti-Escher an Karl Stauffer (zitiert ohne Ortsangabe), 19. April 1890, in: Brahm/Stauffer S. 373 f.
221 Am selben Ort.
222 Lydia Welti-Escher an Emil Isler, Champel bei Genf, 22. September 1890; Gottfried-Keller-Stiftung.
223 Krähenbühl-Stauffer S. 11.
224 Hermann Rennefahrt an Johannes Krähenbühl, Bern, 11. Juni 1941; Privatsammlung von Arx.
225 Karl Stauffer an Emmy Vogt-Hildebrand, Biel, 3. Mai 1890; Burgerbibliothek.
226 Karl Stauffer an Bruder Eduard, Florenz / Bonifazio, 10. März 1890; Literaturarchiv Stauffer.
227 Eliane Schweitzer, E-Mail an den Autor, 13. November 2003.
228 Richard von Krafft-Ebing. Psychopathia sexualis (12. Auflage), Stuttgart 1903, S. 404.
229 Hermann Klencke. Das Weib als Gattin. Lehrbuch über die psychischen, seelischen und sittlichen Pflichten, Rechte und Gesundheitsregeln der deutschen Frau im Eheleben, Leipzig 1872, S. 208 f.
230 Lydia Welti-Escher an Otto Brahm, Champel bei Genf, 25. Juni 1891, in: Brahm/Stauffer S. 380 f., Zitat S. 381.
231 Herbert Meier an den Autor, Zürich, 16. Januar 2004.
232 Herbert Meier an den Autor, Zürich, 26. Dezember 2003.
233 Irma Voser «‹Stauffer-Bern›. Uraufführung im Studio Wolfbach des Schauspielhauses Zürich», NZZ Nr. 194, 18. November 1971.
234 Elisabeth Brock-Sulzer, «Stauffer-Bern», «Die Tat» Nr. 270, 19. November 1974.
235 Peter von Matt. Die tintenblauen Eidgenossen. Über die literarische und politische Schweiz, München / Wien 2001, S. 136 f.
236 Psychiatrische Dienste des Kantons Aargau, PK Klinik Königsfelden, Ärztliche Leitung, Dr. med. M. Etzensberger, Chefarzt IPD, an den Autor, 12. Februar 2003.
237 Der Autor an Psychiatrische Dienste des Kantons Aargau, PK Klinik Königsfelden, 18. Februar 2003; Antwortschreiben vom 10. März 2003; an dieselben, 6. September 2003; Antwortmail vom 8. September 2003.
238 Elisabeth Brock-Sulzer, «Stauffer-Bern», «Die Tat» Nr. 270, 19. November 1974.
239 Von Arx; in der Ausgabe von 1969 auf S. 275; in der erweiterten Neuauflage von 1992 auf S. 274. (Von den Quellenhinweisen auf Seite 361 zu Seite 274 bezieht sich keine auf diese Feststellung.)
240 Friedrich Emil Welti an Robert Freund, Rom/Hotel Continental, 8. Dezember 1889; Zentralbibliothek.
241 Testament Lydia Welti-Escher, Heidelberg 20. Mai 1890, Kopie in: Testament Olographe de Made. Lydie Welti-Escher, décédée à Champel le 12 Decbre 1891, M. Charles Page, Notaire à Genève (Kodizill, Kopie); Bundesarchiv E4 521.
242 Siehe: Testament Heidelberg, zitiert weiter oben.
243 (Kurzmeldung), «Emmenthaler-Blatt» Nr. 104, Langnau, 28. Dezember 1889; Litera-

turarchiv Stauffer; auf Grund einer Meldung in: «Der freie Ämtler», Publikationsmittel sämtlicher Gemeinden des Bezirks Affoltern, Nr. 103, Affoltern, 25. Dezember 1889; Zentralbibliothek.
244 «…denn in Königsfelden ist sie nicht», Karl Stauffer an seine Mutter, Florenz / Bonifazio, 6. Februar 1890; Literaturarchiv Stauffer; zu Kreuzlingen siehe: Karl Stauffer an Emmy Vogt-Hildebrand, Biel, 25. April 1890; Burgerbibliothek.
245 Friedrich Emil Welti an Simeon Bavier, Rom, 16. Januar 1890; Nachlass Bavier im Staatsarchiv Graubünden.
246 Friedrich Emil Welti an Simeon Bavier, Bern / Kirchenfeld, 4. Februar 1890; Nachlass Bavier im Staatsarchiv Graubünden.
247 Siehe Punkt 2 in: Urteil des Bezirksgerichts Aarau vom 7. Juni 1890; Staatsarchiv des Kantons Aargau (StAAG BG.01/0075, Urteil 1890/0553, S. 405 f.).
248 Karl Stauffer an seine Mutter, Florenz / Bonifazio, 21. Februar 1890; Literaturarchiv Stauffer.
249 Karl Stauffer an Max Mosse, Rom, 17. Februar 1889; Literaturarchiv Stauffer.
250 Telefongespräch Peter Frey, Luzern, mit dem Autor, am 27. Dezember 2003.
251 Heinrich Wollensack, Hotel, Pension und Kuranstalt Gießbach. Eine balneologische Studie für Ärzte und Kurgäste, Gießbach (1897), S. 69.
252 Lydia Welti-Escher an Emil Isler, Heidelberg, 6. Juni 1890; Gottfried-Keller-Stiftung.
253 Bundesrat Emil Welti an Simeon Bavier, 26. März 1890; Nachlass Bavier im Staatsarchiv Graubünden.
254 Urteil des Bezirksgerichts Aarau vom 7. Juni 1890; Staatsarchiv des Kantons Aargau (StAAG BG.01/0075, Urteil 1890/0553, S. 405 f.)
255 Bestätigung; E-Mail von: Kreisgrundbuchamt IX, Schwarzenburg-Seftigen, Schloss, 3123 Belp, Bernhard Schild, 21. April 2004.
256 Ohne Autor, «Lebenslauf» (handschriftlich), Familienarchiv Welti.
257 Simeon Bavier an seine Frau Barbara v. Salis, Bern, 30. Oktober 1890; Nachlass Bavier im Staatsarchiv Graubünden.
258 Friedrich Emil Welti an Lydia Welti-Escher, (ohne Ort) 6. November 1888; Burgerbibliothek.
259 Von Arx S. 106.
260 «Friedrich Emil Welti», «Der Bund» Nr. 119, 11. März 1940.
261 Wolf S. 55.
262 Karl Stauffer. «Die Lieder des Narren von S. Bonifazio», Poesiae Opus II, Florenz im Fasching, 1890; Literaturarchiv Stauffer.
263 Karl Stauffer. «Nachwort»; Literaturarchiv Stauffer.
264 Karl Stauffer. «Vorwort zur dritten Auflage»; Florenz S. Bonifazio, 22. Februar 1890; Literaturarchiv Stauffer.
265 Isolde Kurz. «Agli Allori», in: Dieselbe, Florentinische Erinnerungen, München / Leipzig 1910, S. 85–151, Zitat S. 105 f.
266 Karl Stauffer. «Totentanzlieder»; Literaturarchiv Stauffer.
267 Karl Stauffer. «Der Tod und der Ritter»; Literaturarchiv Stauffer.
268 Karl Stauffer an Emmy Vogt-Hildebrand, Florenz, 25. April 1890, in: Vogt-Hildebrand, S. 468.
269 Karl Stauffer an Emmy Vogt-Hildebrand, Biel, 19. August 1890, in: Vogt-Hildebrand, S. 468 f., Zitat S. 468.
270 Karl Stauffer. «Gebrochen» (Abschrift aus der Hand der Mutter); Literaturarchiv Stauffer.
271 Karl Stauffer an Emmy Vogt-Hildebrand, Florenz, 25. April 1890, in: Vogt-Hildebrand S. 468.
272 Im selben Brief an Emmy Vogt-Hildebrand, am selben Ort.
273 Karl Stauffer an Kloster Beuron, Florenz, 3. November 1890 (Mikrofilm); Gottfried-Keller-Stiftung bzw. Harald Siebenmorgen. «Karl Stauffer-Bern (1857–1891). Neuaufgefundene Korrespondenz» in: Bericht über die Tätigkeit der Eidgenössischen Kommission der Gottfried-Keller-Stiftung 1973 bis 1976, Bern, S. 74–114 / Abb. 26–33, Zitat Abb. 28.
274 Camera di Consiglio presso il Tribunale Civile e Penale di Firenze, Urteil vom 19. Juni 1890; Literaturarchiv Stauffer.
275 Im selben Dokument.
276 Adolf von Hildebrand an Eduard Stauffer, (ca. Juni 1890); Literaturarchiv Stauffer.

277 Adolf von Hildebrand an Eduard Stauffer, (ohne Ortsangabe, wohl Florenz) ca. Juni 1890; Literaturarchiv Stauffer.
278 Ohne Autor, «Trop tard», «Journal du Jura», Biel, 15. Juni 1890; Literaturarchiv Stauffer.
279 (Albert Fleiner bzw. redaktioneller Beitrag), «† Karl Stauffer», NZZ Nr. 31, 31. Januar 1891 (Samstag, Schluss).
280 Stauffer-Schärer S. 42.
281 Karl Stauffer an Kloster Beuron, Florenz, 25. November 1890, Mikrofilm in der Gottfried-Keller-Stiftung bzw. Siebenmorgen Abb. 37–40, Zitat Abb. 40.
282 Byron. Manfred, 3. Akt, 1. Szene.
283 Karl Stauffer an Kloster Beuron, Florenz, 3. November 1890, Mikrofilm in der Gottfried-Keller-Stiftung bzw. Siebenmorgen Abb. 26–33, Zitat Abb. 33.
284 Reinle S. 344.
285 Siehe Kapitel: Scheiden tut weh. (Seite 141)
286 «L'intelligence même participe à cette heureuse influence», Champel-les-Bains, Genève, ohne Ort ohne Datum (Prospekt, ca. 1910), (Übersetzung durch den Autor.)
287 Catherine Lepdor / Anne-Catherine Krüger. Louise Breslau, de l'impressionismus aux années folles (Katalog zur Ausstellung im Musée cantonal des Beaux-Arts de Lausanne), Mailand und Lausanne 2001, S. 31.
288 Anne-Catherine Krüger, E-Mail an den Autor, 7. Januar 2004.
289 Anne-Catherine Krüger im selben Mail.
290 Etwa: «Kleine Mitteilungen», NZZ Nr. 34, Erstes Blatt, 3. Februar 1891.
291 Todesanzeige, «Der Bund» Nr. 25, 27. Januar 1891.
292 «Kleine Mitteilungen», NZZ Nr. 34, Erstes Blatt, 3. Februar 1891.
293 «Kleine Mitteilungen», NZZ Nr. 28, Erstes Blatt, 28. Januar 1891.
294 Eduard Stauffer an Max Mosse, Florenz, 27. Januar 1891; Burgerbibliothek.
295 «Kleine Mitteilungen», NZZ Nr. 28, Zweites Blatt, 28. Januar 1891.
296 Adolf Hildebrand an Conrad Fiedler, Florenz, 29. Januar 1891, in: Hildebrand S. 358.
297 Adolf Hildebrand an Conrad Fiedler, Florenz, 8. Februar 1891, in: Hildebrand S. 358.
298 Amalie Krähenbühl-Stauffer an Carl Brun, 3. November 1904, zitiert in: Jung S. 72 bzw. S. 362 Anm. 62, erwähnt auch in: Protokoll der Kommissionssitzung vom 15. Dezember 1904; Gottfried-Keller-Stiftung. (Der Originalbrief ist derzeit nicht auffindbar.)
299 Isolde Kurz. «Agli Allori», in: Dieselbe, Florentinische Erinnerungen, München / Leipzig 1910, S. 85–151, Zitat S. 102.
300 (Albert Fleiner bzw. redaktioneller Beitrag), «† Karl Stauffer», NZZ Nr. 29, Erstes Blatt, 29. Januar 1891.
301 Im selben Artikel.
302 Vogt-Hildebrand S. 467.
303 Siehe Kapitel «War es Liebe?» (Seite 135)
304 Lydia Welti-Escher an Otto Brahm, Champel bei Genf, 25. Juni 1891, in: Brahm/Stauffer, S. 380 f., Zitat S. 381.
305 Lydia Welti-Escher an Otto Brahm, Champel bei Genf, 25. Juni 1891, in: Brahm/Stauffer S. 380f. bzw. Lydia Welti-Escher an Otto Brahm, (ohne Ortsangabe), 6. Juli 1891, in: Brahm/Stauffer S. 382f.
306 August Langmesser. Conrad Ferdinand Meyer. Sein Leben, seine Werke und sein Nachlass, Berlin 1905, S. 166.
307 Eduard Stauffer an Bruder Karl, Biel, 7. April 1890; Literaturarchiv Stauffer.
308 Conrad Ferdinand Meyer an Julius Rodenberg, Kilchberg, 11. April 1891, in: Conrad Ferdinand Meyer und Julius Rodenberg. Ein Briefwechsel, August Langmesser (Hrsg.) Berlin 1918, S. 297 f., Zitat S. 298.
309 Lydia Welti-Escher an Karl Stauffer, Enge bei Zürich / Belvoir, 8. Mai 1888; Literaturarchiv Stauffer.
310 Lydia Welti-Escher an Otto Brahm, Champel bei Genf, 25. Juni 1891, in: Brahm/Stauffer, S. 380 f., Zitat S. 380.
311 Lydia Welti-Escher an Otto Brahm, (ohne Ortsangabe), 6. Juli 1891, in: Brahm/Stauffer, S. 382f.
312 Karl Stauffer an seine Mutter, Rom, 10. Januar 1889; Literaturarchiv Stauffer.
313 Adolf Frey. «Schweizerische Landesausstellung, Kunsthalle» Teil II, NZZ Nr. 186, Erstes Blatt, 5. Juli 1883.
314 Hugo Wagner. «Meisterwerke der Schweizer Kunst», in: «Werk», Schweizer Monatsschrift für Architekten, Kunst, Künstlerisches Ge-

werbe, Nr. 9, Zürich / Bern, September 1956, S. 297.
315 Cäsar Menz, Gespräch mit dem Autor am 8. Dezember 2003; siehe auch: Cäsar Menz. Karl Stauffer-Bern und die Photographie. Kunstmuseum Bern (Hrsg.), Bern 1978/79.
316 Reinle S. 343.
317 Sara Stocker, Gespräch mit dem Autor, am 8. September 2003.
318 Karoline Welti an Lydia Welti-Escher, Bern, 22. Oktober 1891.
319 Friedrich Emil Welti an Lydia Welti-Escher, (ohne Ortsangabe), 12. August 1890; Gottfried-Keller-Stiftung.
320 Friedrich Emil Welti an Lydia Welti-Escher, Thun, 24. August 1890; Gottfried-Keller-Stiftung.
321 Gagliardi S. 13.
322 Bericht der Centralcommission, Das Alfred Escher-Denkmal, nebst Beiträgen zu einer Biografie von Dr. Alfred Escher, Zürich 1890, S. 1 f.
323 Siehe etwa: Laird W. Bergad / Fe Iglesias García / María del Carmen Barcia. The Cuban slave market 1790–1880, Cambridge, 1995, zum Beispiel S. 21.
324 Siehe: Hans Conrad Peyer. Von Handel und Bank im alten Zürich, Zürich 1968, S. 192.
325 P. J. van Winter, Het andeel van den Amsterdamschen handel aan den opbouw van het Amerikaansche Gemeenebest, Teil II, Den Haag 1933, S. 341.
326 Hugh Thomas. The Slave Trade. A History of the Atlantic Slave Trade: 1440–1870, London 1997, S. 544.
327 Oswald Heer, Heinrich Escher-Zollikofer. Eine Lebensskizze, (Separatabdruck aus dem «Zürcher Taschenbuch» 1910), S. 210.
328 Heer S. 214.
329 «As chiefs, they could expect slaves and other hunters to provide for them», Wayne Suttles (Hrsg.), Handbook of North American Indians, Band 7 (Nordwest Coast), Washington 1990, S. 277.
330 Franz Boas. Tsimshian Mythology, New York 1970, S. 429.
331 Lou Andreas-Salomé. Henrik Ibsens Frauengestalten. Nach seinen sechs Familiendramen Ein Puppenheim / Gespenster / Die Wildente / Rosmersholm / Die Frau vom Meere / Hedda Gabler, Jena 1910, S. 165.
332 Henrik Ibsen, Hedda Gabler, in: derselbe: Sämtliche Werke, Julius Elias und Paul Schlenther (Hrsg.). Band 5, Berlin 1907, S. 109–213, Zitate S. 173 und S. 168.
333 Lydia Welti-Escher an Otto Brahm, (ohne Ortsangabe), 6. Juli 1891, in: Brahm, S. 382 f., Zitat S. 382.
334 Lydia Welti-Escher an Bundesrat Carl Schenk, Champel bei Genf, 6. September 1890; Gottfried-Keller-Stiftung.
335 Testament Lydia Welti-Escher, Heidelberg 20. Mai 1890, Kopie in: Testament Olographe de Made. Lydie Welti-Escher, décédée à Champel le 12 Decembre 1891, M. Charles Page, Notaire à Genève, (Kodizill, Kopie); Bundesarchiv E4 521.
336 Lydia Welti-Escher an Emil Isler, Champel bei Genf, 9. August 1890; Gottfried-Keller-Stiftung.
337 Lydia Welti-Escher an Emil Isler, Heidelberg, 6. Juni 1890; Gottfried-Keller-Stiftung.
338 Lydia Welti-Escher an Otto Brahm, Champel bei Genf, 25. Juni 1891, in: Brahm/Stauffer, S. 380 f., Zitat S. 380.
339 Friedrich Emil Welti an Lydia Welti-Escher, Thun, 31. August 1890; Gottfried-Keller-Stiftung.
340 Lydia Welti-Escher an Emil Isler, Heidelberg, 29. Juli 1890; Gottfried-Keller-Stiftung.
341 In der Abschriftvorlage: «wie viel Dir von denselben zu gut hast»; Friedrich Emil Welti an Lydia Welti-Escher, (ohne Ortsangabe), 15. August 1890; Gottfried-Keller-Stiftung.
342 Im selben Brief.
343 Lydia Welti-Escher an Bundesrat Carl Schenk, Champel bei Genf, 6. September 1890; Gottfried-Keller-Stiftung.
344 Lydia Welti-Escher an Emil Isler, Champel bei Genf, 20. August 1890; Gottfried-Keller-Stiftung.
345 Lydia Welti-Escher an Bundesrat Carl Schenk, Champel bei Genf, 6. September 1890; Gottfried-Keller-Stiftung.
346 Lydia Welti-Escher an Bundesrat Carl Schenk, Champel bei Genf, 6. September 1890; Gottfried-Keller-Stiftung.
347 Im selben Schreiben.

348 Friedrich Emil Welti an Lydia Welti-Escher, (ohne Ortsangabe), 12. August 1890; Gottfried-Keller-Stiftung.
349 Lydia Welti-Escher an Carl Brun, Champel bei Genf, 18. November 1891; Gottfried-Keller-Stiftung.
350 So etwa: Widmer S. 763.
351 «Festrede des Herrn Bundespräsidenten Welti an der eidgenössischen Bundesfeier in Schwyz, am 1. August 1891», Extrablatt zum: «Aargauer Tagblatt», 1. August 1891; Familienarchiv Welti.
352 Testament Lydia Welti-Escher, Heidelberg, 20. Mai 1890, Kopie in: Testament Olographe de Made. Lydie Welti-Escher, décédée à Champel le 12 Decbre 1891, M. Charles Page, Notaire à Genève, (Kodizill, Kopie); Bundesarchiv E4 521.
353 So laut: Friedrich Emil Welti an Lydia Welti-Escher, Thun, 12. August 1890; Gottfried-Keller-Stiftung.
354 Friedrich Emil Welti an Lydia Welti-Escher, Thun, 31. August 1890; Gottfried-Keller-Stiftung.
355 Im selben Brief.
356 Lydia Welti-Escher an Emil Isler, Champel bei Genf, 1. September 1890; Gottfried-Keller-Stiftung.
357 Testament Heidelberg, zitiert.
358 Stiftungsurkunde vom 6. September 1890; Gottfried-Keller-Stiftung.
359 Friedrich Emil Welti an Lydia, (ohne Ortsangabe), 1. Juni 1890; Gottfried-Keller-Stiftung.
360 Lydia Welti-Escher an Emil Isler, Heidelberg, 29. Juli 1890; Gottfried-Keller-Stiftung.
361 Friedrich Emil Welti an Lydia Welti-Escher, (ohne Ortsangabe), 27. Juli 1890; Gottfried-Keller-Stiftung.
362 Friedrich Emil Welti an Lydia Welti-Escher, Thun, 12. August 1890; Gottfried-Keller-Stiftung.
363 Friedrich Emil Welti an Lydia Welti-Escher, Thun, 12. August 1890; Gottfried-Keller-Stiftung.
364 Friedrich Emil Welti an Lydia Welti-Escher, Thun, 12. August 1890; Gottfried-Keller-Stiftung.
365 Schweizerischer Bundesrat an Lydia Welti-Escher, Bern, 16. September 1890; Gottfried-Keller-Stiftung.
366 «Berliner Börsen-Courier», 18. Oktober 1890, nach: Jung S. 86 f. bzw. S. 366, Anm. 114.
367 (Kurzmeldung), «Der Bund» Nr. 344, 14. Dezember 1891.
368 Salomon Hegi an Lydia Welti-Escher, Hottingen, 13. Oktober 1891; Bundesarchiv J1.81(-)/1.
369 Lydia Welti-Escher an Emil Isler, Nizza, 2. Januar 1891; Gottfried-Keller-Stiftung.
370 «Aliénation mentale», so bei: Emil Welti an Simeon Bavier, (ca. Jahreswechsel 1890/91, Brief unvollständig); Nachlass Bavier im Staatsarchiv Graubünden.
371 Brahm/Stauffer S. 389.
372 Lydia Welti-Escher an Karl Brun, Champel bei Genf, 18. November 1891; Gottfried-Keller-Stiftung.
373 Ständerat Emil Isler an Bundesrat Hauser, Bern, 16. Dezember 1891; Bundesarchiv E4 520.
374 Mutter Stauffer an Karl, Biel / Terrasse, 17. Februar 1890; Literaturarchiv Stauffer.
375 «On songe à toute sorte de volupté; mais on ne songe pas assez à la volupté de la mort.» Lydia Welti-Escher, Gedanken einer Frau, geschrieben im Manicomio di Roma, zitiert in: Brahm/Stauffer, S. 387. (Übersetzung durch den Autor.)
376 Brahm/Stauffer, S. 387.
377 Alt-Bundesrat Emil Welti an Simeon Bavier, 22. Dezember 1891; Nachlass Bavier im Staatsarchiv Graubünden.
378 Simon Bavier. Lebenserinnerungen von Bundesrat Simon Bavier, Chur 1925, S. 67.
379 Simeon Bavier an Emil Welti, Rom, 12. Dezember 1891; Familienarchiv Welti.
380 Verhandlungen über die Motion der Herren Zemp und Genossen, 17. Sitzung des Schweiz. Nationalrates, Bern, 23. Juni 1884, in: Protokoll über die Verhandlungen des Schweizerischen Nationalrates, Sommersession 1884, 4.–28. Juni, Nr. 1027; Bundesarchiv E 1303.
381 Bundesrat Emil Welti an Simeon Bavier, Bern, 6. Dezember 1891; Nachlass Bavier im Staatsarchiv Graubünden.
382 Hans Weber. Bundesrat Emil Welti. Ein Lebensbild, Aarau 1903, S. 187.

383 Emil Welti an Simeon Bavier, 22. Dezember 1891; Nachlass Bavier im Staatsarchiv Graubünden.
384 Emil Welti an Friedrich Emil Welti (ohne Angabe eines Ortes), 13. November 1889, zitiert in: Welti Welti S. 138.
385 Emil Welti an Friedrich Emil und Mathilda Welti (ohne Angabe eines Ortes), 31. Dezember 1889, zitiert in: Welti Welti S. 138.
386 Bundesrat Emil Welti an Simeon Bavier, Bern, 2. Juni 1890; Nachlass Bavier im Staatsarchiv Graubünden.
387 Emil Welti an Pfarrer Jakob Müri (ohne Angabe eines Ortes), 19. Februar 1891, zitiert in: Welti Welti S. 137.
388 Paul Nizon. «Stauffer-Bern und die Wiedergutmachung», in: Diskurs in der Enge. Aufsätze zur Schweizer Kunst, Bern 1970, S. 81–88, Zitat S. 88.
389 Joseph Jung. Das imaginäre Museum. Privates Kunstengagement und staatliche Kulturpolitik in der Schweiz. Die Gottfried-Keller-Stiftung 1890–1922, Zürich 1998, Zitat S. 131.
390 Jung. Im angeführten Werk, Zitate S. 111; sowie: Reglement der Gottfried-Keller-Stiftung vom 1. Juni 1948; Gottfried-Keller-Stiftung.
391 Protokoll der Kommissionssitzung vom 24. Mai 1938; Gottfried-Keller-Stiftung.
392 Jung S. 124.
393 Frank Wedekind, Die Tagebücher. Ein erotisches Leben, Gerhard Hey (Hrsg.). Frankfurt am Main 1986, S. 16 bzw. 18.
394 Jung S. 115.
395 Schweiz. Draht- und Gummiwerke AG Zürich, Bericht und Rechnungsablegung über das Geschäftsjahr vom 1. Januar bis 31. Dezember 1912; Schweizerisches Wirtschaftsarchiv, Basel, Handel und Industrie, Bg 82.
396 Schweiz. Militärdepartement, Abteilung für Munition, Gasmasken, Sitzung vom 9. August 1918; Bundesarchiv E 5150 (A) 1968/9 Band 106, Aktenzeichen 63–1 («Chemikerkommission, Kampfgase und v. a. Gasmasken»).
397 Jung S. 115.
398 Jung S. 108 bzw. S. 111.
399 Bundesrat Louis Ruchonnet an Lydia Welti-Escher, Bern, 16. September 1890; (Kopie); Gottfried-Keller-Stiftung.
400 Protokoll der Kommissionssitzung vom 3. Mai 1892; Gottfried-Keller-Stiftung.
401 Kunst-Datenbank für die Jahre 1891 bis 1922; Gottfried-Keller-Stiftung.
402 Kunst-Datenbank für die Jahre 1891 bis 1922; Gottfried-Keller-Stiftung.
403 Gottfried-Keller-Stiftung. «Ausgaben für Erwerbungen der GKS zwischen 1891 und 1922 unter Berücksichtigung der Künstlerinnen», 28. Juni 2004; Zusammenstellung für den Autor.
404 1932, 1945, 1966, nach: Brief der Eidgenössischen Kommission der Gottfried-Keller-Stiftung Maria Smolenicka, an den Autor, 9. Februar 2004.
405 Doris Wild. «Die Schweizer Frau in der bildenden Kunst», in: Maria Weese und Doris Wild. Die Frau in Kunst und Kunstgewerbe, Zürich / Leipzig 1928, S. 55–84, Zitat S. 58.
406 Emil Rothpletz, Bericht vom 30./31. Mai 1890 an das Eidgenössische Departement des Innern; Bundesarchiv E8 (E) Nr. 276; den Hinweis verdanke ich Anne-Catherine Krüger, die den Bericht zitiert in ihrer Dissertation: Die Malerin Louise Catherine Breslau (1856–1927). Biografie und Werkanalyse. Beschreibender Œuvrekatalog des Gesamtwerkes, Hamburg 1988.
407 Louise Breslau. «L. C. Breslau über sich selbst», in: «Am häuslichen Herd», Schweizerische Illustrierte Monatsschrift Heft 9, 29. Jahrgang, Zürich, Juni 1926, S. 270–274, Zitat S. 272.
408 «Tous ces papiers me paraissent devoir être détruits.» Gustave Ador an den Bundespräsidenten, Genf, 5. Januar 1892; Bundesarchiv E4 521.
409 Friedrich Emil Welti an Simeon Bavier, Bern / Kirchenfeld, 4. Februar 1890; Nachlass Bavier im Staatsarchiv Graubünden.
410 Brahm/Stauffer S. 384.
411 Brahm/Stauffer S. 385 f.
412 Joseph Viktor Widmann. «Sonntagsblatt» vom 30. Juli 1899, nach: Max Widmann. Josef Victor Widmann. Ein Lebensbild, Zweite Lebenshälfte, Frauenfeld und Leipzig 1924, S. 100.

413 Jakob Baechtold an Salomon Hegi, 27. Juni 1891 (evtl. 29. Juni; Ziffern im Original überschrieben); Bundesarchiv J1.81(-)/1.
414 Im selben Brief.
415 (Lionel von Donop), Ausstellung der Werke von Karl Stauffer-Bern in der Königlichen Nationalgalerie, 4. Dezember 1891–14. Januar 1892, Berlin 1891.
416 cwe, «Der bronzene Eisenbahnbaron», NZZ Nr. 193, 21. August 1999.
417 Hans Krähenbühl zum Verfasser am 29. September 2003.
418 Brief von Philippe Welti an den Verfasser, Zürich, 31. August 2003.
419 André Rauber. Histoire du Mouvement communiste Suisse de 1944–1991, Genf 2000, S. 579; ebenso: Brigitte Studer. Un parti sous influence. Le Parti communiste Suisse, une section du Komintern 1931–1939, Lausanne 1994, S. 723.
420 Max Wullschleger. Vom Revoluzzer zum Regierungsrat. Zeuge einer bewegten Zeit, Basel, 1989, S. 49.

Pressepolemik III

1 Walther Siegfried, Tino Moralt. Kampf und Ende eines Künstlers, Jena 1890.
2 Otto Brahm. Karl Stauffer-Bern. Sein Leben, seine Briefe, seine Gedichte, Stuttgart 1892.
3 Heinz Hinzelmann (Libretto), Heinrich Bienstock (Musik). Sandro der Narr, Berlin 1915.
4 Wilhelm Schäfer. Karl Stauffers Lebensgang. Eine Chronik der Leidenschaft, München und Leipzig 1912.
5 Bernhard Diebold. «Karl Stauffer-Bern. Ein Memento zu des Künstlers Todestag (1816–1886)», in: «du», Schweizerische Monatsschrift Nr. 6, August 1941, S. 43–48.
6 Johannes Krähenbühl-Stauffer. «Karl Stauffers Künstlertragik», in: «Kleiner Bund» Nr. 14, 6. April 1941, S. 105–108.
7 Ich zitiere fortan daraus: Johannes Krähenbühl-Stauffer. Karl Stauffers Künstler-Tragik, Bern 1941 (zitiert: Krähenbühl-Stauffer).
8 Krähenbühl-Stauffer S. 4.
9 Hermann Rennefahrt an Fritz Krähenbühl, Bern, 23. Juni 1941 (Fotokopie); Privatsammlung von Arx.
10 Nach: Rennefahrt an Krähenbühl, zitiert.
11 Johannes Krähenbühl-Stauffer. «Nachtrag zu ‹Karl Stauffers Künstlertragik›», «Kleiner Bund» Nr. 27, 6. Juli 1941, S. 216.
12 Johannes Krähenbühl an Alfred Bader, Steffisburg, 26. Juni 1941 (Fotokopie); Privatsammlung von Arx.
13 Helene Welti-Kammerer an Hans Meyer-Rahn, Schinznach Kurhaus, 23. Mai 1941, in: Akten zum Protokoll Nr. 176, «Legat Dr. Friedrich Welti, Kehrsatz, Bildnis der Lydia Escher, gesch. Welti»; Gottfried-Keller-Stiftung.
14 Helene Welti-Kammerer, Schinznach Kurhaus, 26. Mai 1941, an Hans Meyer-Rahn, in: Akten zum Protokoll Nr. 176, «Legat Dr. Friedrich Welti, Kehrsatz, Bildnis der Lydia Escher, gesch. Welti»; Gottfried-Keller-Stiftung.
15 Hans Meyer-Rahn an unbekannt (Durchschlag), 30. Juli 1940, Akten zum Protokoll Nr. 176, «Legat Dr. Friedrich Welti, Kehrsatz, Bildnis der Lydia Escher, gesch. Welti»; Gottfried-Keller-Stiftung.
16 Hans Meyer-Rahn an unbekannt (Durchschlag), 10. Mai 1941, Akten zum Protokoll Nr. 179, «Trakt. Deponierungsanträge»; Gottfried-Keller-Stiftung.
17 Hans Meyer-Rahn an Wilhelm Wartmann (Direktor des Zürcher Kunsthauses), Luzern, 10. März 1941, Akten zum Protokoll Nr. 179, «Trakt. Deponierungsanträge»; Gottfried-Keller-Stiftung.
18 Helene Welti-Kammerer an Hans Meyer-Rahn, Schinznach Kurhaus, 23. Mai 1941, Akten zum Protokoll Nr. 176, «Legat Dr. Friedrich Welti, Kehrsatz, Bildnis der Lydia Escher, gesch. Welti»; Gottfried-Keller-Stiftung.

Zu den Quellen

Das Drama wird in diesem Buch neu erzählt auf Grund der Quellen, vorwiegend Briefe, die in einer ganzen Anzahl Archiven und Sammlungen aufbewahrt werden. Es sind 670 Briefe, einige Telegramme und Postkarten mitgerechnet. Einzelne dieser Dokumente sind nur durch Buchpublikationen überliefert. Ich habe mit Vergnügen versucht, wo möglich Originalquellen zu zitieren und die Handelnden sprechen zu lassen. Im Interesse der Lesbarkeit habe ich die Schreibweise – abgesehen von besonders charmanten Fällen – an die heutige angepasst.

Teilt man die Hinterbliebenen und Nachkommen, die über Briefe und Manuskripte verfügten, vereinfachend in eine Stauffer- und eine Welti-Partei, muss festgestellt werden, dass beide Seiten Quellenbewirtschaftung betrieben haben mit dem Ziel, das Geschichtsbild zu beeinflussen. Allerdings mit verschiedenen Methoden.

Auf Stauffer-Seite kamen schon kurz nach den Geschehnissen Buchpublikationen und Briefeditionen heraus. In zwei frühen einschlägigen Werken – jenem von Otto Brahm sowie einem von Ulrich Wilhelm Züricher, Zeichnungslehrer in Thun und Freund der Familie Stauffer – sind beim Abdruck der Quellen Kürzungen vorgenommen worden. Aus Rücksicht auf lebende Personen, aber auch, um das Staufferbild zu schönen. Man erinnert sich: «Ich porträtiere gegenwärtig einen jungen Bruder von dem Annoncejuden Rudolf Mosse, der überall die Annoncen hat», hat Stauffer im Original geschrieben. In der Edition seiner Briefe durch Züricher heißt es: «Ich porträtiere gegenwärtig einen jungen Bruder von Rudolf Mosse, der überall die Annoncen hat.»

Die Stauffer-Originalbriefe im Literaturarchiv zeigen die Spuren der editorischen Bearbeitung. «Von diesem Brief bitte ich, das Familiäre nicht zu berücksichtigen», steht etwa handschriftlich dabei.

Ganze Personen sind diesem Anliegen zum Opfer gefallen: Heftig durchgestrichen wird in den Originalen der Name der Malerin Anna von Erlach, die nicht nur Tochter aus bestem Burgergeschlecht war, sondern auch eine Jugendliebe Stauffers; Karl hat sie noch in den letzten Monaten seines Lebens heiraten wollen.

Ein Projekt, die Gedichte Stauffers herauszugeben, ist überhaupt gescheitert: «Die Einwilligung, die ich von Frau Pfarrer Stauffer erlangte, war an die Bedingung geknüpft», so die Schriftstellerin Isolde Kurz, «dass alles Persönliche oder sittlich Bedenkliche ausgetilgt, Form und Inhalt gemildert und geglättet werde». Dies sei mit ihrer Überzeugung unvereinbar gewesen, da «der poetische Wert» der Stauffer'schen

Dichtungen gerade «in ihrer leidenschaftlichen Subjektivität und der Direktheit des Ausdrucks» bestehe.

Das Tagebuch, das Stauffer in Italien im Kerker geschrieben hat, ist verschollen, entweder nachdem es zu Otto Brahm und von diesem zu den Stauffer-Erben gewandert war, oder als es zurück zu Lydia Escher ging und nach ihrem Tod in Friedrich Emil Weltis Hände gelangte. Über den pietätlosen Umgang der Eidgenossenschaft mit dem schriftlichen Nachlass von Lydia Escher ist im Text berichtet worden.

Auf der Seite der Familie Welti wurden Dokumente nach Bedarf zurückgehalten oder im gefälligen Moment vorgelegt, etwa bei der Auseinandersetzung um einen Artikel des Stauffer-Schwagers Johannes Krähenbühl: «Von Seiten der Familie Welti wurden mir nun Aktenstücke zur Einsicht vorgelegt, welche ein neues Licht auf diese Vorgänge werfen», muss der Schwager in einer Berichtigung nach der Publikation von Anschuldigungen im «Kleinen Bund» 1941 schreiben.

Ein Familienarchiv Welti liegt im Schweizerischen Bundesarchiv und ist Forschenden auf Bewilligung hin grundsätzlich zugänglich; diese Bewilligung ist auch mir erteilt worden.

Nicht freigegeben wird dabei allerdings das entscheidende Dossier, das den Vermerk trägt: «Gesperrt: Angelegenheit Lydia Welti-Escher» und den Zusatz: «versiegelt». Die Leitung des Bundesarchivs hat sich dafür eingesetzt, dass diese Bestände, mehr als hundert Jahre nach den Geschehnissen, allgemein geöffnet werden, muss aber «nach Rückfrage bei Familie Welti» mitteilen, «dass die Unterlagen von Lydia Welti-Escher weiterhin nicht zugänglich sind». Einen direkten Kontakt mit den Besitzern des Archivs zur Einleitung von Gesprächen will das Bundesarchiv wiederum nicht vermitteln; anscheinend gilt die ganze Angelegenheit weiterhin als brisant. Eine Adresse der Familie ließ sich dann doch finden, aber die Dokumente bleiben auf Wunsch der Familie verschlossen.

Im versiegelten Dossier befinden sich den spärlichen Hinweisen nach Familienbriefe von Bundesrat Emil Welti und seinem Sohn Friedrich Emil Welti – namentlich im Verkehr mit Lydia. Dies macht auch eine familiennahe Biografie aus dem Jahr 1950 über Bundesrat Welti deutlich, deren Verfasser – ein Angehöriger der Dynastie Welti – Dokumente hat einsehen dürfen. Angesichts des leider schwammigen Bildes, das in der bisherigen Literatur vom Versicherungsmanager, Kunstliebhaber, Geschichtsforscher und Belvoir-Gatten Friedrich Emil Welti gezeichnet wird, würde der Zugang zu diesem Familienarchiv vermutlich ermöglichen, eine komplexe und empfindungsreiche Persönlichkeit aus dem *Fin de Siècle* und der *Belle Epoque* ans Licht zu holen und zu konturieren.

Ich habe der Familie Welti, mit der sich wenigstens ein Gespräch entwickelt hat, geschrieben: «Es versteht sich von selbst, dass es für mich als Historiker schwieriger ist, bestehende Quellen neu zu bewerten, wenn nicht möglicherweise bestehende, vermutlich bislang aus familiären Gründen zurückgehaltene Quellen zugänglich gemacht werden.»

In einer Situation, wo die eine Seite jahrzehntelang Anschuldigungen erhoben hat – mit Verweis auf die durch sie publizierten Dokumente –, während die andere Seite die Anschuldigungen jeweils zurückgewiesen hat – unter Verdeckung der eigenen Dokumente –, ist auch bei vorsichtigem Vorgehen des Forschenden möglich, dass die Quellenlücken die Rekonstruktion der Geschichte beeinflussen.

Relativiert wird die Zugangssperre durch die Tatsache, dass eine größere Anzahl Privatbriefe von Bundesrat Emil Welti und einige weitere des Ehemannes Friedrich Emil Welti sich im Staatsarchiv Chur befinden, nachdem der Gesandte Simeon Bavier offensichtlich das Bedürfnis hatte, seine Familienkorrespondenz – darunter auch die in Sachen Stauffer-Welti – zu hinterlegen und öffentlich zugänglich zu machen. Eine ganze Anzahl Briefe von Lydia Escher bzw. der verheirateten Lydia Welti-Escher sind darüber hinaus verstreut in verschiedenen Archiven zu finden.

Werden die Geschehnisse in dieser Arbeit auch nach journalistischen Prinzipien dargestellt, erfolgten die Quellenarbeit und die Rekonstruktion der Ereignisse nach historisch-wissenschaftlichen Grundsätzen. Ich bemühte mich um Vollständigkeit bei der Quellensuche und Nachprüfbarkeit in der Verarbeitung der Dokumente, um Kritik der Quellen und Reflexion des eigenen Standpunktes; darum tritt im Text – zurückhaltend – auch ein Autoren-Ich in Erscheinung. Vor allem aber habe ich mich leiten lassen vom grossen Wort des Historikers Reinhard Kosellek: «Streng genommen kann uns eine Quelle nie sagen, was wir sagen sollen. Wohl aber hindert sie uns, Aussagen zu machen, die wir nicht machen dürfen. Die Quellen haben ein Vetorecht.»

Benutzte Archive

Nachlass Karl Stauffer-Bern im Schweizerischen Literaturarchiv
(zitiert: Literaturarchiv Stauffer)
Ms Lq 12 (Gedichte, biografische Notizen)
Ms Lq 13–17 (Gedrucktes über Stauffer)
Ms Lq 18/19 (Zeitschriften)
Ms Lq 37 (Familienbriefe bis 1887)
Ms Lq 38 (Familienbriefe 1888–1890)
Ms L 36 (Briefwechsel mit Lydia Welti-Escher sowie anderen Adressaten)

Familienarchiv Welti im Schweizerischen Bundesarchiv
(zitiert: Familienarchiv Welti)
J1.63(-)/1 (Archiv der Familie Welti von Zurzach AG 1774–1948, Band 1–10)
Gesperrt: Angelegenheit Lydia Welti-Escher, versiegelt (Band 11. STAO 2.162.16, 2.07)

Nachlass Simeon (Simon) Bavier im Staatsarchiv Graubünden
(zitiert: Nachlass Bavier im Staatsarchiv Graubünden)
A / Sp III 8f, Archiv von Bavier
Darin namentlich:
11 /172 (Briefe von und an Dr. E. Welti-Escher, in der Angelegenheit Stauffer, 1889–1892)
11/ 176 (Welti Emil Friedrich, 1825–1899, Bundesrat, Briefe an Minister Simon Bavier v. Salis aus den Jahren 1883–1896)
10 / 156, Bundesrat Sim. Bavier v. Salis, Briefe an seine Frau, Barbara v. Salis-Seewis, aus den Jahren 1850–1894

Schweizerisches Bundesarchiv, Bern
(zitiert: Bundesarchiv)
J1.81(-)/1 (Lydia Welti-Escher)
J1.2(-) (Nachlass Bundesrat Welti, 1813–1899)
J1.67(-)/1 (Alfred-Escher-Archiv)
Gottfried-Keller-Stiftung (Abteilung im Bundesarchiv):
E4 506 (Errichtung der Stiftung)
E4 509 (Rechnungswesen)
E4 511 (Fall Maggi)
E4 520 (Hinschied von Lydia Welti-Escher)
E4 521 (Nachlass von Lydia Welti-Escher in Genf)
E4 522 (Verkauf der Zürcher Immobilien)
E4 523 (Nachsteuern Friedrich Emil Welti)
E4 524 (Briefwechsel Lydia Welti-Escher mit Maler Stauffer)

Burgerbibliothek Bern
(zitiert: Burgerbibliothek)
Mss.h.h.XXVIII.94 b (Akten und Briefe zur Gottfried-Keller-Stiftung)
Mss.h.h.XXVIII.94c (Briefe von Bundesrat Emil Welti an Lydia Welti-Escher)
Mss.h.h.XVII.324(10) (Briefe von Karl Stauffer an Mosse u. Lindenberg)
Mss.h.h.LII.52 (Karl Stauffer Bern / Emmy Vogt-Hildebrand, Briefwechsel)
Mss.hh.XLI.39 (1) (Ochs-Stipendium)
Mss.hh.XLI.15 (8–9) (Manuale der Bibliothekskommission)

Gottfried-Keller-Stiftung, Winterthur
(zitiert: GKS)
Gründungsakten aus den Jahren 1890/91, Abschriften, gebunden
Korrespondenz über die Gründung der Gottfried-Keller-Stiftung durch Frau Lydia Welti-Escher, Abschriften, gebunden
Protokolle Nr. 1–200 (Protokolle der Kommissionssitzungen, gebunden)
Akten zum Protokoll Nr. 176, «Legat Dr. Friedrich Welti, Kehrsatz, Bildnis der Lydia Escher, gesch. Welti»
Akten zum Protokoll Nr. 179, «Trakt. Deponierungsanträge»
Kunst-Datenbank für die Jahre 1891 bis 1922
Karl Stauffer, Korrespondenz mit dem Kloster Beuron, aus dem Klosterarchiv Beuron (Mikrofilme); auch publiziert in: Bericht über die Tätigkeit der Eidgenössischen Kommission der Gottfried-Keller-Stiftung 1973 bis 1976

Schweizerisches Literaturarchiv, Bern
(siehe: Nachlass Karl Stauffer)

Zentralbibliothek Zürich, Handschriften
(zitiert: Zentralbibliothek Zürich)
Ms. Briefe, Halm Peter
Ms. Briefe, Stauffer Karl
Nachlass Adolf Frey 110
Ms. GK 79 f/2 (Gottfried Keller)
Ms. Z VI 685 (Gedicht von Karl Stauffer)
Ms. Z I 136/2 (Nachlass Jakob Dubs)
Ms. Z II 157. 32 (Nachlass Robert Freund)

Privatsammlungen
Privatsammlung Peter Münger, Zürich
Privatsammlung Bernhard von Arx, Zürich

Weitere Archive
Gemeindearchiv Zurzach
Neue Zürcher Zeitung, Redaktionsarchiv, Zürich
Schweizerisches Institut für Kunstwissenschaft, Zürich
Psychiatrische Dienste des Kantons Aargau, Klinik Königsfelden (Korrespondenz)
Universitäre Psychiatrische Dienste Bern, Waldau
Psychiatrische Dienstes des Kantons Solothurn (Korrespondenz)
Staatsarchiv des Kantons Aargau, Aarau
Staatsarchiv des Kantons Genf / Archives d'Etat de Genève, Genf
Staatsarchiv des Kantons Graubünden, Chur (siehe: Nachlass Simeon Bavier)
Staatsarchiv des Kantons Zürich, Zürich
Stadtarchiv Zürich
Staatsbibliothek Berlin, Zeitungsabteilung (Prozessfall Graef)

Bildarchive, Depots
Burgerbibliothek Bern
Kunsthaus Bern (Depot)
Kunsthaus Zürich (Sammlung)

Baugeschichtliches Archiv der Stadt Zürich:
Zentralbibliothek Zürich, Graphische Sammlung
Graphische Sammlung der ETH Zürich
Nr. 583 A Lehrs 21–37 (Karl Stauffer, graphische Arbeiten)
Nr. 583 C CH K (Karl Stauffer, graphische Arbeiten)
Nr. 583 D (Karl Stauffer, graphische Arbeiten)
Nr. 583 I Lehrs 1–20 (Karl Stauffer, graphische Arbeiten)

Publizierte Quellen und Sekundärliteratur

Altermatt, Urs (Hrsg.): Die Schweizer Bundesräte. Ein biografisches Lexikon (2. Auflage), Zürich und München 1991. (zitiert: Altermatt)

Ammon, Fritz: Karl Stauffer (1857–1891). Maler, Radierer, Bildhauer. Freilichtspiel zur Bundesfeier 1979 (Aufgeführt von Mitgliedern der Liebhaberbühne Biel), Separatabdruck aus dem «Bieler Tagblatt» vom 31. Juli 1879.

Bader, Alfred: Künstler-Tragik. Karl Stauffer, Vincent van Gogh. Zwei Zeitgenossen. Eine Gegenüberstellung für Kunstfreunde mit einem Deutungsversuch über die Begabung, Schaffensart und Tragik der Künstler. Basel 1932. (zitiert: Bader)

Bashkirtseff, Maria: Tagebuch, Lothar Schmidt (Übers.), Teil I und II, Breslau / Leipzig / Wien 1897. (zitiert: Bashkirtseff I; Bashkirtseff II)

Blosser, Ursi/Gerster, Franziska: Töchter der guten Gesellschaft. Frauenrolle und Mädchenerziehung im schweizerischen Grossbürgertum um 1900, Zürich 1985. (zitiert: Blosser-Gerster)

Brahm, Otto: Karl Stauffer-Bern. Sein Leben, seine Briefe, seine Gedichte, Stuttgart 1892. (zitiert: Brahm/Stauffer, nach der Paginierung der 12. Auflage, Berlin 1911)

Brahm, Otto: Kritische Schriften, Literarische Persönlichkeiten aus dem neunzehnten Jahrhundert, Paul Schlenther (Hrsg.), 2 Bände, Berlin 1915. (zitiert: Brahm Kritische Schriften I; Brahm Kritische Schriften II)

Brahm, Otto: Kritiken und Essays, Fritz Martini (Hrsg), Zürich und Stuttgart 1964. (zitiert: Brahm Kritiken und Essays)

Binswanger-Kreuzlingen, Robert: Karl Stauffer-Bern. Eine Psychiatrische Studie (Sonderdruck aus der Deutschen Revue, Achtzehnter Jahrgang 1894, Januarheft), Breslau 1894. (zitiert: Binswanger)

Byron, Lord: Manfred. Ein dramatisches Gedicht. Joseph Emmanuel Hilscher (Übers.), www.gutenberg2000.de (22. 10. 2004). (zitiert. Byron. Manfred)

Caro, Emmy: «Stauffer Karl», in: Schweizerisches Künstlerlexikon, Carl Brun (Hrsg.), 3. Band, Frauenfeld 1913, S. 218–228.

Diebold, Bernhard: «Karl Stauffer-Bern. Ein Memento zu des Künstlers Todestag (1816–1886)», in; «du», Schweizerische Monatsschrift Nr. 6, August 1941, S. 43–48.

Ermatinger, Emil: Gottfried Kellers Leben, (mit Benutzung der Biografie Jakob Baechtolds dargestellt) (3. Auflage), Stuttgart und Berlin 1918. (zitiert: Ermatinger I)

Ermatinger, Emil: Gottfried Kellers Briefe und Tagebücher 1830–1861, 2. Band (2. Auflage), Stuttgart und Berlin 1916. (zitiert: Ermatinger II)

Ermatinger, Emil: Gottfried Kellers Briefe und Tagebücher 1861–1890, 3. Band (2. Auflage), Stuttgart und Berlin 1916. (zitiert: Ermatinger III)

Farner, Konrad: Die tragische Vorgeschichte einer großen Kunst-Stiftung. Zur Ausstellung: Meisterwerke der Gottfried-Keller-Stiftung, Kunsthaus Zürich (unveröffentlichtes Typoskript), Juni/Juli 1965.

Feitknecht, Thomas: Hermann Hesse in Bern, Göttingen / Toronto etc. 1997.

Fischer, Jens Malte: Fin de Siècle. Kommentar zu einer Epoche. München 1978. (zitiert: Fischer)

Fleiner, Albert: «† Karl Stauffer», NZZ Nr. 29, Erstes Blatt, 29. Januar 1891; Nr. 30, Erstes Blatt, 30. Januar 1891 (Fortsetzung); Nr. 31, 31. Januar 1891 (Samstag, Schluss).

Frey, Adolf: «Karl Stauffer-Bern. Rückblicke und Briefe», in: «Kunst und Künstler» Monatsschrift für bildende Kunst und Kunstgewerbe, Jahrgang 8, Berlin 1910, (Teil I in Heft 7, April 1910, S. 356–365; Teil II in Heft 8, Mai 1910, S. 399–402. (zitiert: Frey I; Frey II)

Gagliardi, Ernst: Alfred Escher. Vier Jahrzehnte neuere Schweizergeschichte, Frauenfeld 1919. (zitiert: Gagliardi)

Halm, Peter: «Stauffer-Bern und sein Berliner Kreis. Erinnerungen», in: «Meister der Farbe», Leipzig 1909 (Teil 1 in Heft 1/1909, S. 1–7; Teil 2 in Heft 2/1909 S. 13–20). (zitiert: Halm I; Halm II)

Hamann, Richard/Hermand, Jost: Impressionismus. Deutsche Kunst und Kultur von der Gründerzeit bis zum Expressionismus Band 3; Berlin 1960.

Heer, Oswald: Heinrich Escher-Zollikofer. Eine Lebensskizze (Separatabdruck aus dem «Zürcher Taschenbuch» 1910). (zitiert: Heer)

Heilmann, Christoph (Hrsg.): «In uns selbst liegt Italien». Die Kunst der Deutsch-Römer, München 1987.

Hildebrand, Adolf von: Adolf von Hildebrand und seine Welt. Briefe und Erinnerungen, Bernhard Sattler (Hrsg.), München 1962. (zitiert: Hildebrand)

Hirschfeld, Georg: Otto Brahm. Briefe und Erinnerungen, Berlin 1925.

Honegger, Claudia/Heintz, Bettina (Hrsg.): Listen der Ohnmacht, Frankfurt am Main 1981. (zitiert: Honegger/Heintz)

Isler, Ursula: «Lydia Welti-Escher. Ein Porträt», in: dieselbe, Nanny von Escher, das Fräulein. Judith Gessner-Heidegger, Barbara Schulthess-Wolf, Lydia Welti-Escher. Frauenporträts aus dem alten Zürich, Zürich 1991, S. 81–121. (zitiert: Isler. Frauenporträts)

Isler, Ursula: «Lydia, den Maler Stauffer betrachtend», in NZZ Nr. 60, 12./13. März 1989.

Jost, Hans-Ulrich: Die reaktionäre Avantgarde. Die Geburt der neuen Rechten in der Schweiz um 1900, Zürich 1992. (zitiert: Jost. Avantgarde)

Jost, Hans-Ulrich: Gesellschaftliche Rahmenbedingungen zum «Fall Stauffer» (Vortrag in der Matinée des Stadttheaters Bern, Manuskript), 25. September 1977. (zitiert: Jost. Rahmenbedingungen)

Jung, Joseph: Das imaginäre Museum. Privates Kunstengagement und staatliche Kulturpolitik in der Schweiz. Die Gottfried-Keller-Stiftung 1890–1922, Zürich 1998. (zitiert: Jung)

Katsch, Hermann: «Meine Erinnerungen an Karl Stauffer-Bern», in: «Die Kunst», Monatsheft für Freie und angewandte Kunst, Band XXV, München, 1909 (Teil I im Oktoberheft S. 11–18, Teil II im Novemberheft S. 59–68).

Keller, Gottfried: Martin Salander, in: derselbe, Sämtliche Werke, Böning, Thomas/Kaiser, Gerhard/Kauffmann, Kai/Müller, Dominik (Hrsg.), Band 6, Frankfurt am Main 1991, S. 383–699. (zitiert: Keller Salander)

Max Klinger, Briefe aus den Jahren 1874 bis 1919, Hans Wolfgang Singer (Hrsg.), Leipzig 1924. (zitiert: Klinger Briefe)

Klinger, Max: Leben und Werk Gottfried-Keller-Stiftungin Daten und Bildern, Stella Wega Mathieu (Hrsg.) Frankfurt am Main 1976.

Krähenbühl-Stauffer, Johannes: Karl Stauffers Künstler-Tragik, Bern 1941. (zitiert: Krähenbühl-Stauffer)

Krüger, Anne-Catherine: Die Malerin Louise Catherine Breslau (1856–1927). Biografie und Werkanalyse. Beschreibender Œuvrekatalog des Gesamtwerkes (Diss.), Hamburg 1988. (zitiert: Krüger)

Kurz, Isolde: Agli Allori, in: Dieselbe, Florentinische Erinnerungen, München und Leipzig 1910, S. 85–S. 151. (zitiert: Kurz)

Landolt, Hanspeter: Gottfried-Keller-Stiftung. Sammeln für die Schweizer Museen 1890–1990, Bern 1990.

Lehrs Max (Hrsg.): Karl Stauffer-Bern. 1857–1891. Ein Verzeichnis seiner Radierungen und Stiche. Mit dem Manuscript zu einem «Traktat der Radierung» aus dem Nachlass des Künstlers als Anhang, Dresden 1907. (zitiert: Lehrs)

Mandach, Conrad von: Ausstellung Karl Stauffer-Bern im Berner Kunstmuseum. Mai bis Juli 1925 (Katalog), Berner Kunstmuseum (Hrsg.), Bern 1925.

Mandach, Conrad von (Hrsg.) Stauffer-Bern. Handzeichnungen (Faksimiledrucke), Landschlacht 1923/1924.

Meichtry, Wilfried: «Mit der Welt und sich selbst zerfallen», «Der kleine Bund» / «Bund» Nr. 62, 15. März 1997.

Meier, Herbert: Stauffer-Bern. Ein Stück, Frauenfeld 1985. (zitiert: Meier. Stauffer-Bern)

Menz, Cäsar: Karl Stauffer-Bern und die Photographie, Kunstmuseum Bern (Hrsg.), Bern 1978/79. (zitiert: Menz. Photographie)

Menz, Cäsar: «Karl Stauffers ‹Adorant›», in: «Zeitschrift für schweizerische Archäologie und Kunstgeschichte ZAK» Band 38 Heft 2, Zürich 1981, S. 162–167.

Müller, Max: «Lydia Escher und Louise Breslau I», NZZ Nr. 533, Erste Sonntagsausgabe (Blatt 3), 29. März 1936 (zitiert: Müller-Breslau I).

Müller, Max: «Lydia Escher und Louise Breslau II» NZZ Nr. 537, Zweite Sonntagsausgabe (Blatt 3), 29. März 1936, (zitiert: Müller-Breslau II).

Müller, Max: «Lydia Escher an Louise Breslau», NZZ Nr. 1519, Erste Sonntagsausgabe (Blatt 4, Literarische Beilage), 6. Sept. 1936. (zitiert: Müller-Breslau III).

Nizon, Paul: «Stauffer-Bern und die Wiedergutmachung», in: Diskurs in der Enge. Aufsätze zur Schweizer Kunst, Bern 1970, S. 81–88.

Prell, Hermann: Annalen meines Lebens 1854–1919 (Typoskript, Kopie), verfasst 1914–1920; Privatsammlung Hermann Prell, Göttingen. (zitiert: Prell, zudem werden die Teile des 700-seitigen Typoskripts angegeben)

Reinle, Adolf: Kunstgeschichte der Schweiz (Vierter Band). Die Kunst des 19. Jahrhunderts. Architektur / Plastik / Malerei, Frauenfeld, 1962. (zitiert: Reinle)

Schäfer, Wilhelm: Karl Stauffers Lebensgang. Eine Chronik der Leidenschaft. München und Leipzig 1912.

Schmid, Hans Rudolf: Alfred Escher 1819–1882, Schweizer Pioniere der Wirtschaft und Technik Bd. 4, Verein für wirtschaftshistorische Studien (Hrsg.), Zürich 1956.

Schmid, Walter P.: Der junge Alfred Escher. Sein Herkommen und seine Welt, Mitteilungen der Antiquarischen Gesellschaft in Zürich Band 55, Zürich 1988.

Schmoll-Eisenwerth, Josef-Adolf: «Karl Stauffer-Bern und die Photographie», in: Vom Sinn der Photographie, München 1980, S. 109–113.

Schricker, August: «Karl Stauffer-Bern. Seine künstlerische Lebensarbeit», in: «Nord und Süd», Eine deutsche Monatsschrift Bd. 67, Breslau, Dezember 1893, S. 302–337.

Siebenmorgen, Harald: «Karl Stauffer-Bern (1857–1891). Neuaufgefundene Korrespondenz» in: Bericht über die Tätigkeit der Eidgenössischen Kommission der Gottfried-Keller-Stiftung 1973 bis 1976, Bern, S. 74–114. (zitiert: Siebenmorgen)

Siegfried, Walter: Aus dem Bilderbuch meines Lebens, Zürich 1926, Zürich und Leipzig 1926.

Stauffer-Schärer, Louise: Einige Notizen über Karl Stauffer, 1891; Literaturarchiv; auch publiziert in: Züricher, S. 17–42. (zitiert: Stauffer-Schärer)

Stettler, Michael: «Karl Stauffers Bubenberg. Geschichte eines Standbildes», in: derselbe, Bernerlob. Versuche zur Heimischen Überlieferung, Schriften der Berner Burgerbibliothek, Bern 1968, S. 91–115.

Stocker, Sara: Vom Handwerker zum Propheten. Zur künstlerischen Entwicklung von Karl Stauffer-Bern zwischen 1881 und 1889 (Lizenziatsarbeit bei Oskar Bätschmann), Universität Bern, Juli 1999. (zitiert: Stocker)

Stöckli, Fritz (Hrsg.): Karl Stauffer-Bern. Leben, Werk, Briefe, Bern 1942.

Szeemann, Harald (Hrsg.): Der Hang zum Gesamtkunstwerk. Europäische Utopien seit 1800, Aarau und Frankfurt am Main 1883. (zitiert: Szeemann)

Sulzer, Johann Jakob: Lydia Escher, eine historische Schicksalstragödie. Ursprung, Blüthe und Untergang der Escher vom Belvoir, Winterthur 1892.

Tanner, Albert: Arbeitsame Patrioten – wohlanständige Damen. Bürgertum und Bürgerlichkeit in der Schweiz 1830–1914, Zürich 1995. (zitiert: Tanner)

Trog, Hans: «Karl Stauffer», in: «Die Schweiz», Schweizerische illustrierte Zeitschrift Bd. 10, Zürich 1906, S. 9–19.

Vetter, Ferdinand: «Karl Stauffer. Sein Leben. Seine Briefe. Seine Gedichte. Dargestellt von Otto Brahm» (Nachruf) in: «Schweizerische Rundschau / Revue helvétique / Rivista Elvetica», Zürich und Bern, Band I, Januar–Juni 1891, S. 297–304.

Vetter, Ferdinand: «Karl Stauffer. Sein Leben. Seine Briefe. Seine Gedichte. Dargestellt von Otto Brahm» (Buchbesprechung) in: «Schweizerische Rundschau / Revue Helvétique / Rivista Elvetica», Zürich und Bern, Band II, Juli–Dezember 1892, S. 624–627.

Vogt-Hildebrand, Emmy: «Erinnerungen an Karl Stauffer-Bern», in: «Kunst und Künstler», Illustrierte Monatsschrift für Kunst und Kunstgewerbe 9. Jahrgang, Berlin 1911, S. 463–471. (zitiert: Vogt-Hildebrand)

Von Arx, Bernhard: Der Fall Stauffer. Chronik eines Skandals (1. Auflage), Bern und Stuttgart 1969. (zitiert: von Arx 1969)

Von Arx, Bernhard: Karl Stauffer und Lydia Welti-Escher. Chronik eines Skandals (Ergänzte und erweiterte Neuauflage mit Belegverzeichnis), Bern 1992.

Von Bode, Wilhelm: «Berliner Malerradierer. Max Klinger, Ernst Moritz Geyger, Karl Stauffer-Bern», in: «Die graphischen Künste» XIII, Wien 1890, S. 45–60. (zitiert: Bode)

Von Donop, Lionel: Ausstellung der Werke von Karl Stauffer-Bern in der Königlichen Nationalgalerie, 4. Dezember 1891–14. Januar 1892, Berlin 1891.

Von Werner, Anton: Erlebnisse und Eindrücke 1870–1890, Berlin 1913.

Vorberg, Gaston: Jean-Jacques Rousseau, Lord Byron, Karl Stauffer, München 1923.

Walton, Chris: «‹Wenn die Leute über uns herfallen…› Zum hundertsten Todestag Lydia Welti-Eschers», NZZ Nr. 298, 23. Dezember 1991.

Weber, Hans: Bundesrat Emil Welti. Ein Lebensbild, Aarau 1903.

Wehrli, Bernhard: Die «Bundesbarone», Betrachtungen zur Führungsschicht der Schweiz nach Gründung des Bundesstaates, 146. Neujahrsblatt zum Besten des Waisenhauses Zürich, Zürich 1983.

Welti, Peter: «Das Weltbild von Bundesrat Welti», in: «Argovia», Jahresschrift der Historischen Gesellschaft des Kantons Aargau, Band 63, Aarau 1951, S. 5–161. (zitiert: Welti Welti)

Widmann, Joseph Viktor: «Die schweizerischen Behörden in der Angelegenheit Stauffer», in: «Der Bund» Nr. 259, 15./16. September 1892, 2. Blatt; Nr. 260, 16./17. September 1892, 2. Blatt; Nr. 261, 17./18. September 1892, 2. Blatt.

Widmann, Joseph Viktor: Sommerwanderungen und Winterfahrten, Frauenfeld 1897.

Widmann, Max: Josef Victor Widmann. Ein Lebensbild, zweite Lebenshälfte, Frauenfeld und Leipzig 1924.

Widmer, Thomas: Die Schweiz in der Wachstumskrise der 1880er Jahre. Zürich 1992. (zitiert: Widmer)

Wolf, Georg Jacob: Karl Stauffer-Bern, München 1909. (zitiert: Wolf)

Züricher, Ulrich Wilhelm: Karl Stauffer-Bern. Leben und Werk, Bern 1961.

Züricher, Ulrich Wilhelm (Hrsg.): Familienbriefe und Gedichte von Karl Stauffer-Bern, Leipzig und München 1914. (zitiert: Züricher Familienbriefe)

Gespräche und E-Mail-Austausch

Hans-Ulrich Jost, Lausanne, 27. Juli 2003

Joseph Jung, Zürich, 25. Juli 2004

Hans und Rosmarie Krähenbühl, Steffisburg, 29. September 2003

Anne-Catherine Krüger, Hamburg, November 2003–Mai 2004 (E-Mail-Austausch und Gespräch)

Philipp Kuhn, Baden-Baden, September 2003 bis Mai 2004 (Brief- und Telefonverkehr)

Herbert Meier, Zürich, Dezember 2003 / Januar 2004 (Briefwechsel)

Cäsar Menz, Genf, 8. Dezember 2003

Peter Münger, Zürich, Februar 2002 bis August 2004

Maria Smolenicka, Winterthur, 28. Juni 2004

Sara Stocker, Bern, 8. September 2003

Bernhard von Arx, Zürich, August 2003 bis März 2004

Dank

Ich danke:
- Gertrud Germann, meiner Lebenspartnerin, die mich solidarisch ertrug, wenn ich borniert immer wieder von diesem Buchprojekt erzählte, und die den Text unnachsichtig durchgearbeitet hat;
- Peter Münger, der mir diesen großartigen Stoff freundschaftlich aufgedrängt hat: Er hatte den Stoff für ein Filmprojekt recherchiert, das nicht bis ans Ziel kam, und stellte mir alle seine Materialien zur Verfügung. Dieses oder jenes Kapitel hätte er wohl anders aufgezogen, aber die meisten seiner präzisen Ratschläge habe ich gerne aufgenommen;
- der Stiftung Pro Helvetia für einen Werkbeitrag, der Unterstützung und Anerkennung bedeutet;
- Bernhard von Arx, Verfasser eines Buches über die Affäre Stauffer-Escher, der mir großzügig Einsicht in seine Privatsammlung von Archivalien gab;
- Oskar Bätschmann, Professor an der Universität Bern; er hat sich aus Sicht des Kunsthistorikers mit engagierter Distanz zu einzelnen Kapiteln geäussert;
- Vivianne Berg, freie Berufsjournalistin, die sich die Mühe genommen hat, das Manuskript sorgfältig zu kritisieren;
- Anne-Catherine Krüger, Kunsthistorikerin in Hamburg, die aus ihrem Fundus über Louise Breslau uneigennützig die mir nützlichen Details herausklaubte und kulturgeschichtliche Hinweise gab;
- Sara Stocker, Kunsthistorikerin in Bern, für ein intensives Gespräch und für die Überlassung ihrer Lizenziatsarbeit;
- Christian Blickensdorfer, Historiker und Diplomat, Washington; Jürg Burkhart, Zürcher Künstler mit Rom-Erfahrung; Robert Dünki, Stadtarchiv Zürich; Judith Durrer am Kunstmuseum Bern; Felix Escher, Seegräben; Hartwig Fischer, Konservator am Kunstmuseum Basel; Daniel Hell, Leiter der Psychiatrischen Universitätsklinik Burghölzli; Marin Illi, Historiker; Hans-Ulrich Jost, Professor für Schweizer Geschichte an der Universität Lausanne; Joseph Jung, Chefhistoriker der Credit Suisse Group; Christian Klemm, Sammlungskonservator am Kunsthaus Zürich; Hans Krähenbühl, Alt-Regierungsrat, und Rosmarie Krähenbühl, Steffisburg; Urs Kram, Buchantiquar in Basel und Zürich; Alex Kramer, Lokalredaktor, Interlaken; Philipp Kuhn, Kunsthistoriker und Buchautor, Baden-Baden; Wilfried Meichtry, Germanist und Historiker, Bern; Herbert Meier,

Schriftsteller, Zürich; Cäsar Menz, Direktor der Museen in Genf; Professor Hermann Prell, Göttingen; Eliane Schweitzer, Sex-Beraterin, Zürich; Matthias Senn, Privatsammler, Zürich; Alfred Sulzer, Familienhistoriker, Zürich; Philippe Welti, Zürich; David Winizki, Arzt, Zürich; Jean Zahno, Präsident der «Association des intérêts de Champel» in Genf, sowie den Psychiatrischen Diensten des Kantons Solothurn Klinik Rosegg und der Universitätsklinik für klinische Psychiatrie Bern Waldau;

- der Eidgenössischen Kommission der Gottfried-Keller-Stiftung für den Zugang zum Archiv, der wissenschaftlichen Sekretärin Maria Smolenicka, Sophie Greco-Hefti und weiteren Mitarbeiterinnen für die freundliche Begleitung in einer Situation, in der sie wussten, dass ich ihre Stiftung kritisch unter die Lupe nehmen würde;
- der Zentralbibliothek Zürich, Ludwig Kohler und den Bibliothekarinnen und Bibliothekaren;
- dem Schweizerischen Bundesarchiv, Gaby Knoch-Mund, Guido Koller, Ruth Stalder;
- dem Bundesamt für Kultur, Sektionschef Urs Staub, und dem Leiter des Schweizerischen Literaturarchivs, Thomas Feitknecht;
- der Verantwortlichen des NZZ-Archivs, Ruth Häner, Zürich;
- dem Orell-Füssli-Verlag, Manfred Hiefner-Hug, Bernd Zocher und Pia Hiefner-Hug für stets neues Vertrauen, das sie mir entgegenbringen.